北京市数字教育研究重点课题" 基于融合兼交叉的专业数智化升级路径探索"（BDEC2023619017 ）的部分研究成果，北京物资学院配套经费（0542200806049 ）支持。

| 光明社科文库 |

大数据重构新商科生态系统研究
内涵、机制与路径

吕　波◎著

光明日报出版社

图书在版编目（CIP）数据

大数据重构新商科生态系统研究：内涵、机制与路
径 / 吕波著 . -- 北京：光明日报出版社，2023.8
ISBN 978 - 7 - 5194 - 7543 - 7

Ⅰ. ①大… Ⅱ. ①吕… Ⅲ. ①贸易—高等学校—人才
培养—培养模式—研究—中国 Ⅳ. ①F7-40

中国国家版本馆 CIP 数据核字（2023）第 188486 号

大数据重构新商科生态系统研究：内涵、机制与路径
DASHUJU CHONGGOU XINSHANGKE SHENGTAI XITONG YANJIU：NEIHAN、
JIZHI YU LUJING

著　　者：吕　波	
责任编辑：刘兴华	责任校对：宋　悦　乔宇佳
封面设计：中联华文	责任印制：曹　诤

出版发行：光明日报出版社

地　　址：北京市西城区永安路 106 号，100050

电　　话：010 - 63169890（咨询），010 - 63131930（邮购）

传　　真：010 - 63131930

网　　址：http：// book. gmw. cn

E - mail：gmrbcbs@ gmw. cn

法律顾问：北京市兰台律师事务所龚柳方律师

印　　刷：三河市华东印刷有限公司

装　　订：三河市华东印刷有限公司

本书如有破损、缺页、装订错误，请与本社联系调换，电话：010-63131930

开　　本：170mm×240mm	
字　　数：248 千字	印　　张：16
版　　次：2024 年 1 月第 1 版	印　　次：2024 年 1 月第 1 次印刷
书　　号：ISBN 978 - 7 - 5194 - 7543 - 7	
定　　价：95. 00 元	

内容简介

新商科教育是在大数据时代应运而生、有别于传统商科教育的新模式与方法，培养的是掌握新商科知识、新技术方法并具有创新创业能力的高级复合型人才。未来新商科有420万的岗位需求。大数据重构新商科改革引起了国内商科类院校的高度关注，在复杂网络视角下其生态系统需要重新建构。本书以创新创业教育生态系统为研究对象，对大数据重构新商科所面临的挑战、任务与发展思路进行了剖析，提出了培养创新创业人才的新使命。本书分析了新商科的内涵、他山之石与启示，并对其相互作用机制、动态演化机制、系统构建进行了分析与量化研究，研究了创新创业教育网络的最佳特征，构建了创新创业教育生态系统的健康因子评价体系，并提出了创新创业能力培养体系的路径选择。

前　言

一、主要内容

本书主要分析了大数据重构新商科遇到哪些挑战，创新创业教育生态系统如何演化与构建，创新创业能力的培养路径是什么，创新创业教育网络如何形成，以及创新创业教育生态系统如何进行评价等问题。本书主要内容框架如图1所示。

（一）大数据重构新商科生态系统面临哪些挑战与任务

"新商科"的提出引起国内商科类院校的高度关注。本书在文献综述的基础上，对新商科面临的新技术、新产业链、新伦理、新诉求、新管理、新生态等挑战进行了剖析。新一轮技术革命要求新商科人才要掌握一定的大数据、人工智能、区块链等新技术；产业链赋能要求新商科人才掌握多种智慧软件；数字经济新模式亟须建立商业新伦理；新的消费诉求要求新商科加强训练学生的新思维能力；智能化生态系统对新商科人才提出要有借助人机交互进行智能决策的能力。为迎接挑战，本书建议新商科要重塑培养目标，把新商业伦理教育置于首位。建议引入体现新商科背景的26门核心新课，建立钻石型课程体系。通过内部培养与外部借力强化新技术应用教育。构建直接面对市场的实战型新平台，训练学生的新思维能力。最后，新商科要紧跟实践，通过地位转换、模式转型，上接新技术平台，下连新实践平台，承担起培养"一遵四懂"即遵守新伦理、懂新思维、懂管理、懂商学、懂新应用技术的新复合型人才的使命。

（二）新商科创新创业教育生态系统如何动态演化

针对在新技术革命背景下新商科创新创业教育生态系统如何动态演化这

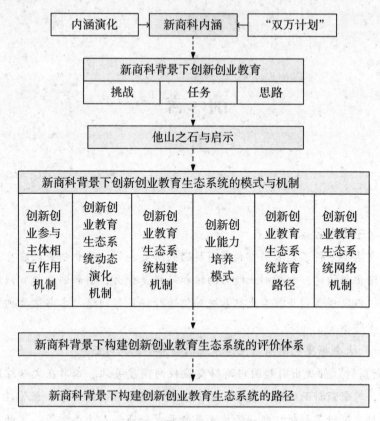

图1　研究主要内容框架

一命题进行研究。首先在文献回顾基础上构建了分析框架，再以麻省理工学院 MIT 的创新创业教育生态系统动态演化为案例研究对象，通过案例描述、特征总结、机制分析，对分析框架进行了验证，最后再结合新技术革命背景构建了动态演化模型。本书提出了该生态系统由新商科、企业、政府部门、科研机构、校友五大主体组成，分为生成、优化、控制三个交互循环阶段；剖析了该生态系统自形成、自组织、自适应、自我迭代的动态演化规律。

（三）新商科创新创业教育生态系统如何构建

本书利用扎根理论剖析了麻省理工学院（MIT）如何让新技术持续领先、创新资源扎堆聚集、创业活动丰富多彩三个现象的背后逻辑，建构了由自我迭代性机制、多样性机制、有机性机制共同构成的麻省理工学院创新创业教育生态系统模型。本书结合新技术革命背景，借鉴麻省理工学院实施路径，对我国新商科在新技术革命背景下改革创新创业教育机制与目标提出建议：一是按由外到内、自上而下路径建设技术自我迭代机制，以实践教育为导向，内求改革，外求合作；二是按区域化、国际化路径建设多样性机制，汇聚不同资源实现平台共建、资源共享、成果共赢；三是按全链条、闭环式路径建设有机性机制，实现全方位、全过程建设。最后，本书提出了整体性规划路线图，建议重点关注新物种，构建能识别并能培育新物种的新商科体系。

（四）新商科创新创业教育生态网络如何形成

在复杂网络中网络密度一直存在，本书探究了新商科领域在组建生态网络时的网络密度，以提高新商科创新创业生态系统的产出与创新效率。在自建数据库基础上，本书通过 MATLAB 软件作相关性分析，研究表明新商科网络在不同时期下的网络密度不同，创新效率确实存有明显差异。本书通过实证探究提出了大数据重构新商科背景下创新创业网络在何种规模、密度以及相关特征下演化更有利于创新创业绩效产出的机理。

（五）新商科人才创新创业能力如何进行培养

本书在分析各国创新创业教育实践现状的基础上，提出了在新技术革命背景下我国创新创业能力培育体系的重构路径。基于国内外文献研究与新老模式比较研究，本书确定了重构的主线为"兴趣—新应用技术—新商科知识—新实践—新思维—新精神"，并按此主线构建了新商科人才创新创业能力培养体系模型；提出创业园区孵化等十七个培养渠道，组成实践实习等五大模块；把创新创业能力体系分为外生因素（新技术、新知识、新实践、新合作）、内生因素（创新创业兴趣、创新创业思维、企业家精神）。本书探讨了新商科创新创业人才能力形成的机理公式，提出内生因素是创新创业能力形成的决定性因素，新商科人才创新创业能力培养应以强化内生因素为导向。最后，本书提出了多元、交叉、协同、共享、重构等五条建设路径，为促进我国新商科创新创业教育快速、科学发展提供了理论依据。

（六）新商科创新创业教育生态系统的构建如何评价与保障

本书构建了创新创业教育生态系统的健康因子评价表，提出了健康生态因子测算公式，基于采集数据库进行验证。再从四个维度提出了构建创新创业教育生态系统的保障体系的路径。一是创新创业教育的课程思政保障体系，把全员、全方位、全过程贯穿于创新创业教育中。二是教育教学保障体系，从专业、课程与教材等方面给出实施路径。三是支撑保障体系，从学科、人才、资源、文化、管理等方面给出保障的措施。四是质量监控体系，对内部监控、评估认证的路径如何实施等提出针对性的建议。

此外，本书还分析了他山之石以及启示，探究了三螺旋理论下创新创业教育主体如何相互作用，在大数据重构新商科背景下创新创业主体的意向发生了哪些变化，以及创新创业导师的作用机制如何更好地发挥作用等问题。

二、主要观点

第一，大数据等新技术的发展带来传统商科向新商科转型。为适应应用新情境与社会新需求，新商科由传统商科、新技术、创新创业教育等交叉融合组成。新商科按新型标准培养新型复合型人才的新型教育教学体系。创新创业教育是新商科的核心组成部分之一。

第二，大数据重构新商科系统动态演化机制遵循自形成、自组织、自适应、自我迭代的动态演化规律，它主要通过系统要素输入与价值输出进行动态调整。案例研究表明，成熟的创新创业教育生态系统表现出四个动态调整特征：自我调节性、生态性、适应性、抗周期性。

第三，大数据重构新商科生态系统构建要遵循一定的机制。质性研究与案例研究表明，构建创新创业教育生态系统要遵循技术自我迭代机制、多样性机制、有机性机制。

第四，大数据重构新商科背景下创新创业生态网络演化成复杂有机网络并表现出特有的规律。实证研究表明，系统创新绩效与非冗余网络密度表现倒 U 型机制，过高与过低的网络密度，均不利于创新创业生态网络达到最佳绩效。

第五，大数据重构新商科生态系统可通过健康生态因子进行评价与计算，并且其培养人才的路径需要不断优化。根据案例研究与文献研究，优化路径要按多元、交叉、协同、共享、重构等方式进行。

三、研究方法

本书综合使用了文献研究法、人工采集数据、专家访问法等方法，先做出假设，再建立模型，然后综合使用了社会网络分析法、机理模型量化分析法、实证分析法等。

（一）复杂网络分析方法

利用复杂社会网络理论探索创新创业教育网络的动态过程。其分析变量包括不同时间序列下的度、密度、规模、关系强度、集聚系数、结构洞等。本书将专利数、合作数量等作为第一手数据库。利用人工收集或爬虫方法收集关系、频率、合作、时间等数据作为第二手数据库。两种数据库均是以"起点—终点—权重—时间"为数据结构，以确保实现双库融合。本书利用UCINET计算网络密度、集聚系数、结构洞等，以进行比较并实证；利用GEPHI、R语言测绘演化的可视化图；利用MATLAB进行模拟分析与验证。

（二）多案例研究法

本书采用多案例研究，利用三角洲测量方法多渠道收集官网、文献与新闻报道数据、专家意见等进行印证，对麻省理工学院、斯坦福大学、慕尼黑工业大学、新加坡国立大学、南洋理工大学等进行案例研究，重点对麻省理工学院进行深度剖析，利用Gephi、Matlab软件进行验证分析，揭示创新创业教育生态系统的生成、构建、演化机理。

（三）质性研究法

质性研究法是利用扎根理论，在对问题与现象进行界定的基础上，通过文献资料的收集，经过标签、初步概念化、概念化、范畴、主轴编码、可选择性编码得到故事主线的理论。对资料的分解、提炼与升华是扎根理论的核心，非常适合本书。为了处理大量的文献资料，本书先借助于NVivo11软件，再根据扎根理论的三层次编码分析得出关键要素与变量。

四、学术创新

第一，本书对创新创业教育的内涵进行了新界定并对其交互机制进行了探讨。在大数据等新技术背景下，大家对新商科的内涵与培养目标众说纷绘。本书通过对新商科的需求变化、面临问题、挑战与任务进行分析，提出将传统商科与创新创业教育、信息科学交叉是新商科的核心内涵。基于三螺旋理论，对参与主体的交互机制进行研究，进一步厘清了参与者之间的相互作用机制。

第二，探索新商科情境下创新创业教育生态系统的演化机理。创新创业教育网络如何演化，当前文献偏向于从创新绩效角度进行研究。本书从系统要素输入与价值输出视角开展创新网络演化研究，有利于丰富创新孵化理论，为当前创新孵化模式提供理论基础，丰富和拓展社会网络理论运用。

第三，明晰复杂变量之间相互作用的前因后果，以及对创新创业网络最佳绩效机理的探讨。什么是最佳匹配度，当前学术界对此充满了争议。本书通过构建综合理论框架，刻画网络嵌入—合作伙伴—创新创业教育绩效之间的非线性关系，实证分析探索式和利用式创新各种变量的直接作用、中介作用与调节作用的关系，发现不同情境下存在着不同的拐点，从而明晰各个变量的作用，提出了拐点的发生与发现的测评方法，并揭示变量相互作用的前因与结果，为创新创业绩效的资源配置与政策设置提供理论依据。

五、学术价值

第一，揭示新商科创新创业人才的培养机理，有利于培养新型专业人才。本书对新兴的新商科进行了内涵界定，对大数据重构新商科生态系统进行形势任务分析，对创新创业教育生态系统的构建、相互作用、演化与优化机制进行案例研究、质性研究与实证，所揭示的人才培养机理有利于传统商科转型，以培养出"一遵四懂"的新型专业人才。

第二，揭示创新创业教育生态系统的演化机制，有利于创新创业成果转化。通过案例研究剖析创新创业教育生态系统自形成、自组织、自适应、自我迭代的动态演化规律，实证分析新商科网络在何种规模和状态下才更有利于实现创新的非冗余网络密度，这些研究有利于为创新创业教育如何构建创新网络提供理论依据，并促进创新创业成果的转化。

第三，揭示如何构建创新创业教育生态系统的评价与保障体系，有利于新商科不断升级。本书构建了创新创业教育生态系统的健康因子评价表与计算公式，并提出了多元、交叉、协同、共享、重构五条优化路径，以及总结

了促进传统商科转型的保障体系，为我国新商科创新创业教育实现平稳转型
升级与科学发展提供了理论依据。

目 录
CONTENTS

第一章

新商科的诞生与内涵

第一节　商科的历史沿革与内涵变化

从世界范围看，美国、英国、中国以及大多数国家，均把商科作为最热门的专业之一来选择，商科不断得到发展，内涵不断发生变化。

一、传统商科的历史沿革

商科的发展经历了 170 年的历史。本书以代表性国家或地区为分类，梳理传统商科的历史沿革中的重要时间节点与事件。

（一）美国

1850 年，美国出现了商业学校，主要位于纽约、费城地区。

1865 年，美国南北战争结束（1865）—1914 年第一次世界大战爆发，在这 50 年时间里，美国迫切需要企业管理人才。

1870 年，纽约与费城已经有 26 所商业学校，共计 5800 名学生。

1881 年，宾夕法尼亚大学建立了沃顿商学院，由沃顿创办，旨在进行"学院式商业管理教育"，设置为四年制工商管理课程。这是美国第一个在大学里单设的商学院。

1898—1908 年，加州大学伯克利分校、芝加哥大学、威斯康星、纽约等 6 所大学设立了商学院，培养工商管理学士 BBA （Bachelor of Business Administration）。

1900 年，商业学校已经达到 400 所，在校学生达到了 11 万人，比 1870 年增长了 19 倍。工商业仍然急需更高层次的商科类人才。

1900 年，达特茅斯大学阿尔莫斯学院，即现在的塔克商学院，创办商业研究生课程。

1908 年，哈佛大学创办商学院，招收第一批工商管理专业研究生。

1908 年，西北大学设置商学院。

1918 年，第一次世界大战结束时，美国已经设置 40 所商学院。

1930 年，独立商学院已经达到 100 所。

1945 年，第二次世界大战结束后，美国颁布"退伍军人权利法案"，政府资助大量退伍军人学习商科学位课程。

1945 年以后，以企业（Business）与工商管理（Business Administration）命名的商学院越来越多，称为商业学院（College of Business）或工商管理学院（School of Business Administration）。商学院定位转变成为以企业界高层管理人才为主要目标。

1958 年，商学院已经达到 600 所。其中 125 所设置了工商管理硕士学位。当年获得工商管理硕士学位者 5200 人，25% 来自纽约大学与哈佛大学。

1960 年，加州大学洛杉矶分校、西北大学、康奈尔大学等商学院正式改称为"管理学院"（School of Management）。

1961 年，工商管理（MBA）硕士学位名称正式出现在国际商学院协会（简称 AACSB）的学位认证标准之中。

1980 年，美国工商产品的竞争力下降，面对欧洲、日本以及新兴工业化国家的竞争，出现了国家预算、贸易双重赤字现象。

1984 年，《哈佛商业评论》刊文指出："商学院提供的工商管理教育不能令人满意，他们应对美国工商业国际竞争力的下降负有责任。"也有学者认为美国 MBA 教育培养的学生看重金钱，领导才能、效忠组织精神与战略眼光缺乏。有人将其归咎于 1960—1980 年这一阶段工商管理专业学生增长过快，但课程改革与培养模式改革滞后，不合格的学生增多，影响了商学院的声誉。

1990 年起，工商管理专业面对更大挑战，包括经济低迷以及就业结构的问题，使攻读工商管理教育的人数大大减少，在这种背景下，工商管理改革的需求越来越强烈。

2006 年开始的次贷危机，使美国顶尖商学院的部分毕业生成为被讨伐的目标，有人认为正是这些 MBA 所发明的金融衍生工具才导致了金融危机。

2008 年，苹果智能手机的诞生，大数据与人工智能时代对商科教育与发展产生深刻影响。传统商科教育迈入新的时代。

（二）欧洲

1950 年前，欧洲国家禁止大学利用社会集资办商务课程。同时美国企业使欧洲产生竞争压力，欧洲培养企业家、参与国际竞争的需求日益强烈。

1957 年，欧洲工商管理学院作为欧洲第一所商学院被创立，目的是培养国际化的高级管理人才。国际化成为该商学院的发展目标。

1965 年，英国曼彻斯特商学院与伦敦商学院建立，旨在建立商业教学与研究的卓越中心。英国曼彻斯特商学院的特色在于与工商界密切合作，与一流企业建立合作关系，师资力量强调在一流企业中兼职与交流。重视选择企业高级管理人员作为生源，全日制 MBA 中的四分之一学员与非全日制 MBA 的八成学员由企业资助学费参加学习，并且企业直接赞助学员解决真实的管理难题并制定行动计划，将工商理论与实践紧密结合。伦敦商学院是伦敦大学的一个研究生院，坐落在伦敦市，只有研究生课程。这所学院的教授来自 20 多个国家，每年都吸引着英国之外 70 多个国家的 1000 多名学生，并在全球 100 多个国家建立了 24500 个校友会，成为欧洲金融思想的发源地，也一直是欧洲各大银行招聘雇员的首选学校。

2000 年，英国商学院数量已达到 120 余所。

2011 年，英国高校八分之一的本科生、五分之一的研究生、四分之一的留学生就读于商学院。英国商科高等教育每年为英国带来大约 95 亿英镑的收入。在英国快速发展的高等教育领域，没有哪个学科能够像商科和管理学科这般发展迅速。

（三）亚洲

1945 年，第二次世界大战结束以后，随着经济发展，亚洲的国家与地区重视本土化工商管理人才的培养。

1. 中国

清光绪年间，商科在《钦定高等学堂章程》中被列为七大学科之一。民国初年，《大学令》中将商科列为七大学科之一。至 1948 年，商科学生占全国在校大学生总数的 11.4%。

1949 年新中国成立后，人才需求在计划经济模式下，商科改成"财经类"，商科教育也急剧跌落。尤其在"文革"时期，全国 18 所财经院校设相关学科的只剩两所。

1970 年，全国仅有财经类本科生 90 人，占全国在校大学生总数的 0.2%。

1978 年，改革开放后"商科"被重新得到重视。

1979 年，国内恢复了高等财经教育。

1983 年，邓小平与时任美国国务卿的基辛格博士讨论了合作培养经济管理人才的意向，MBA 教育理念由此萌芽。

1984 年起，原国家经委与美国、欧共体、英国等陆续联合举办国际合作工商管理培训和 MBA 教育项目，其中就包括中欧国际工商管理学院的前身中欧管理中心，以及大连理工大学经济管理学院与美国纽约州立大学布法罗分校管理学院联合开办的 MBA 教育，这是中国 MBA 的首次尝试。

1987 年的高校本科专业目录修订将原来的"财经"类改为"经济、管理学"类。

1987 年，国务院学位委员会办公室筹办中国自己的 MBA 学位教育。

1988 年至 1989 年间，原国家教委成立了"培养中国式 MBA 研究小组"。

1990 年召开的国务院学位委员会第十次会议决定，在中国开展设置和试办 MBA 学位的工作。

1991 年，清华大学、中国人民大学、南开大学、天津大学、复旦大学、厦门大学、西安交通大学、哈尔滨工业大学、上海财经大学等 9 所院校成为首批招收和培养 MBA 的试点单位。

1993 年，再次修订高校本科专业目录时，又改为"经济学类"，下设"经济学"和"工商管理"两个门类，"工商管理"即为"商科"，从而初步奠定了商科教育在中国高等教育体系中的相对独立地位（王晓东，2002）。

1994 年，国务院又批准了 17 所高校试办 MBA 教育。

1996 年，全国普通高校中已经有 63%设立了工商管理类和经济学类专业，专业数达到了 40 种，设立专业点达到 3161 个，在校生数达到在校生总数的 15.3%。

1997 年，MBA 教育得到空前重视。全国 MBA 联考第一次在全国 26 所院校举行，当年报考的人数达到了 11000，比 1996 年增长了 1 倍（赵纯均，1997）。

2003 年，国务院发布了《中外合作办学条例》，这是中国政府颁布的第一部关于中外合作办学的行政法规。国内独立建制的财经类院校已达到 68 所（含专科学校）。同时有一大批在综合性大学及其他科类大学中设立的商科专业、院系以及中外合作办学项目。

2011 年，国务院在 14 年时间内共分 10 批使 237 所院校获得 MBA 招生资格。MBA 教育已经成为中国商学院体系中至关重要的组成部分。商科已经成为国内高等教育中规模最大的科类之一。

在商科发展的过程中，对商科的争议与探讨一直没有断过。争议的焦点之一是如何在学术和实践之间找到平衡（欧丽慧等，2018）。

2. 其他国家

1968 年，菲律宾参照美国哈佛商学院做法，成立亚洲管理学院（AIM），突出亚洲管理风格和战略。

1969 年，受新加坡制定的"必须由本国的经济和企业管理人才来接替过去由外国人所管理的经济部门和企业"这一规定的影响，新加坡国立大学组建了会计与工商管理学院。1970 年，新加坡国立大学开设非全日制 MBA。1983 年，新加坡会计与工商管理学院分成会计学院和管理学院。1985 年开设一年半的全日制 MBA 课程。1987 年，会计学院又被合并，改名为工商管理学院。1994 年增设中文课程。2003 年，该学院获得 AACSB 国际认证。

1978 年，日本改变企业内部培养大学毕业生的做法，在哈佛大学帮助下在庆应义塾大学成立 MBA 班，按两年制设计，突出集体学习、理论的实际应用，同时突出国际化方向。

1982 年，泰国设立朱拉隆功大学萨辛管理学院，其前身是朱拉隆功大学工商管理研究生院，朱拉隆功大学与美国西北大学凯洛格商学院、沃顿商学院联合培育工商管理研究生，其最高宗旨在于"培养人的美德"。

二、传统商科的内涵变化

第一阶段：1850—1900 年，萌芽阶段。商科的内涵是以满足逐步兴起的商业管理需求为根本目标的商业教育或学院式商业管理教育。

第二阶段：1900—1945 年，初期阶段。在这一阶段，主要为商业人才培养阶段，最早设立的 10 所商学院，70%使用了商业（Commerce）学院名称，可见初期的商业学院以培养商业人才为主要目标，其内涵是以培养商业本科人才为目标的商业学教育。

第三阶段：1945—1980 年，快速发展阶段。在这一时期，商科的内涵发生重要改变。在第二阶段中，最早创办的美国 10 所商学院有 20%同时使用了"Administration"（管理、行政）字样，表明商学院也培养政府行政人才，但还都没有使用管理（Management）一词。但在这一阶段，商科的内涵改变，由商业人才培养转变为企业管理高级人才培养；包括目标制定、设计规划、组织实施、执行与控制等知识体系，商科将其贯穿于管理教育各功能课程中；MBA 在这一时期成为商科中最重要的组成部分，也成为大学经费的重要来源，并且这一支柱性的地位也得到广泛尊重。

第四阶段，1980—2008 年，变革阶段。这一时期是在变革背景下不断探讨商科内涵，提出商科要随着时代发展而变革培养机制与培养模式，以培养能对新经济具有适应性，同时又能恪守职业道德的高级工商管理人才。

以英国为代表的欧洲地区商科发展历程表明，商科内涵是从招生时就把工商管理教育与管理实践紧密结合，师资力量与一流企业保持管理沟通并兼职高管，为企业解决真实管理难题并付诸实践，实现了招生、师资、研究问题与教育效果的统一性体系。

亚洲除中国之外的其他国家或地区，借鉴国际化商科教育模式，商科内涵突出本土化的高级工商管理人才培养，使商科教育成为致力于本土化的高级工商管理人才培养模式。

中国的商科发展历程表明，尽管国内商科发展的历史不长，但商科本科专业与 MBA 教育适应国内经济发展需要，发展极为迅速，使商科已经成为国内最大规模的专业之一，使 MBA 成为中国商学院体系中至关重要的组成部分，但在商科影响力、师资力量、学生质量、特色等方面还有较长的路要走（国内贸易部国际高等商科教育比较研究课题组，1988；纪宝成，1998）。

第五阶段，2008 年至今，大数据发展阶段。标志着大数据与人工智能将深刻影响各个领域，商科的发展环境发生重大改变，内涵亦发生深刻的改变。

世界各国与地区的商科教育发展历程表明，商科的内涵总体上由最初的面向商业领域的商业人才培养，转变成工商领域的高级管理人才培养。各国与各地区结合时代需求、政策要求、技术背景与当地实际，突出本土化与国际化，制定了不同的目标定位与各具特色的培养模式，各国与各地区的商科教育内涵各不相同。在大数据背景下，商科内涵需要根据技术需求与新时代背景进行转变（马世年，2019）。

三、传统商科的专业现状

（一）专业分类

新商科包括经管类专业领域。以工商管理类为例，目前工商管理类分为工商管理专业、市场营销专业、会计专业、财务管理专业、人力资源管理专业、劳动保障专业、劳动关系专业、审计专业等。

（二）专业规模

根据本书的调查统计，以工商管理类为例，各个专业的规模数量达到了可观的程度。其中工商管理、会计是师资力量与学生人数最多的两个本科专业。但仅从专业个数来说，市场营销是最多的，大多数商科类院校普遍设置了市场营销专业。常见的各类本科专业总计约 3458 个，如表 1-1 所示。

表 1-1　工商管理类本科专业数量统计　　　　　　2022 年

专业	数量
工商管理	584
市场营销	778
会计学	672
财务管理	732
人力资源管理	478

续表

专业	数量
审计学	214
合计	3458

（三）专业变革方向

在大数据技术的背景下，以工商管理类为例，我国 3741 个专业都面临着升级与转型，专业变革的需求非常强烈。以市场营销为例，市场营销的方向如果实现彻底变革，则市场营销传统商科将转型为数字化营销专业。如果变革不彻底，可以设置为市场营销（大数据方向）。再比如会计专业，会计的专业变革方向为云会计，利用云平台实现会计的变革。无论数字化营销还是云会计，其核心课程均发生改变。市场营销的核心课程包括：营销大数据可视化、新零售门店运营、商品数字化管理、商业数据挖掘、新零售营销策划、会员数字化营销、数字营销综合实训、Python 语言。云会计的核心课程包括：财务服务共享中心规划与运营、云财务智能核算与报账、财务大数据审计、财务大数据可视化分析（Python/Weka）、集团企业财务管控模式、集团企业全面预算管理、资金运营与司库、内部控制与风险、实习课—i 实习、智慧学习中心实验等。新商科与传统商科的主要差别是加入了大数据语言、大数据采集、大数据可视化、大数据挖掘等课程。新商科的变革方向是与信息技术的融合，与自然科学、社会科学和文科的融合，其内核正由"软"变"硬"，即内核是大数据等信息技术来支撑，外延则体现为跨学科融合。

第二节　大数据时代新商科诞生背景

新商科是在新政策、新技术、人才需求、竞争等综合背景下诞生的。

一、新政策背景

4G、5G 技术的快速发展，使数据成为核心资源，商科正经历由大数据引发的社会革命。发达国家把大数据上升为国家战略。我国也高度重视大数据的发展。在国家"十三五"规划中就已经提出："实施国家大数据战略""建立统一开放的大数据体系"。

2017年1月我国颁布的《大数据产业发展规划（2016—2020年）》，将发展大数据产业视为与国家核心竞争力相关的战略。

2018年8月，在全国教育大会召开之前，中共中央发文指出"高等教育要努力发展新工科、新医科、新农科、新文科"，"新文科"概念正式提出。

2018年10月，教育部决定实施"六卓越一拔尖"计划2.0，在其中的基础学科拔尖学生培养计划中，增加了心理学、哲学、中国语言文学、历史学等人文学科，新文科建设的思路初步显现。

2019年定为新文科建设启动年，"新文科"成为当下高等教育发展中需要认真思考与探索的问题。

2019年4月，教育部、中央政法委、科技部等13个部门在天津联合启动"六卓越一拔尖"计划2.0，全面推进新工科、新医科、新农科、新文科建设，旨在切实提高高校服务经济社会发展能力。

2019年5月，教育部、科技部等13个部门正式联合启动"六卓越一拔尖"计划2.0，要求全面推进新工科、新医科、新农科、新文科建设，全面实现高等教育内涵式发展。至此，新文科建设开始启动，随后引起广泛关注。

2019年6月，教育部高教司在高等学校专业设置与教学指导委员会第一次全体委员会上提出，进一步从"质量革命"的层面，对"四新"的重要性加强认识。

2020年1月，部分高校开展新商科研讨，如江西财经大学开展"新商科新课程"的MBA教师培训。

运用大数据技术对大数据进行统计、挖掘和分析，可创造出宝贵的知识和价值。大数据技术深刻影响着新商科内涵。在大数据背景下，社会的生产方式、管理方式、商业模式、组织形态、金融范式等均发生重大改变，传统的商科人才培养模式已不适应，需要首先明确新商科内涵，推进商科教育革命。

二、新技术背景

"计算机+软件"曾经是商科教育面临的技术背景，而目前"移动互联网+大数据"正逐渐将其取代。移动互联网已成为基础设施，大数据已成为新的生产要素，大数据挖掘与价值分析成为培养人才的必备技能之一。随着大数据的发展，以大数据为中心、以云计算为分析方法正取代原先的决策分析方法，这对高校的商科人才培养提出颠覆性的影响。移动互联网作为当今社会的基础设施，极大地扩展了以往时间与地域的限制，其低成本、无限延展性与高效率取代了以往的任何基础设施。大数据的挖掘与利用正变得方便与快捷，成为高校创新创业教育的重要资源。在大数据情境下，商科课程需要重新被审视。数字化、智能化、网络化、个性化成为新商科创新创业教育的重要切入点。具有战略眼光与前瞻性思想的高校已经开始与互联网平台合作，实现大数据的全方位对接，构建创新创业教育生态系统，以培养适应时代发展需求的人才。

三、人才需求背景

大数据带来企业商业模式改革，企业、事业单位对人才的需要发生改变，首先收集大量零散的需求信息数据，再在收集碎片化数据的基础上进行适当的分析，最后提取有价值的驱动要素，已成为大数据时代高校培养人才的一个重要需求。黄兆信等（2018）认为创新创业教育生态系统研究将成为研究热点。新商科创新创业教育生态日益网络化、动态化，带来创新创业教育生态系统的演化。培养适应大数据时代要求的人才，仅靠高校很难完成，在很大程度上依赖于由上下游的企业、数据公司或第三方平台组成的创新创业教育平台。高校可以利用大数据、移动互联网、云计算等技术，有效聚集起企业对人才的需求和各类合作者，构建以适应社会新需求为目标的人才培养模式，建设多维、动态、网络化的创新创业教育生态系统。创新创业教育生态系统不是一成不变的，需要不断演化，并与生态系统中其他成员共同演化。

四、竞争背景

随着大数据技术的发展，商科由以前相对独立向协同演进，多个组织与单体通过协同合作实现共同进化，形成创新创业教育生态系统。根据生态位理论，创新创业教育生态系统不仅需要不断从内部优化，还需要注重与外部环境进行动态匹配。通过互相学习和互相促进，创新创业教育生态系统参与主体可不断实现动态性可持续发展。在创新创业教育生态系统中，任何一所大学不可能长期保持优势。其他高校如果不断发展演变，很可能从原先不重要的位置逐渐发展成为重要的主体，在创新创业教育生态系统中占据重要地位。反之，原先占重要地位的高校，如果不适时发展，其核心地位会被取代。高校要构建和保持自身的地位，必须建设创新创业教育生态系统，比如导师队伍的构建可采取"校内教师—创新实践教师—创业实践导师—第三方平台导师—企业导师"等多元化师资模式。在创新创业教育生态系统内与其他高校的演进相互协调，才能在生态位占位中居有一席之地。

五、新商科诞生

为适应数字经济的发展，教育部提出了建设新文科、新工科、新医科、新农科，分别聚焦文、工、医、农学科，在各自领域推进学科建设。继新文科之后，新商科被经贸类高校高度重视。新商科建设是当前商科类高校共同面临的时代命题。在 2019 年教育部高等学校工商管理类专业教学指导委员会召开的会议上，不同的专家提出如下观点，有的专家认为新商科要突出新思维、新规则、新工具、新理论，即要有计算思维，研究新经济内在逻辑，掌握数字经济时代所需要的方法、工具及技能，适应数字经济的理论方法。还有专家提出，新商科需要学科融合，包括内部学科融合与外部学科融合，打破电子商务、会计学、市场营销、财务管理的界限，制定统一的培养方案；把商科与人工智能、商务英语、法学融合；同时产教融合，把教育的供给侧与企业的需求侧对接结合，共同培养人才；需要重新设计现有课程，建设适应新经济的新课程。西交利物浦大学校长席酉民提出将新商科融入工、理、行业教学中是大势所趋，要打破专业界限，实现将商业教育融入各个学科。

第三节　大数据带来的新商科教育问题

新商科要以问题为导向，具有深刻的批判力和战略规划能力，解决变革中的问题，把控好变革的方向。新商科要对大数据带来的变革有清醒认识，要始终追踪技术发展的脚步，把握社会变革的基本走向。新商科是开放的，要不断地引入新的技术图景和新的社会观念。新商科是强调社会实践的，引导新商科师生身体力行地参与社会变革实践，敏感地认知社会发展变革中出现的一切问题。

一、社会需求问题

党的十九大报告指出，要建设创新型国家，建设数字中国、智慧社会，发展数字经济，培育新增长点，形成新动能。2017 年，数字经济写入全国两会政府工作报告，明确提出"促进数字经济加快成长"。2019 年，全国两会政府工作报告再对数字经济提出要求，要"壮大数字经济"。

数字经济大数据技术的快速发展使得高校在商科专业建设和资源建设上跟不上新时代需求，人才培养滞后。大数据与商科融合已经成为国际趋势，促使新商科在教育定位、目标、过程、内容、手段、标准等方面进行革新。数字经济是将数字化的知识和信息作为关键生产要素的，传统经济与数字经济的主要区别就在于生产要素的不同。数字化的知识和信息作为生产要素，不同于传统经济中的实体资产，深刻改变了现代经济中的生产、流通、消费等各个环节，社会需求发生了重大变化。当前社会需求的变化，使得高校新商科教育的人才培养目标需要调整定位，使内涵发生改变。但当前的高校在大数据背景下普遍存在定位调整与内涵改变难的问题。

大数据还催生了新的就业，这些就业领域涉及两大类，一类是单一型数字经济，另一类是综合型数字经济。

单一型数字经济，是指纯粹的数字产业化，即数字技术发展所带来的新兴行业，包括云计算、大数据等，以及信息通信相关的产业，如电信业、电子信息设备制造业、信息技术服务业、软件产业。

综合型数字经济，是指数字化产业，大部分数字经济是这一类型。大数据、互联网、云计算、人工智能等数字技术与传统产业相结合，催生了大量新生行业。比如：智能机器人制造、工业互联网等工业领域；新零售、电子支付、智慧物流、在线教育、在线旅游以及共享经济等商业领域；在农业领域，包括数字化的农业生产、运营、管理，以及网络化的农产品配送等新农业产业。

经济一体化发展的背景使得世界各地的人民共同生活在同一个"地球村"里，新商科要寻求以异而同、求同存异，让国内新商科教育能在世界环境中得到认同，并与其他国家和地区的商科相互借鉴、碰撞、融汇和渗透，把不同背景的人聚合在大数据平台上共同发展。新商科要建立在大数据平台上，以适应社会发展的新需求以及新生产业的新要求（周毅等，2019）。

二、适应数字经济问题

传统经济与数字经济的人才培养模式存在显著区别，如表 1-2 所示。

表 1-2 传统经济与数字经济的人才培养模式区别

维度	基于传统经济	基于数字经济
要素投入与产出	以传统的生产要素，包括劳动力、土地、资本、企业家能力四大类为投入要素组织生产产出的经济，产品产出为传统商品	把数字化知识和信息作为关键生产要素，把现代信息网络作为重要载体，用信息通信技术的有效使用推动效率提升和经济结构优化，产出为实体商品与虚拟化数字商品
培养需求	适应传统经济需求	适应数字经济需求
培养目标	以就业为导向，培养传统的工商管理高级人才	以能力培养为导向，培养具有商科能力、计算能力、创新能力、适应数字经济的高级创新型人才
培养定位	以教师为中心，以传授知识为主，教会学生掌握传统工商管理的思维、工具与方法	以学生为中心，以探究式知识创新为手段，掌握新工具、新方法，培养知识创新能力

续表

维度	基于传统经济	基于数字经济
培养平台与道具	实体平台、实体教室、印刷教材	场景化教学、虚拟化教室与平台
培养过程	各科分类明确、批量培养、有统一化标准	各科数字融合，突出智能化、个性化、多样性

如表 1-2 所示，新商科建设的根本目的是区别传统经济与数字经济的人才培养模式，从培养目标、培养定位、培养平台与道具、培养过程上进行变革，适应新经济需求，促进社会进步。

三、创新能力培养问题

商科对大学生能力的培养可分为一般能力培养与特定能力培养两类能力（赵叶珠，2016）。一般能力包括：在商业道德允许条件下完成一般任务的能力、运用基本商业软件解决一般问题的能力、适应新情况的能力、运用一般知识的能力、计划和管理时间的能力、人际交往能力、从经济和商业资源中寻找信息并进行分析的能力、演讲和书面阐述能力、继续学习能力等。关键能力包括：商科专用知识运用能力、用专用评价工具对战略与环境进行分析评价的能力、胜任商科领域高级职位的能力、成为商科领域专家、妥善处理企事业内部部门之间的复杂关系、制定标准的能力、对现有解决方案评估并改进创新的能力。在大数据背景下，新商科人才培养存在的主要问题是大数据带来商业软件、环境、沟通、交际、标准与战略资源等发生剧变，与大数据相适应的解决问题能力与创新能力成为人才培养的瓶颈。传统商科的最大问题是所培养学生的数据分析能力不足，创新能力不足，原创性不强。新商科的根本使命是基于大数据培养具有创新精神的新商科高级人才。

四、应用场景问题

大数据的核心价值在于应用。真实的企业大数据是有价值的，涉及商业机密与隐私保护，采集到适合的真实数据库开放给教学构建大数据真实应用场景，仅靠高校资源是难以实现的。高校现有的能力与基础，无法有效地与应用场景融合。缺少真实应用场景，将会导致教学停留在纯理论与概念上，无法跟上实践中的技术处理与效果展示的作用。新商科高级人才培养面临着缺乏必要的真实应用"场景"的问题。

五、学科融合问题

传统的师资队伍设置与数据科学综合知识体系建设之间存在着天然的矛盾。长期以来，高校人才的培养一直归属于高校所属院校。然而，现实中的人才培养正面临学科整合。数据科学是一门新兴学科，数学、统计学和计算机科学是其理论基础，将其应用在商业领域才有意义。传统的单学科培养机制按专业划分知识，远远不能满足时代发展的需要。大数据时代下的知识体系的综合性和系统性与传统学科设置是一对矛盾，要解决其矛盾实现融合发展。

六、产教融合问题

面对新商科与大数据的挑战，产教结合是解决"人才培训供需矛盾"与"两张皮"问题的必然途径。但是，受我国商科教育传统和学校资源差异的限制，产教结合在实施中存在很多问题。

在校企教师队伍建设方面，学校教师缺乏实践经验，企业来的教师积极性正面临难以调动的难题。同时，还有很多亟待解决的问题，例如，企业师资缺乏扎实的基础和教学经验，以及"问题解释不清""有理说不出""思维跳跃太快""演示过多"和"教师不稳定"等。

在企业家精神与创新教育的融合方面，教师和课程不能得到充分保障的情况下，企业参与大规模创业和创新教育的难度更大。目前，校企合作与创业精神培育大多停留在企业命名和学校组织的各种专业竞赛的水平上。受资金、水平、名望等实际因素的限制，小微企业参与创业能力和创新能力竞赛的可能性很小，而这些小微企业常常是新经济的代表。

在企业课程改革方面，企业课程和知识体系脱节，大多数集中在高年级甚至是临时课程上，有时出现以下极端现象，例如，"凑课""因企或因人设课"和"毕业前集中练习"现象，以及教学过程和实践环节很难有效地进行监督等。

第四节　新商科定义与内涵

一、新商科定义

2017 年，美国希拉姆学院提出了"新商科"的概念，新商科要对传统商科进行学科重组、文理交叉，把新兴技术融入商科等的课程中，为学生提供综合性的跨学科训练与学习。在我国，新商科是在全面推进"新工科、新医科、新农科、新文科"建设之后，在"新文科"理念下开展经济管理类教育的新概念。"新商科"是对传统商科进行学科重组交叉，将新技术融入商科课程，用新理念、新模式、新方法为学生提供的综合性跨学科教育。

1. 新商科是融合大数据等新技术的交叉性学科

传统商科以职能为导向培养专门人才，例如市场营销、金融、财务、人力资源管理等。移动互联网、大数据、人工智能等技术正在改变人们的生活方式和商业模式，商科学生应学习和掌握一定的大数据等技术，以适应工商行业的转型升级。新商科要主动适应技术创新和社会变革的需求，培养以行业需求为导向的跨学科复合型人才，例如云营销、财富管理、金融科技等。

2. 新商科是突出中国情境的专业性教育

传统商科应用西方知识话语体系和案例。新商科是基于中国发展的成就与文化传承，借鉴吸收，构建中国的知识话语体系，研究中国故事，用本土化理论解释本土化现象，解决中国特定问题，指导中国经济发展与实践。

3. 新商科是产、教、平台多方融合的新培养模式

我国处于经济发展前沿，渴求能适应新技术的一线新商科人才。革命性技术的发展，实践快于理论决定了校企与社会机构的互补与合作是最佳培养模式。建立智能化平台，推进校企与社会机构的深度融合，基于新平台推动教学模式、课程体系、教学方式变革，是提升新商科教学质量的重要途径。

4. 新商科是适应时代新需求的新专业体系

传统商科的专业包括市场营销、金融、会计、人力资源管理，属于职能导向。新商科涌现了适应大数据与新时代需求的新专业。面向未来的新商科

建设要能够应对大数据发展中遇到的问题，新商科建设的理念、思路、模式和路径要有突破性的进展，以适应社会对新兴大数据管理的要求。新商科要增加新兴的社会需求专业，如度假型酒店管理、会展管理、奢侈品管理、艺术品管理、艺人经纪人、高尔夫管理等。新商科强调行业的特质以及职业发展技能以培养学生，学生可以根据自己的兴趣确定行业方向。

二、新商科的内涵

新商科在以下七个方面与传统商科有本质上的不同。

（一）新理念

新商科建设应以理念率先变革带动商科教育的创新发展，以理念变革带动行动变革，在发展方向和发展思路上进行改变。

新商科要树立积极应变的理念。管理学家德鲁克曾提出：无人能够控制变化，唯有在变化之前采取措施。对付变化的关键是创新，创新是最大的驱动力，创新的根本挑战在于应对变化所带来的未知。新商科只有树立应变的理念，积极地去应对变化、引领创新，并且不断更新理念，才能在持续变化的条件与背景下，培养出能够顺应新时代发展、适应未来变化的新商科人才。

新商科要树立主动塑造世界的理念。新商科教育应成为新商科人才培养的重要平台，与社会经济的新需求紧密相连，成为创新第一资源、创新第一驱动力、科技第一生产力的重要阵地。新商科教育直接把大数据等技术发展同工商产业的发展联系在一起，新商科人才将成为利用新商科技术变革世界、推动潮流发展的重要推动力量。因此新商科要"适应社会"，肩负起推动变革、造福社会、创造未来的历史使命与责任，推动经济社会发展，成为革命性的力量。

（二）新结构

新商科作为一种新型模式的商科教育，虽然背景变化、技术变化、模式变化，培养人才的结构也发生了变化，但培育人才的本质没有变化。新商科要培养面向未来的多元化、创新型、卓越型的商科人才。新商科人才需求复杂多样，培养结构也要求相应地多元化。新商科必须以涉及构造创意、研发、设计、外包、生产、销售、服务、管理的多元化人才培养结构，去对接产业链的需求。新商科的人才结构与传统商科明显不同，需要进行更新。新商科教育自身还应面向未来，根据社会的需求，界定未来新商科人才的素质能力结构，重新确定各类专、本、硕、博等各个层次的培养目标、培养特色和培养规模，进而建立起以时代需求变化为重要导向、以新产业更新与调整为依据的新结构，为传统商科转型升级为新商科提供动力。

（三）新标准

新商科的建设质量标准也要面向未来，制定出育人质量新标准。虽然目前对新商科人才的未来质量标准还没有形成统一的共识，但对未来新商科大学生素质的描述在一定程度上能反映出新商科人才培养质量的核心元素。一是能力标准。新商科优秀的道德水准和专业素养、创造力、领导力、分析能力、实践能力、沟通能力、商业和管理知识以及终身学习能力是未来新商科培养人才的重要素质。二是技能标准。根据2016年世纪经济论坛报告，未来需要掌握的技能包括以下内容：社会技能、解决复杂问题技能、系统技能、新技术技能、资源管理技能等在内的各种交叉复合技能。三是素养的标准。参照国际标准和我国未来重大战略需求以及经济发展实际情况，未来的商科人才培养标准将突出以下内容：全球视野、爱国情怀、跨学科交叉融合、创新创业、批判性思维、沟通与协商、自主终身学习、新商科领导力、环境和可持续发展；最后一个素养特别重要，就是数字素养。四是创新的标准。新商科要突出创新意识培养，训练大学生的创新思维能力与创新实践能力。新商科要把互联网新思维应用到新商科的教学理念与研究范式之中。互联网新思维应该包含互联网文化思维和数字化思维。数字化思维是在新时代背景下进行创新的重要思维，新商科人才要理解数字化内容生产的路径与方式，掌握运用数字技术采集、挖掘、分析与使用大数据，这是大数据时代应备的创新思维。

（四）新技术

在大数据时代，新的科技革命引发新的产业革命，这是一种全方位的深刻变革，对社会的价值理念、生产模式、运作方法，甚至生活方式等均产生深刻的影响，一些传统的技术手段遇到严峻挑战，新技术应用以前所未有的速度进行推广。新技术的发展，带来了新的学科，产生了新的方法，创造出很多新的知识，产生了大量技术的突破，大数据、人工智能、基因、区块链、虚拟化技术、5G 应用技术等，既与信息学科相关，也与新商科联系紧密，新商科成为以新技术为基础的新学科。在新技术的广泛应用条件下，科技创新、新经济发展、新产业革命等现有的产业结构、产业内容与产业形态基于移动互联网、大数据技术等手段，均发生改变，催生出新的产业，体现出数字化和智能化。同时这些新技术的发展，也对新业态、新物种产生了极大的影响，"移动互联网+营销""移动互联网+金融""移动互联网+教育"等广泛应用，推动了新产业革命更进一步，使得新业态更新加快，产生了对更多人才的新需求。这就要求我们在实践中培养出知识更复合、学科更融合、实践能力更增强的新型人才，同时应催生新专业，更新已有的专业。新技术手段的应用，原先的简单劳动大多会被智能软件或者智能设备、机器人替代，为新商科人才培养带来大量的新社会需求。新专业培养方案需要调整，新课程产生并替代旧课程。在新技术背景下，新商科会产生大量的新课题，新商科的研究范式也会随之发生转变。借鉴樊丽明等（2019）人的观点，本书认为新商科的"新"是由新科技革命带来的，它倒逼着大家去思考新问题，使用新方法，开拓新的学术视野，新的数据化技术是新商科的重要内涵之一。

（五）新交叉

新商科概念提出以后，跨学科交叉与融合成为热点讨论话题。当下对新商科的普遍认识与期望是跨学科交叉、跨学科融合或跨学科融通。这种融合，除了新商科与人文社会学科之间的融合，还包括与信息科学等自然科学之间融通交汇，从而形成跨学科交叉等新兴的学科领域。

本书认为，新商科并不等于"商科+新技术"，它不是新技术与传统商科的简单相加。新商科需打破学科之间的壁垒，实现学科之间的交叉与融通。至于新商科与社会科学、自然科学或人文科学之间的交叉共融，需立足于前沿学科，基于社会新需求选择所要研究的具体新命题，坚持问题导向和需求导向，充分参考、吸纳、借鉴、采用相关学科的方法、理念、手段、思路、模式进行深度交叉与融合。

新商科人才应该具有文理兼通的特点。安丰存等（2019）认为新商科人才要求具备理科的理论素养，从新商科向理工科交叉与发展，培养的人才要掌握一定理科方法、具备一定理科思维，同时对理科的相关领域有一定程度的理解，掌握并运用理科的原理方法。

学科与学科之间进行交叉与融合，目前已经成为推动学科建设、创新知识的重要方法与手段。以工商管理类专业为例，目前我国有 841 家高校开办了 3741 个商科专业。学科与学科之间交叉，对于新商科人才培养的内涵丰富化具有重要意义，特别是与传统商科有明显区别的边缘交叉学科的出现，对于新商科内涵的发展与丰富更具重要意义。为此，在对商科专业的办学内涵以及人才培养内涵进行深入研究时，就有学者提出了"新商科"的概念。张俊宗（2019）认为最初的"新商科"专指为传统商科专业注入了其他学科知识与技术要素，使传统商科与其他学科具有交叉性，融合交叉成为商科的新特点，以使培养的人才能通晓不同领域知识体系、具有综合应用能力以及具有多领域的操作技能。新商科要聚焦建设新商科，加强新商科与其他学科的协同、交叉与融合；组建新的交叉学科，促进哲学、自然科学、社会科学、新商科利用新技术进行融合。与传统的商科相比，在大数据重构新商科背景下，各个学科之间的界限因融合而不再泾渭分明，新商科与理科、工科、其他社会学科之间的融合交叉是当下的发展趋势。

交叉性与融合性成为新商科人才培养模式创新的着力点。基于产学研融合、多学科交叉、引入新研究思想与新研究方法，把自然科学和人文社会科学交叉融合，将智能技术、计算机应用技术、大数据技术、云计算技术等研究方法融入新商科的研究和教育之中，可有力地推动新商科的发展。

（六）新情境

新商科建设的内涵要紧紧围绕中国的改革发展与现代化建设。传统商科在学科建设、专业建设上吸收借鉴了国外商科的经验，教材的引进使用、教学模式的参照设计、中外合作办法等，体现着国外的学术特点和模式。强调新商科的中国情境，并不是要完全放弃既有的基础，而是要在现有的基础上增强新商科对中国情境的适应性与创新性。

新商科要提炼中国的特点并解释中国情境。我国的改革发展与现代化建设取得了举世瞩目的成就。新商科要意识到现有的知识话语由于观察角度与分析对象的限定，对中国本土经验与知识在提炼时存在着有限性。既有的西方商科的知识话语体系，主要是来自西方的经验观察、分析与总结。对中国所呈现的快速发展与前所未有的巨大转型，西方的知识话语难以进行有效的解释。我国新商科的建设应该来自中国观察、中国经验。新商科要意识到西方知识话语的这种有限性，不但要建立属于我国自己的新商科，还要让世界对中国新商科的发展给予高度认可。我国的新商科在提炼、总结、发掘中国情境的知识话语体系中，为世界商科发展做出应有的贡献。

新商科要体现中国情境下的文化属性。新商科的人才培养模式要增强文化自信。我国的文化自信不仅体现在时间维度上，还体现在空间维度上。中国无论是在历史、制度、文化上，还是在人口、地域、经济总量上，对人类文化与知识的增量生产都是巨大的、客观的存在，中国所提供的价值除了是对一个国家现代化的再认识价值，更是对一个文明形态的再认识价值。要根植于中华文明，基于中国文化，对商科的历史与现实的经验进行总结提高。新商科要体现出我国当今时代的内涵与特点，在培养我国高级商科人才时，要做好文化基因传承。要引导新商科人才既有世界视野，更有爱国情怀，并不断激发他们进行新商科创新的活力与动力。新商科的建设要以中国为观察与分析的对象，探索建构中国自身的新商科学术话语体系，同时也有效推动世界文化的多样性发展。

（七）新范式

在大数据等新兴技术的发展助力下，商科领域的科学研究方法发生了根本性变化，特别是伴随数字化及其网络化发展，商科信息的采集获取、分析挖掘、集成和可视化展示所形成的数字化模式，根本改变了新商科研究进行研究资料收集组织、分类标引、检索分析和信息利用的习惯，需要以全新的方式与方法来进行新商科研究。传统的商科以及其他社会科学、自然科学按概念是什么、需要什么假设、提出关键问题、搜集数据后，再进行验证分析，研究的重心主要解决的是问题与数据之间的内在逻辑与因果关系。而新的研究范式则是先有大量已知数据，然后再通过计算得出之前的未知概念与理论。新范式为新商科提供了大数据的力量，即可以通过对数据的采集、整理、分类、分析以及挖掘，发现并揭示新的研究问题，再总结与发现新的理论，使得新理论以大数据和大量事实为基础，它更多揭示的是问题与大数据之间的相关性。这种研究范式打破了传统商科研究的封闭研究，转变为开放、协作、共享的研究范式。这种研究方式最大的变化是改变了小规模、单独作业的工作方式，要共享数据与共同采集数据，要利用不同的学科研究人员共同推进研究进展。新商科既要在研究范式与方法模式上创新，也要在不同学科体系和不同教学模式之间进行交叉融合的探索与改变。

三、新商科与创新创业教育

创新创业教育一直备受国家重视，其发展比新商科产生的历史要久。近年来国家出台了若干支持创新创业教育的文件政策。

早在 2002 年 4 月，教育部开展创新创业教育试点工作，选取了 9 所大学进行试点，这些试点高校均开设了创新创业的专门课程。

2010 年 5 月，教育部为提高创新创业人才培养质量，专门制定下发了第一份关于创新创业教育的专门文件——《关于大力推进高等学校创新创业教育和大学生自主创业工作的意见》，此文件有力推进了我国大学的创新创业教育工作。

2012 年 8 月，教育部印发《普通本科学校创业教育教学基本要求（试行）》，指出服务国家加快转变经济发展方式、建设创新型国家和人力资源强国的战略举措，是深化高等教育教学改革、提高人才培养质量、促进大学生全面发展的重要途径，是落实以创业带动就业、促进高校毕业生充分就业的重要措施。该文件的印发进一步推动创新创业教育的发展，标志着我国的创新创业教育进入一个新阶段。

2015 年，国务院办公厅制定发布《关于深化高等学校创新创业教育改革的实施意见》（国办发〔2015〕36 号），提出要健全课堂教学、自主学习、结合实践、指导帮扶、文化引领融为一体的高校创新创业教育体系，人才培养质量显著提升，学生的创新精神、创业意识和创新创业能力明显增强，投身创业实践的学生显著增多。

2015—2019 年，教育部已经连续五届举办中国"互联网+"大学生创新创业大赛，更有力地促进了创新创业的开展。

2018 年，国务院制定《国务院关于推动创新创业高质量发展 打造"双创"升级版的意见》，深入实施创新驱动发展战略，进一步激发市场活力和社会创造力，推动创新创业高质量发展、打造"双创"升级版。

2018 年，我国召开新时代第一次全国教育大会，提出坚持"价值塑造、知识养成、创新实践"三位一体，构建高水平创新创业培养体系，助力大学生创新创业，鼓舞和带动青年学生在成才发展中将个人梦融入中国梦。

2019 年，教育部办公厅印发《关于做好深化创新创业教育改革示范高校2019 年度建设工作的通知》，把创新创业教育贯穿人才培养全过程，深入推进创新创业教育与思想政治教育、专业教育、体育、美育、劳动教育紧密结合，打造"五育平台"，在更高层次、更深程度、更关键环节上深入推进创新创业教育改革，全力打造创新创业教育升级版，引领带动全国高校创新创业教育工作取得新成效。

本书认为，创新创业教育是新商科教育的重要内容之一。新商科教育主要是由商科知识传授、大数据技术教授与创新创业教育组成。其中商科知识包括传统的商科专业知识；大数据技术包括了大数据、人工智能、机器人等新技术；而创新创业教育则是对创新创业思维模式与实践能力的训练。创新创业教育是新商科教育的重要组成部分，符合新商科发展趋势，并得到我国创新创业发展政策的大力支持，是高校培养拔尖创新人才、高校落实国家创新驱动发展战略的重要举措。

创新创业教育要主动与国家需求进行对接基础，但在目前还面临以下发展难题：在新商科、大数据背景下，如何更有效地符合技术发展趋势，如何健全创新创业教育机制，如何建设创新创业实践平台，如何构建创新创业教育的生态系统，等等。新商科背景增加了复杂性，大数据的快速发展使创新创业教育面临新的机遇与挑战，本书将对这些问题进行理论分析与阐释，为未来创新创业教育的进一步发展提供理论依据。

第五节 "双万计划"与新商科建设

一、"六卓越一拔尖"计划 2.0

"六卓越一拔尖"计划 2.0 的前身是"六卓越一拔尖"计划 1.0。"六卓越一拔尖"计划 1.0，自 2009 年开始在清华大学、北京大学等 20 所重点大学的数学、物理、化学、生物科学、计算机科学等学科实施"拔尖计划"。2010 年教育部启动"卓越工程师教育培养计划"。2012 年，教育部印发《关于全面提高高等教育质量的若干意见》，明确提出深入实施系列"卓越计划"，着力创新高等工程、法学、新闻传播、农林、医学等领域人才培养机制，以提高实践能力为重点，探索与有关部门、科研院所、行业企业联合培养人才模式。据新华社报道，卓越工程师培养计划已有 210 所高校的 1257 个本科专业点、514 个研究生层次学科点参与实施，覆盖在校生约 26 万人；在 66 所高校建设了卓越法律人才教育培养基地，覆盖学生 9.5 万余人，1146 名法律实务专家和 1069 名高校教师入选高等学校与法律实务部门人员互聘"双千计划"；卓越新闻传播人才培养计划覆盖全部 299 所开设新闻学专业的高校；卓越医生培养计划参与高校达 129 所，每年惠及 7 万余名学生；累计有 99 所高校参与了卓越农林人才培养计划，每年惠及约 4 万名学生；卓越教师培养计划参与高校达 64 所，设立改革项目 86 个。

2018 年，教育部召开新时代全国高等学校本科教育工作会议，全面振兴本科教育。教育部等正式实施"六卓越一拔尖"计划 2.0，将原先的单个计划变成系列计划的组合，由"单兵作战"转向"集体发力"。

全国教育大会和《加快推进教育现代化实施方案（2018—2022 年）》、新时代全国高校本科教育工作会议、《教育部关于加快建设高水平本科教育全面提高人才培养能力的意见》、"六卓越一拔尖"计划 2.0 系列文件是制订该计划的指导文件。教育部决定全面实施"六卓越一拔尖"计划 2.0，启动一流本科专业建设"双万计划"，旨在推动新工科、新医科、新农科、新文科建设，做强一流本科、建设一流专业、培养一流人才，全面振兴本科教育，提高高校人才培养能力，实现高等教育内涵式发展。

2019 年，启动实施"六卓越一拔尖"计划 2.0，将原先的单个计划变成系统计划的组合，由"单兵作战"转向"集体发力"。2019—2021 年，教育部将分三年全面实施"六卓越一拔尖"计划 2.0。这个计划可以概括为一个总体部署、三项核心任务、一次质量革命。

一个总体部署，就是通过实施"六卓越一拔尖"计划 2.0，全面推进新工科、新医科、新农科、新文科建设，提高高校服务社会经济发展能力。

三项核心任务是，面向所有高校、所有专业，全面实施一流专业建设"双万计划"、一流课程建设"双万计划"、建设基础学科拔尖学生培养一流基地，也就是我们经常说的建金专、建金课、建高地。一是实施一流本科专业建设"双万计划"，也就是金专建设计划。二是实施一流课程建设"双万计划"，也就是我们说的金课建设计划。建设 10000 门左右国家级一流课程和 10000 门左右省级一流课程，包括具有高阶性、创新性、挑战度的线上、线下、线上线下混合式、虚拟仿真和社会实践各类型课程。具体任务是建设 3000 门左右线上"金课"、7000 门左右线上线下混合式"金课"和线下"金课"、1000 项左右虚拟仿真"金课"、1000 门左右社会实践"金课"。在已完成工作的基础上，按有关文件要求继续实施。三是建设 260 个左右基础学科拔尖学生培养一流基地，也就是我们说的高地建设计划。在数学、物理学、化学、生物科学、计算机科学、天文学、地理科学、大气科学、海洋科学、地球物理学、地质学、心理学、基础医学、哲学、经济学、中国语言文学、历史学等 17 个学科建设。2019—2021 年，建设约 60 个左右的文科基地、200 个左右的理科和医学基地，分年度实施。

一次质量革命是指通过实施"六卓越一拔尖"计划 2.0，在全国高校掀起一场"质量革命"，形成覆盖高等教育全领域的"质量中国"品牌，全面实现高等教育内涵式发展。

同时强调必须具备一些基本条件。这些基本条件包括四个方面的内容：一是必须全面落实"以本为本、四个回归"；二是积极推进"新工科、新医科、新农科、新文科"建设；三是不断完善协同育人和实践教学机制；四是努力培育以人才培养为中心的质量文化。

二、一流专业

（一）相关文件

2019 年 4 月 2 日，《教育部办公厅关于实施一流本科专业建设"双万计划"的通知》（教高厅函〔2019〕18 号）发布。

（二）相关要求

第一，积极推进新工科、新医科、新农科、新文科建设。紧扣国家发展需求，主动适应新一轮科技革命和产业变革，着力深化专业综合改革，优化专业结构，积极发展新兴专业，改造提升传统专业，打造特色优势专业。

第二，不断完善协同育人和实践教学机制。积极集聚优质教育资源，优化人才培养机制，着力推进与政府部门、企事业单位合作办学、合作育人、合作就业、合作发展，强化实践教学，不断提升人才培养的目标达成度和社会满意度。

第三，改革成效突出。持续深化教育教学改革，教育理念先进，教学内容更新及时，方法手段不断创新，以新理念、新形态、新方法引领带动新工科、新医科、新农科、新文科建设。

第四，培养质量一流。坚持以学生为中心，促进学生全面发展，有效激发学生学习兴趣和潜能，增强创新精神、实践能力和社会责任感，毕业生行业认可度高、社会整体评价好。

（三）筛选与立项条件

获得至少五项省部级奖励或支持，其中国家级不少于一项：省部级教学名师与教学团队、省部级专业建设获奖、省部级课程与教材、省部级实验和实践教学平台、省部级教学改革项目。

突出服务国家和区域经济社会发展需要：应用转型高校要优先推荐省级示范性应用型专业群专业、服务产业特色专业和示范性产业学院专业。

原国家级特色专业等国家级立项专业：已接受认证或认证申请已被受理的专业可参照优先支持。

（四）评价指标

国家级一流专业建设点推荐工作指导标准共设 11 个一级指标，32 个二级指标。一级指标包括：全面落实"以本为本、四个回归"举措得力；积极推进新工科、新医科、新农科、新文科建设；不断完善协同育人和实践教学机制；大力培育以人才培养为中心的质量文化；专业建设水平高；专业定位准确及特色优势突出；专业综合改革取得较大进展；师资队伍建设成就显著；质量保障体系健全；人才培养质量较高；下一步建设和改革的思路举措得力。

三、一流课程

（一）相关文件

2019 年 11 月 18 日，《教育部办公厅关于开展 2019 年线下、线上线下混合式、社会实践国家级一流本科课程认定工作的通知》（教高厅函〔2019〕44 号）；

2019 年 10 月 24 日，《教育部关于一流本科课程建设的实施意见》（教高〔2019〕8 号）；

2019 年 7 月 1 日，《教育部高等教育司关于开展 2019 年国家精品在线开放课程认定工作的通知》（教高司函〔2019〕32 号）；

2018 年 11 月，第十一届"中国大学教学论坛"高教司吴岩司长讲话：金课的标准是"两性一度"，即高阶性、创新性、挑战度。

各地也出台了相关文件，例如：

2019 年 10 月，《北京市教育委员会关于开展"重点建设一流专业"遴选建设的通知》（京教函〔2019〕493 号）

（二）总体安排

积极开展五类一流本科课程建设大讨论，推动教师全员参与课程。

理念创新、内容创新和模式创新，形成打造"金课"、淘汰"水课"的教学改革氛围。加强一流本科课程建设与应用，提升本科课程的高阶性、创新性和挑战度。

推荐课程至少经过两个学期或两个教学周期的建设和完善，取得实质性改革成效，在同类课程中具有鲜明特色、良好的教学效果，并承诺入选后将持续改进。符合相关类型课程基本形态和特殊要求的同时，在以下多个方面具备实质性创新，有较大的借鉴和推广价值。

（三）具体要求

教学理念先进。坚持立德树人，体现以学生发展为中心，致力于激发学生内在潜力和学习动力，注重学生德智体美劳全面发展。

课程教学团队教学成果显著。课程团队教学改革意识强烈、理念先进，人员结构及任务分工合理。主讲教师具备良好的师德师风，具有丰富的教学经验、较高的学术造诣，积极投身教学改革，教学能力强，能够运用新技术提高教学效率、提升教学质量。

课程目标有效支撑培养目标达成。课程目标符合学校办学定位和人才培养目标，注重知识、能力、素质培养。

课程教学设计科学合理。围绕目标达成、教学内容、组织实施和多元评价需求进行整体规划，教学策略、教学方法、教学过程、教学评价等设计合理。

课程内容与时俱进。课程内容结构符合学生成长规律，依据学科前沿动态与社会发展需求动态更新知识体系，契合课程目标，教材选用符合教育部和学校教材选用规定，教学资源丰富多样，体现思想性、科学性与时代性。

教学组织与实施突出学生中心地位。根据学生认知规律和接受特点，创新教与学模式，因材施教，促进师生之间、学生之间的交流互动、资源共享、知识生成，教学反馈及时，教学效果显著。

课程管理与评价科学且可测量。教师备课要求明确，学生学习管理严格。针对教学目标、教学内容、教学组织等采用多元化考核评价，过程可回溯，诊断改进积极有效。教学过程材料完整，可借鉴可监督。

（四）筛选与立项条件

总额限定：2019年度各单位推荐数量最高不超过三年推荐总额的20%。

职称要求：一般具有正高级职称（线上可为副教授）。

获奖要求：本课程已获得的市级以上称号，相关市级教学成果奖，教材、师资等其他类型奖励。

专业优先：有望获批国家、省级一流专业的专业至少申报1门课程。

条件优先：省级以上的教学名师、教学团队、长江学者等，以及国家、省知名专家和团队申报的课程，优先予以支持；此前获评为国家级或省级课程的，优先予以支持。

（五）分类申报

新商科面临申报的课程主要是以下三类。

1. 线下一流课程

线下一流课程、线上线下混合式一流课程、社会实践一流课程推荐比例大致确定为 5 : 4 : 1。

2. 线上线下混合式一流课程

（1）主要指基于慕课、小规模限制性在线课程（SPOC）或其他在线课程，运用适当的数字化教学工具，结合本校实际对校内课程进行改造，安排 20%-50% 的教学时间实施学生线上自主学习与线下面授有机结合，开展翻转课堂、混合式教学，打造在线课程与本校课堂教学相融合的混合式"金课"。

（2）倡导基于国家精品在线开放课程应用的线上线下混合式优质课程申报。

3. 社会实践一流课程

（1）以培养学生综合能力为目标，通过"青年红色筑梦之旅""互联网+"大学生创新创业大赛，创新创业和思想政治理论课社会实践等活动，推动思想政治教育、专业教育与社会服务紧密结合，培养学生认识社会、研究社会、理解社会、服务社会的意识和能力，建设社会实践一流课程。

（2）课程应为纳入人才培养方案的非实习、实训课程，配备理论指导教师，具有稳定的实践基地，学生用 70% 的学时深入基层，保证课程规范化和可持续发展。

四、"双万计划"标准与新商科建设

（一）高阶性、创新性、挑战度

根据"双万计划"，新商科的课程建设也要按教育部要求达到"两性一度"。2018 年 11 月 第十一届"中国大学教学论坛"高教司吴岩司长在讲话中提出，金课的标准是"两性一度"。"两性一度"，即高阶性、创新性、挑战度。所谓"高阶性"，就是知识能力素质的有机融合，是要培养学生解决复杂问题的综合能力和高级思维。所谓"创新性"，是课程内容反映前沿性和时代性，教学形式呈现先进性和互动性，学习结果具有探究性和个性化。所谓"挑战度"，是指课程有一定难度，需要跳一跳才能够得着，对老师备课和学生课下实践有较高要求。

（二）一流专业建设标准

参照XX省"一流专业"建设标准（本科）、XX大学的一流专业的指标与内容，提出一流专业主要建设内容与核心指标，分为普通高校与重点高校，如表1-3、表1-4所示。

表1-3 普通高校一流专业的建设标准

一级指标	二级指标	建设标准
1. 生源与就业	1.1 生源质量	近5年来本专业招生考试第一志愿上线率≥150%，新生报到率≥98%。
	1.2 就业率与就业质量	近5年来本专业一次性就业率高于80%，累计就业率超过95%；能够经常性地对专业人才社会需求和毕业生质量进行跟踪调查，毕业生对就业单位满意率≥85%。毕业生受到用人单位广泛欢迎，社会声誉高。
2. 培养目标与培养方案	2.1 培养目标	专业有公开的、符合学校办学定位与办学特色的、与经济社会发展或行业发展需求相吻合的培养目标。
	2.2 培养方案	有完善的培养方案修订制度，能够依据专业发展定位、专业人才社会需求变化，对人才培养方案进行定期修订，修订过程能吸纳业界专家和毕业生代表意见建议。课程体系设计科学合理，培养方案体现了本专业的发展定位、培养目标，符合经济社会发展需要，能够支撑本专业学习成果要求的达成。
3. 学习成果	3.1 学习成果支撑度	专业有明确、公开、可衡量的学习成果，学习成果能够支撑本专业培养目标的达成。
	3.2 学习成果评价	专业有学习成果达成评价体系，能够对本专业学习成果的达成情况进行评价。

续表

一级 指标	二级 指标	建设 标准
4. 课程 与教材	4.1 课程建设	课程建设有规划、有标准、有措施，主干课程中有 3 门以上为校级精品课程，或有 1 门以上（含 1 门）为省级精品课程。
	4.2 教材建设	本专业教师主编或参编有较高水平的教材，实践指导书完备，能够选用全国公认水平较高的教材。
5. 师资 队伍	5.1 专业带头人	专业带头人具有教授职称及硕士以上学历，且具有与本专业一致的高学历专业，熟悉本学科专业领域发展态势，发表有 3 篇以上较高水平的论文，具有较高学术造诣和学术水平，在同行中有一定知名度。
	5.2 数量与结构	本专业拥有 14 名以上专职教师；教授、副教授比例≥50%，具有博士学位比例较高。
	5.3 能力与水平	近 5 年承担省部级以上教学和科学研究项目≥3 项，获省部级及以上教学或科研成果奖励≥2 项； 有省级以上（含省级）的教学名师或教学团队。
	5.4 师资培养	有教师教学能力发展中心支持，教师培养与培训计划有政策支持；有教师教学水平评价标准及考评机制，教师本科教学精力投入有保证。
6. 经费 与条件	6.1 教学经费投入	用于本专业的实验室建设、课程建设、教材建设以及师资队伍建设的经费充足，且近 3 年持续增长。
	6.2 教学条件	实验室、实习基地和图书资料等能满足培养高素质人才的需求。有省级以上实验教学示范中心。
7. 产学 研合作	7.1 创新创业	建立健全课堂教学、自主学习、综合实践、指导帮扶、文化引领融为一体的高校创新创业教育体系，注重学生创新精神、创业意识和创新创业能力培养。
	7.2 校企合作	与国内 3 家以上大型企业签署有战略合作协议或产学研合作协议并有实质性合作，与行业企业共建实习基地 5 个以上。
	7.3 产业发展	建立吸收用人单位参与方案研究制定的有效机制，发挥产学研在人才培养中的协同作用；与企业积极开展科学研究、技术攻关以及技术培训，取得初步成效。

续表

一级指标	二级指标	建设标准
8. 质量保障与特色	8.1 人才培养质量	学生基础理论和基本技能扎实，在校期间参加省级及以上各类竞赛并获奖； 参与科学研究、科技开发、成果转化、社会实践等制度健全、成效显著； 本专业学生有10%参与论文发表、专利获取等。
	8.2 质量保障	本专业有较为完善的内部质量监控机制，对各主要教学环节有明确的质量要求和过程监控，并能够定期进行质量评价； 专业建有毕业生跟踪反馈、用人单位满意度调查等外部评价机制，能够对培养目标的达成情况进行定期评价； 专业定期收集内外部评价信息进行综合分析，并能够将分析结果用于专业的持续改进。
	8.3 学生指导制度与措施	专业有完善的学生指导制度和措施，能够持续跟进学生在整个学业过程中的表现，对学生进行学习指导、职业规划指导、就业创业指导、心理辅导等，保证学生毕业时满足专业制定的学习成果要求。
	8.4 专业特色	专业定位准确，特色显著，与国内、省内其他学校同类专业相比具有一定优势与特色。

表1-4　重点高校一流专业的建设标准

A. 学生发展	A1. 生源质量	S1. 生源质量	近5年来本专业招生考试第一志愿上线率≥150%，新生报到率≥98%。
	A2. 在校生质量	S2. 学业成果	关注学生德智体美劳全面发展，学生取得的学习成果，如CET4通过率、省级及以上优秀团支部、优秀共青团员、"三下乡"社会实践活动先进个人、三好学生数等有提高，学生体质测试合格率达到100%。 坚持质量导向，严控学生毕业率和学位授予率。
		S3. 创新创业	建立健全课堂教学、自主学习、综合实践、指导帮扶、文化引领融为一体的高校创新创业教育体系，注重学生创新精神、创业意识和创新创业能力培养。学生进行科研训练100%覆盖，有10%以上学生参与论文发表、专利获取等，获省级及以上各类竞赛奖励、参加创新创业训练计划学生比例有提高。
		S4. 国际交流	学生国内外交换生（访学）比例达10%左右。
	A3. 毕业生质量	S5. 就业质量	毕业生升学出国率45%以上。近5年来本专业一次性就业率高于90%，累计就业率超过95%；毕业生对就业单位满意率≥85%。
		S6. 毕业生成就	本专业历届毕业生在专业领域或职业发展中取得了卓越成就，自选10名与本专业培养目标一致的优秀毕业生案例。

B. 课程与教学	B1. 课程体系	S7. 培养方案	有完善的培养方案修订制度，能够依据专业发展定位、专业人才社会需求变化，对人才培养方案进行定期修订，修订过程能吸纳业界专家和毕业生代表意见建议。 方案能够支撑专业学习效果的达成，有学习效果的达成评价体系，能够对本专业学习效果的达成情况进行评价。
		S8. 课程设置	课程体系设计科学合理，培养方案体现了本专业的发展定位、培养目标，符合经济社会发展需要，能够支撑本专业学习成果要求的达成。每一门课程对应毕业要求有明确的支撑关系。
		S9. 课程质量	培养方案设置的所有课程都制定了质量标准，并严格执行。 课程建设有规划、有标准、有措施，主干课程中有 2 门以上（含 2 门）为省级精品课程。获批省级及以上在线开放课程不少于 3 门。引进、建设国际化课程不少于 3 门。建立课程（群）负责人制度，专业课小班教学（30 人以下）达到80%以上。
	B2. 教材建设	S10. 教材出版	本专业教师主编出版近两届国家级规划教材至少 1 部或行业规划教材 3 部。
		S11. 教材使用	"马工程"教材使用率 100%；选用全国公认水平较高的教材达 70%以上，实践指导书完备。
	B3. 教学改革	S12. 教改立项	入选国家级、省级人才培养模式创新实验项目区、拔尖人才培养计划、卓越人才培养计划、特色专业建设点、一流专业、省级品牌专业、专业综合改革试点项目等≥2 项。
		S13. 教改成果	获省部级及以上教学成果奖励≥1 项。
		S14. 教学组织	基层教学组织健全，活动开展有规律、有效果。

续表

	C1. 师资数量	S15. 师资数量	本专业拥有 14 名以上专职教师；专业生师比 16：1 以下。
	C2. 师资结构	S16. 师资结构	教授、副教授比例≥65%，具有博士学位比例 ≥80%。
C. 师资队伍	C3. 师资质量	S17. 科研水平	专业带头人具有教授职称及博士学位，且最高学历专业与本专业一致，熟悉本学科专业领域发展态势，具有较高学术造诣和学术水平，在同行业中有一定知名度。
		S18. 教学水平	有省级以上教学名师、优秀教师、师德先进个人教师或有教师担任教育部教学指导委员会委员；近 5 年主持省级以上教育教学改革与研究项目 1 项以上；至少有省级以上（含省级）的教学名师或教学团队 1 个。
		S19. 教学投入	教师本科教学精力投入有保证；教授、副教授为本科生上课率达到 100%；教师具有海外学习经历的比例达到 80% 以上。专业有完善的学生指导制度和措施，能够持续跟进学生在整个学业过程中的表现，对学生进行学习指导、职业规划指导、就业创业指导、心理辅导等，保证学生毕业时满足专业制定的学习成果要求。实施导学制，建立学生个性化的"学习成长计划"。
D. 支持条件	D1. 教学经费	S20. 经费投入	用于本专业的实验室建设、课程建设、教材建设以及师资队伍建设的经费充足，且近 3 年持续增长。教学专项经费执行率 100%。
	D2. 实验实践	S21. 实验条件	实验室能满足培养高素质人才的需求，完全对本科生开放。每个专业至少建设 1 个省级以上虚拟仿真实验教学项目。有省级以上实验教学示范中心。
		S22. 实践基地	与国内 2 家以上大型企业签署有战略合作协议或产学研合作协议并有实质性合作，共建校企协同育人基地。
	D3. 图书资源	S23. 图书资源	生均纸质、电子图书资源达到教育部规定要求。

续表

E. 社会声誉	E1. 专业贡献	S24. 社会服务和贡献	本专业师生为社会发展做出积极贡献，自选5个社会服务的成功案例。
	E2. 社会评价	S25. 专业声誉	毕业生受到用人单位广泛欢迎，社会声誉高。
F. 特色项目	F. 特色评价	S26. 专业特色	专业定位准确，特色显著，与国内、省内其他学校同类专业相比具有一定优势与特色。

（三）一流课程建设标准

参照 XX 大学的一流课程建设指标，新商科一流课程建设指标可予以参照。

1. 一流课程类别

（1）大型开放式网络课程（MOOC）示范项目

通过互联网技术与应用的云端开放式课程教育平台，拓展教学时空、丰富教学内容、共享教学资源、创新教学活动、变革教学手段、改进教学方法、更新教育理念、提高教育质量。

（2）精品线下开放课程

利用开放式课程教育平台优质课程资源及学校自建资源、校级网络教学平台及智能教学工具，实施翻转课堂教学，提高课程教学质量。

（3）智慧课堂

通过网络教学平台、智能教学工具等，进行深度课堂互动，创建全新的课堂模式，有效打通课内课外界限，实现学生自主探究式学习，将课堂所获理论应用到实践中，实现理论实践一体化、个性化拓展。

（4）虚拟仿真实验教学项目

以现代信息技术为依托，以相关专业类急需的实验教学信息化内容为指向，以完整的实验教学项目为基础，建设示范性虚拟仿真实验教学项目。

（5）社会实践课程

优化实践教学课程体系，创新实验实训体系和内容，不断提高学生实践能力。

2. 遴选标准

（1）同前课程（MOOC）示范项目遴选标准

课程建设：按照相关的 MOOC 示范项目课程建设规范及标准制作总数量 10 个以上、总时长 60 分钟以上的授课视频。制作 25 个以上含有课程介绍、课程公告、教学大纲、课件、参考资料、讨论、测试和作业、考试等环节的非视频资源。

课程运营：在校内外课程平台运行至少 1 个周期；有 5 次以上的课程公告；有 15 次测试和作业（总参与人次≥500）；有 15 次以上的教师发帖数（发帖总数≥50 帖），学生参与互动讨论人次≥200；组织 1 次以上考试，总参与人次≥100。

课程效果及影响：学习总人数≥500 人（多个教学周期累加）；课程应用模式多样，除在线学习外，还应用翻转课堂、SPOC 教学等；课程共享范围广，除社会学习者外，在别的高校也获得应用。

（2）精品线下开放课程遴选标准

课程建设：利用国家级、省级精品课程或自建网络资源，利用网络教学平台，每学分提供不低于 20 分钟的视频学习量，供学生自主学习，通过网络平台检测每位学生学习量及学习效果，并在课题教学中对学生自主学习部分进行检测。网络平台包括完整教学资料，含课程介绍、课程公告、教学大纲、模块描述、课件、参考资料、讨论、测试和作业、考试等环节的非视频资源。课程拓展资源，每学分不低于 2 个。

课程运营：至少在校内网络平台运行 1 学期；每学分对应的教学时间与学生自主学习时间比例小于 1∶1；线上线下指导相结合，依托网络平台，完成线上指导；教师发帖数≥20 次，发帖总数≥50 个，学生参与率大于 50%。

（3）智慧课堂遴选标准

利用国家级、省级精品资源共享课程资源，自建课程精品微视频（至少一个章节内容）。依托网络平台，开展翻转课堂。平台数据包括：学生利用网络教学平台学习各种课程相关线上数据；利用智慧教学工具，记录课堂教学过程中包括签到、讨论等互动教学数据；课后学习反馈数据；等等。

（4）虚拟仿真实验教学项目遴选标准

按《教育部办公厅关于开展 2018 年度国家虚拟仿真实验教学项目认定

工作的通知》（教高厅函〔2018〕45 号）执行。

（5）社会实践课程遴选标准

参照教育厅相关文件规定的验收标准执行。

3. 建设与验收办法

（1）一流课程建设周期一般为 2 年，对建设成效进行验收。一流课程验收标准须达到当年申报国家级相应课程项目的基本条件。

（2）验收工作原则上在建设周期结束时完成，延期 2 年后仍达不到验收标准的将取消项目资格并按照有关规定处理。

4. 建设举措与政策支持

（1）经认定为一流课程，给予建设经费资助。获批国家级 MOOC 奖励 8 万元/项，其他国家级一流课程奖励 6 万元/项。具体发放办法依据学校教学类突出业绩奖励有关规定执行。

（2）根据实际需要，一流课程原则上不超过三分之一的课程学时为线上学时，但具体内容需在教学大纲和教学计划中体现。

（3）一流课程开班人数原则上控制在一个标准班的人数左右，并按照标准班折算系数计算教学工作量。

（4）近两年立项的课程类相关质量工程项目可自愿参加一流课程遴选，通过立项者可依据标准增补经费资助。

（四）"双万计划"对新商科未来发展影响

新一轮科技革命表现为大数据和人工智能等技术所引发的变革，社会对人才的需求发生改变，也促使传统商科必须向新商科转型。"双万计划"带来的新标准对新商科的未来发展影响将起到极大的推动作用。

一是"双万计划"新标准有利于跨学科融合，促进新商科与新技术融合，引入大数据技术等新技术课程。传统商科涉及的量化分析以建模、数据统计与数据分析之路为主，并不涉及处理大数据的课程，如基于 Python 语言的大数据爬虫、挖掘与可视化技术，这些课程往往是信息类专业学生的必修课。为适应社会需求，经济管理专业与信息类专业将加快融合。

二是"双万计划"新标准有利于线上线下跨域融合，促进教学模式的改革。商科与新技术的融合，会带来传统商科教学模式的重塑。大数据技术对商科的影响是颠覆式的，从教学内容设计、教学方案实施、教学知识点讲授到技术技能传播，以及行业企业如何互动、资源如何共享等均需要做深刻的改变。"双万计划"所设计的线上、线下、线上与线下融合课程，推进混合式学习、网络式学习、云学习等多元化的学习授课方式，推进校外国家级精品课程与校内课程融合，将促进商科教师加快教学改革，自觉学习、引入、设计大数据等信息技术，同时新的课程体系将赋予商科大学生更多的选课自主权，有利于经济管理类的大学生学习信息科学，促进跨学科融合，为商科大学生分散化、碎片化的信息科技技术学习提供资源保障，形成商科"学"与"教"的新型模式。

三是"双万计划"新标准有利于跨界融合，构建基于新商科的产教融合的跨界资源共享方式。"双万计划"新标准以学生为中心，强调更多的体验学习与新型教学方法，突出产教融合、与企业合作进行"跨界"资源共享等模式，形成以商科为中心、以行业企业为轮辐的"中心+轮辐"式的人才培养体系，模糊商科院校与行业企业的边界与界限，将商科院校平台与行业企业平台紧紧连接起来，加强高校与行业企业的深度合作与产教融合，发育成适应新时代需求的创新创业生态网络。"双万计划"新标准有利于新商科大学生深入理解真实的场景与需求，构建所学知识、技能与现实问题的关联，有利于大学生能紧跟上时代发展的步伐。

四是"双万计划"新标准有利于跨境融合，在"双万计划"新标准中突出跨境合作与国际交流，使所培养的人才不仅具有跨文化沟通交流的能力，具有宽广的国际视野，更具有多元文化包容的情怀，以及对我国传统文化的深厚积淀，在这种模式下培养的人才更能适应国际化发展趋势。

总之，新商科不同于传统商科的最主要差别是新商科要融合大数据等新技术，融合线上线下资源，融合更多的行业企业资源、融合更多的国际化资源。"双万计划"新标准将推动商科重新定位人才培养目标、课程体系与教授方法，实现跨学科、跨域、跨界、跨境的"四跨"融合，以满足社会对新商科本科人才在技术、能力、知识与素养的新要求。

第二章

大数据重构新商科生态系统的形势任务

当今世界正在兴起新一轮技术革命，美国提出"先进制造业国家战略计划""先进制造伙伴计划"，英国提出"工业2050战略"，法国提出"工业新法国"，德国提出"工业4.0"，大数据、云计算、区块链、人工智能等新技术给高等教育带来了机遇与挑战。在这一背景下，我国从2016年以来提出了"'新工科'建设"，并形成了"复旦共识"、"北京指南"等。自2017年2月起，教育部推进"'新工科'建设"，并制定了《教育部办公厅关于推荐新工科研究与实践项目的通知》等文件。自从"'新工科'建设"概念被正式提出后，与之相对应，对"新商科"的讨论成为商科类学院关注的热点。2019年先后组织开展了全国高校人工智能与大数据创新联盟"新商科专业委员会"，"新商科"教学改革与专业建设高峰论坛会议等。商科的涉及范围，不同的国家、不同的高校在专业细分时存在差异。本书认为新商科包括了商务类专业（包括电子商务、国际商务等）、市场营销、工商管理、人力资源管理、会计、金融、物流、经济学八个门类。在科技革命与产业革命的背景下，传统商科需要适应新时代发展需求进行升级、转型。当前的新商科面临哪些主要挑战？如何进行应对？本书将对此进行深入剖析。

第一节　研究综述

对商科、新商科的研究主要聚焦在以下几个领域。

一是商业道德的关注与研究。乔治等（Jorge, et al, 2014）认为财务丑闻和不可持续的增长现象，要引起大学教育者的重视，应当把商业道德和企业社会责任作为独立的教学科目加强。统计显示，私立大学比公立大学在商业道德课程上有更多要求，而学校规模、政治取向等，并不能在统计上解释与企业社会责任和道德教育有相关性。弗洛伊德等（Freud，et al，2013）认为尽管有人提出超过一半的商科学生承认有不诚实的行为，但仅有5%的商科负责人承认这一点；国际高等商学院协会认证要求商科学院要开商业道德课程，但只有不到三分之一的商科学院设置了这一课程。商科学院要改进商业道德教育教学。波隆斯基等（Polonsky，et al，1998）认为应将道德课程以讨论与辩论形式纳入商科类课程的教学中。杜哈等（Doha，et al，2014）认为企业社会责任与可持续发展教育是全球的大趋势，应整合到课程中进行相互交流，发挥商科学院院长、系主任的作用，是实现这一目标的最佳做法。阿加沃尔等（Aggarwal，et al，2008）认为在全球化背景下，商科学院虽然面临着预算不足和资源有限的挑战，但应当将资源投到全球商业知识和特定工作技能教育领域，注重培养灵活性、领导技能、职业道德等内容，让学生毕业后能在多元文化的全球化环境中取得工作成功。

二是对数据、电子等新技术的研究。阿尔科克、杰米等（Alcock，Jamie，et al，2008）认为"数学效应"对不同的专业作用不同，学习高一级的数学对商科专业的学生的成绩更好，明显比经济学或会计学学生的成绩作用效果要强。鲍斯哈尔德等（Bosshardt，et al，2017）对25050名符合条件的学生进行调查，发现经济学专业和商科专业的课程之间具有一定的重叠性，学商业的会选经济学课程，学经济的会选商业课程，两者的差异性在于选微积分课程的经济学专业学生比商科专业的学生要多，为79%：47%。在电子搜索方面，尤斯利等（Usry，et al，2010）在电子搜索快速发展的背景下，建议将电子搜索的知识和内容整合到商科的信息类课程中。

三是对课程、创业、关注点、阻碍因素等的研究。在商科课程要求方面，佩特库斯等（Petkus，et al，2014）认为，以往经济学对课程的研究主要聚焦在对专业的课程要求上，如学院或教务部门在线课程公告内容的合理性等。在创业教育方面，劳拉斯等（Loras，et al，2013）提出尽管工科类的毕业生总是希望为成熟的公司工作，较少考虑把创业作为职业选择，但在工程类学科中，设立创业学是必不可少的。在关注点方面，威尔逊等（Wilson，et al，2011）认为商科学生的学术视角应当更加广泛，理论与实证研究转向"大"的经济问题与社会问题。在商科的阻碍因素方面，西利等（Seelye，et al，1963）较早就提出，商科在不断变化的环境中加强整合，每个学科不能以自我为中心，好像其他学科不存在，或者其他学科是外围的，要打破这种虚假的障碍，才能适应动态经济发展需要成为生力军。

综上所述，新商科是国内最近一两年才逐步兴起的一个概念，相关理论研究处于起步阶段，还没有形成成熟的理论或流派。研究主要涉及新技术、商业道德、课程内容等方面的研究，部分学者关注到了商科教育中的阻碍因素、创业教育、关注点等角度。在新一轮技术革命与产业革命背景下，对新技术、新产业、新伦理、新诉求、新管理所带来的挑战与应对研究还较少。本书可参考文献虽然有限，但是可拓性、创新性的空间很大。本书以新商科的人才需求变化为切入点，结合新商科面临的主要挑战进行分析与梳理，并提出建设性的应对策略，供国内同行在从事新商科实践或新商科理论研究时参考。

第二节　大数据重构新商科面临的挑战

新商科之所以体现在"新"，是因为全新的环境带来全新的发展机遇。新技术革命催生新的产业，产生新的诉求，并衍生带来新的伦理与新的管理模式，面临的环境与之前完全不同。在带来新机遇的同时，也为新商科带来严峻的挑战。本书认为新商科主要面临着五方面的挑战，即新技术、新产业链、新伦理、新诉求、新管理的挑战，如图 2-1 所示。

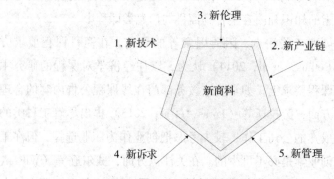

图 2-1　新商科面临的主要挑战

一、新技术挑战

大数据、移动互联网、云计算、人工智能、区块链等新一轮技术革命，带来全新的技术环境。如图 2-2 所示，新技术应用主要体现三个层次：云平台层、平台层、基础层。

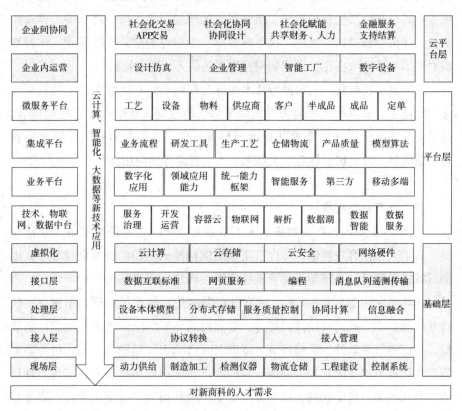

图 2-2 新商科与新技术应用图

云平台层主要使用 DaaS（数据即服务）、BaaS（后端即服务）、SaaS（软件即服务）等服务模式，通过云平台上数据的传输、共享，企业间协同和企业内运营可在云平台上进行，实现跨空间、高效率运营。需要的新商科人才需要协助完成 App 交易、商品交易和能力交易，供应链协同，财务共享、人力共享、办公共享，设计运营，企业管理，智能执行系统，以及数字的采集分析等。平台层主要采用 PaaS（平台即服务）服务模式，涉及微服务平台、集成平台、业务平台以及技术中台、物联网中台、数据中台。需要的新商科人才要能熟练使用软件，能掌握如何生成并管理物料清单、供应商供货单、客户订单、成品订单、仓储清单等，并了解质量管理、智能化服务、数据服务等软件的流程、权限、组织等，掌握一定的算法，对接第三方平台，并且擅长管理开发者社区等社群。基础层主要使用 IaaS（基础即服务）服务模式。基础层包括虚拟化、接品层、处理层、接入层、现场层。要求新商科人才要了解接口、处理、接入等节点，掌握现场层云计算模式，掌握物流仓储等相应环节操作，了解如何控制现场的人、财、物料等。

云计算、智能化、大数据等技术通过互联网平台在区域平台、运营平台上广泛使用，对商科人才的需求发生了根本的改变，也带来了严峻的挑战。传统商科需要的人才懂管理并且懂商科就可以了，但新商科人才除了懂管理、懂商科，还要懂云计算、大数据、人工智能等新应用技术。

二、新产业链挑战

如图 2-3 所示，在大数据、人工智能背景下，产业链赋能成为新产业链。基于大数据客户画像，可以对需求提供精准式定位。研发设计环节，得到计算机辅助设计、辅助工程等软件帮助，同步实现产品生命周期管理。产品制作环节使用 3D 打印技术、计算机辅助制造、数控机床等，精密性、快捷性以及效率呈几何级倍数的提升。管理控制环节广泛依赖企业资源计划软件、供应链管理软件。运输环节，逐渐引入自动引导运输车、无人机等新方式。装配环节的智能化大大提高，有的生产线全程使用机器人，实现自动识别、自动吊装、自动收割、自动分拣。生产中利用生产智能化管理。服务零售环节，维护维修运行软件、客户关系管理软件、金融服务 App、零售服务 App 盛行，实现实时订单、实时配货、实时查询、实时反馈与服务，传统的金融服务渠道与零售服务渠道受到挤压。

赋能后的新产业链基于智能化、大数据运行，对新商科人才提出了要具有综合性、先进性的要求，形成了新的挑战。前几年，商科人才会使用一门计算机软件如企业资源计划软件就可以了，但在当前形势下，对新商科人才增加了三种需求：一是掌握多种智慧计算机软件的语言，如产品生命周期管理软件、企业资源计划软件、客户关系管理软件、供应链管理软件等，这些软件的熟练掌握将成为行业需求的标准性配置；二是掌握至少一门小语种语言。随着"一带一路"倡议的共建，对小语种语言呈现巨大的人才需求。这是由于智能化、大数据使新产业链真正延伸到世界任何一个有网络的角落，全球性配置资源使新商科人才如果掌握一门以上小语种，在市场竞争中会更有优势；三是新职业。根据中国人民大学劳动人事学院 2019 年 5 月所做的测算报告，在服务平台生活类的新职业中，出现了 26 种较新型的就业机会，比如密室剧本设计师、线上餐厅装修师、创客指导师等。新职业的人才需求，对新商科人才培养模式的适用性提出了挑战。

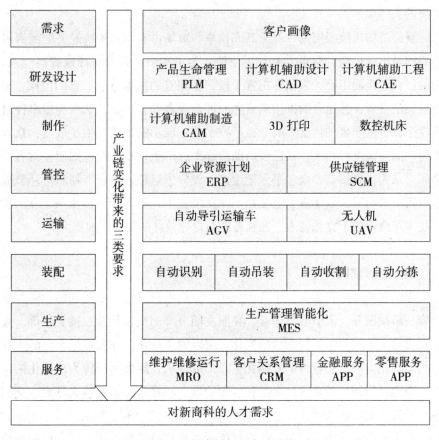

图 2-3　新商科与新产业链图

三、新伦理挑战

本书的伦理指商业伦理、商业道德等。新经济模式的繁荣、旧经济模式的衰败都会带来对商业伦理的挑战。以移动互联网、云计算、区块链、大数据、人工智能等为代表的新技术的兴起，催生了无数的新行业，吸引了风险投资商的青睐。每天都有一夜暴富的神话，也有一些一夜崩塌或失联的案例。在巨大的利益诱惑面前或巨大的商业竞争压力面前，让受教育者具有底线思维，能抵制诱惑，坚守职业道德，遵守商业伦理，是商科教育需要重点解决的头等大事。

新经济的风险投资商，看重高成长率、市场占有率；传统经济的经营者担心的是市场份额的降低与利润的下降。为了吸引风险投资商或提高利润，有的经营者铤而走险，采取非正常手段，比如有的数据造假、有的侵权、有的欺骗消费者，甚至有的挪用消费者的押金或者卷款失联，这些类似事件时有发生，带来恶劣的社会影响。在新技术下，成功的模式发生了改变，众筹使得产品还没生产出来，就已经借助众筹平台产生订单；众包则使经营者不必亲力亲为，直接借助众包平台把生产、设计、运输、销售、物流等环节分包给第三方商家，效率极大地提高。在新模式下，新商业伦理亟须建立。在新技术革命背景下立德树人、加强商业新伦理教育的责任更加重大。

四、新诉求挑战

移动互联网消费者的诉求发生变化。他们不只关注产品的功能，还关注内容与后续服务，渴望参与体验、在朋友圈分享与交流体验、被关注等。企业在供给上要跟得上消费诉求的变化。需求的个性化，在大数据平台的支持下得以真正实现，企业借助智能化生产，可以从大规模生产转为个性化的定制。个性化定制，带来的是多品种、短交期、小批量，品种越来越多、交期越来越快、批量越来越小。企业主要通过长尾效应获利。在云计算、App 共享平台大行其道，线上订单、线下订单的平均订单件数持续下降。比如服装类企业在以往是以季为周期来组织生产，但现在越来越多的服装企业已经能在 15 天内即完成从订单到交付的过程，订单的交付期越来越短。新诉求对新商科提出商业新思维的要求。传统的规模化、批量化、以主力消费群为目标的模式已不再适用，取而代之的是全新的思维模式。

在个性化定制服务或产品时，需要的是综合性思维模式。比如在微信朋友圈中，制作传播产品广告，必须是集创意、美感、短视频、图文、下订单、参与性为一体，既需要先进的 H5 新媒体制作技术，也需要音乐的美感、制作的美感，其中涉及引人入胜的音乐修养、构图留白的美学素养、突出主题的哲学素养等，还需要有应景的情趣品味，导入吸引消费者的生活方式场景，才能有效吸引消费者，引发其购买消费的兴趣欲望，甚至主动转发。

可见要提供一份合格的服务或产出一份满意的产品，需要上述的新思维与综合性思维。这在传统商科培养人才过程中不曾重视的环节，需要在新商科教育体系中有所考虑，如图 2-4 所示。

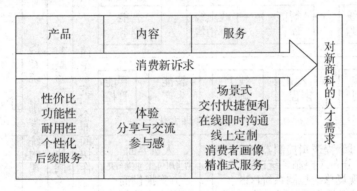

图 2-4　新商科与新诉求图

五、新管理挑战

新一轮技术革命，给经营管理带来了根本性变化。采购、库存、销售与财务等经营活动通过线上线下同步进行。传统的计划、调度、生产、管控呈现智能化，以智能仪表盘等为输出窗口的管理技术得到广泛应用的背后，是可编程逻辑控制器（PLC）、分布式控制系统（DCS）、现场总线控制系统（FCS）、数据采集与监视控制系统（SCADA）等各种管理控制系统的应用。人机通过界面实现交互，管理技术问题借助于互联网解决方案提供商与嵌入式软件实现。

新技术驱动商业系统演化，从最初的基于企业间协作形成的简单系统，发展到基于产业链协同的复杂系统，再到基于生态系统构建的巨系统，商业资源从点、线、面到网络化发展，物联网的发展使万物互联，使网络化进一步由低到高、由局部到全局、由有限到无限发展，大数据呈海量式增长，只有掌握并熟练使用智能化管理技术才可能实现最优化决策，适应新一轮科技革命的挑战。

可见，在智能化、大数据等新技术驱动下，商业系统面临着新管理、新生态，对新商科的人才培养提出的需求完全不同于以前，新技术推动经营管理的变化是由智能化决策带来的。原有的培养体系培养出来的经营管理人员无法胜任新的岗位要求，需要进行根本性变革，如图2-5所示。

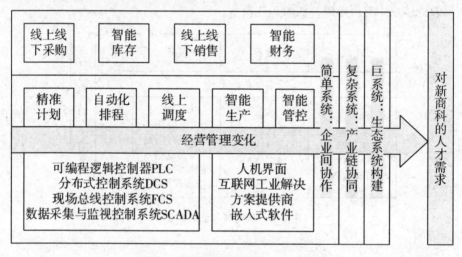

图 2-5　新商科与新管理、新生态图

第三节　大数据重构新商科面临的任务

党的十九大报告中提出要推动互联网、大数据、人工智能和实体经济深度融合。大数据深刻影响新商科，新商科的创新创业教育不可能仅靠自己的努力就能完成，必须充分利用高校内外资源，朝着内部与外部协作的开放式模式发展，与相关利益体共建教育网络。在大数据的背景下，建立创新创业教育生态系统已成为新商科的重要手段。数据的开发与应用可以帮助高校整合更多的资源；帮助高校重塑与企业、合作平台、政府的关系。以互联网、大数据、云计算为背景，充分挖掘大数据信息，构建创新创业教育生态系统，是我国高校转型创新创业教育的重要选择。大数据时代的来临，为高校构建创新创业教育生态系统带来新的任务要求。

一、人才培养目标改变

大数据时代高校对人才培养的目标也发生了改变。基于大数据的创新创业教育体系正在高校教育实践中兴起，促进了以"协同发展"为特征的创新创业教育生态系统。新商科的核心内容之一是创新创业教育，旨在培养适应社会新时代发展需要，具有创新观念、自我价值实现观念与能力的终身学习者。高校对大学生创新能力和云计算能力的培养，起着重要作用，高校在生态转型过程中起着重要作用，要培养适应新时代需求的人才。在知识培养上，要教会用基本的数据分析工具，培养大数据分析能力；要培养大学生的创新个性、特点和能力，使学生学会创新创业的基本专业知识，掌握基本的创业理论与专业工具。在企业家精神熏陶与培养上，要培养与大数据时代相匹配的速度、激情与诚信意识，培养具有新时代特征的企业家精神。在观念上，要培养大学生的开放性思维和国际化视野，激发大学生既敢于冒险又能识别化解风险的初步能力，并具有勇担重担和承受压力的意识。在价值取向上，以精神文化为指导，尊重并倡导企业家精神，宣扬形成以诚信、责任与合作为核心的"儒商"，遵守创新创业的规章制度。为了实现以上目标，高校可以建立新商科特色的创业园，搭建实验性基地，建设具有当地经济、贸易和文化特色的文化博物馆，或以讲诚信、做慈善、文明经商的商业名人组成的文化走廊，增强大学生对商业历史、文化特征的认识和认同。围绕绿色、低碳、环保主题，设计持续、共享的教育主题，促进绿色生态文化的跨界整合，拓展国际化视野与国际化的商业文化。

二、教学师资队伍转型

创新创业教育生态系统是一个动态而开放的系统，由创新主体、创新网络和创新环境组成。这一系统强调创新资源的有效分配、创新要素之间的相互补充，以及创新主体之间的协同发展。教学师资是人才培养的关键。在大数据重构新商科背景下，高校推动原先师资队伍的转型。在大数据重构新商科背景下，对高校原先的创新创业师资要求与以前完全不一样，不仅要具有专业性的创新能力，还要掌握大数据分析工具，掌握指导学生创新创业实践的基本能力。高校可以从校内选聘一批具有基础的专业教师进行培训与引导，以顶岗实践或下企业学习的方式组织教师们深入产业，掌握技术发展的最新动态，提升他们的创新创业能力和理论知识水平，形成创新创业教育核心培训团队，从事能胜任大数据时代要求的创新创业教育课堂教学。要将创新创业教育各个阶段和不同教师的能力发展有机结合。对于高校教师短期内难具备的模块，比如大数据相关的复杂应用能力和能指导学生的丰富实践经验，需先设定新时代创新创业师资标准，再广泛开拓渠道，搭建创新创业的外部师资平台，引进师资力量。把具有开拓的视野和丰富实践经验的校外导师与校内导师有机结合起来；将掌握国外等创新创业教育先行区域的专家学者也纳入校外导师力量。同时，把具有丰富经验的创新创业型人才和实践技术骨干也纳入校外师资选拔范围，旨在形成一支兼职的创新创业师资队伍。通过以上的转型与引进，最后形成一支专职化与兼职化结合、专业化与技术化结合、境内导师与境外导师结合的师资队伍。

三、教学实践课程更新

新商科创新创业教育课程应教授创新和创业的新方法。在大数据重构新商科背景下，高校创新创业教育要注重对大学生的大数据技术指导与个性化指导，对有强烈创新创业愿望的大学生倾斜资源配置，支持他们参与成果转化或创办企业，并提供个性化的创新创业指导和帮助。要把大学生的个性化需求与高校创新创业教育系统化之间进行协同，在创新创业课程上既有整体性又能突出个性化。整体性是指高校创新创业课程体系要根据各级政府的政策与要求，遵循大学生的创新创业规律，精准制定创新创业课程，制定统一有效的课程体系，在通识课程和专业基础课程中突出四年一致性，设计体现大数据特征的工具课程、数据采集课程与大数据挖掘可视化技术课程。在课程形式上，要与现实需求对接，设计实践课程、讨论课程以及案例分析等形式，采用在线创业、创业设计竞赛、模拟创业、创业专题分析等手段，以激发学生的创新思维和创业意识。使大学生有选择地学习和掌握基本的创新创业理论、调研方法，了解掌握商业模式设计，掌握预算、营销、融资等实践性方法，以帮助大学生提高创新创业的成功率。

四、能力培养体系重建

在大数据时代，创新创业教育生态系统的外部环境与生存发展条件发生了重要变化。大学生能力培养的体系由以大学为中心演化为由许多个体共同构建的人才培养体系为中心。建立创新创业教育生态系统，促进各种要素和资源的优化整合，是高校发展的必然选择。随着大数据时代的到来，更多的主体包括企业、数据公司和第三方公司被带入了创新和创业教育生态系统。高校创新创业教育生态系统的建设过程需要考虑更多因素。创新创业教育生态系统是基于长期互利、信任关系而发展起来的网络（吴绍波等，2014）。创新创业能力培养的体系包括高校、第三方平台、政府等共同支撑。在创新创业教育生态系统中，高校需要处理多实体、多源性、多空间和动态交互的真实大数据样本，并从这些真实大数据样本中进行数据挖掘，找到有价值的信息，这是新时代背景下创新创业教育不同于传统商科的地方。如果不具备这种挖掘与分析能力，则所培养的人才就无法保持竞争力。这些真实的大数据一般是高校的核心资产，很难完全拿出来让学校共享使用。因此，采集掌握大量数据并对数据进行处理的第三方平台，在大数据处理能力培养中是占重要位置的一个角色。第三方平台可能是软件公司，也可能是专门做大数据处理与采集的第三方公司，可以实现把多家高校的真实数据处理后供创新创业人才培养使用，而政府有关监管的要求也体现其中，从而成为新型的创新创业能力培养体系。这一体系互利互补，形成无缝对接，实现资源的有效配置，促进高质量人才的涌现。

第四节　大数据重构新商科的发展思路

在大数据时代与大数据重构新商科背景下，创新创业教育生态系统的构建是当前学者和实践者关注的热点和重点。高校构建创新创业教育生态系统的目的是利用该系统为高校的人才培养提供资源支持、可持续发展的动力支持，通过创新创业教育生态系统获取更多的外部资源，协同校内外多种力量，共同促进创新创业教育生态系统的演化与发展，提高新商科创新创业教育水平。大数据时代的到来，给高校新商科创新创业教育带来了机遇，也带来了严峻的挑战。这些挑战来自新技术、新产业链、新伦理、新诉求、新管理，新商科需要交叉与融合管理学、经济学、数据科学、智能科学、计算机科学技术等学科，调整人才培养目标，调整课程体系，强化新技术应用教育，重塑能力训练框架，创新培养的载体，紧跟实践发展步伐，探索跨专业培养、上接技术平台、下接产业的新型人才培养模式。

一、调整培养目标

新商科需要把新商业伦理教育置于首位，培养"一遵四懂"型商科人才。传统商科的人才培养模式下，社会需要的是懂管理、懂商学的专业人才。但当前社会需求正发生深刻变化，仅懂管理、懂商学已经远远不能满足社会需求。新时代对新商科人才的培养目标进行新调整，要培养"一遵四懂"的新商科人才，即遵守新伦理、懂新思维、懂管理、懂商学、懂新应用技术的新型复合型人才。

在新一轮技术变革背景下，催生了大量成功者案例的同时，也产生了一系列违规失信的事件。新技术、新环境特别需要具有新型知识结构尤其是具有创新思维的人才。新商科要加强商业伦理教育与创新思维训练，把学生的法律素养教育、价值观塑造、品德教育放在首要位置，引导学生认清不守底线、不遵纪、不合法经营的严重危害。在区块链技术日益应用于信用领域的今天，一旦不良经营记录被披露，足可以引发蝴蝶效应，让有污点的企业一夜崩盘。针对新商业伦理修养，要调整人才培养目标，把德育放在最重要的位置，把思想政治工作贯穿于教育教学的全过程。要培养有社会责任感、有良好新商业伦理、政治思想素质过硬、品德优秀的新商科人才，能抵制数字经济带来的各种诱惑，共同推动新技术革命和新产业革命，营造推动新经济健康发展的良好氛围。新技术变革浪潮中催生了大量的鲜活案例。在新商业伦理的教育中，要善于使用最新的案例，把案例辩论、案例撰写引进课堂，通过辩论等新形式，探索真知，塑造正确的商业伦理观。

二、调整课程体系

新商科要引入"五大模块"新课程，调整教育课程体系框架。根据新培养目标，新商科需要在传统商科的基础上，引入适应新时代需求的新课程，调整教育课程体系框架。本书调研美国 TOP50 大学商科的新课程设置情况，结合国内新商科的实际，提出"钻石型"新商科需要引入的新课程体系框架，建议引进的新课程共 26 门，根据实际情况来选择。如图 2-6 所示，26门新课程主要分布在五大模块。

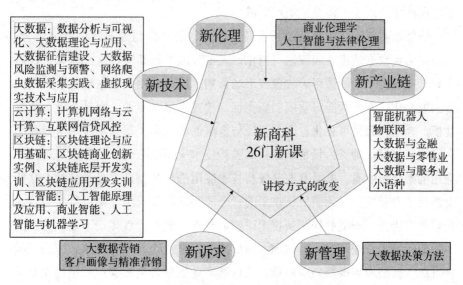

图 2-6 新商科"钻石型"新引入课程体系框架

新伦理模块。需要引入商业伦理学、人工智能与法律伦理。

新产业链模块。需要引入智能机器人、物联网、大数据与金融、大数据与零售业、大数据与服务业、小语种。

新技术模块。需要引入四大系列的新课程，即大数据、云计算、区块链、人工智能模块。在大数据系列，引入数据分析与可视化、大数据理论与应用、大数据征信建设、大数据风险监测与预警、网络爬虫数据采集实践、虚拟现实技术与应用。在云计算系列，引入计算机网络与云计算、互联网信贷风控等课程。在区块链系列，引入区块链理论与应用基础、区块链商业创新实例、区块链底层开发实训、区块链应用开发实训等。在人工智能系列，需要引入人工智能原理及应用、商业智能、人工智能与机器学习。

新诉求模块。引入大数据营销、客户画像与精准营销等课程。

新管理模块。引入大数据决策方法等课程，并改变讲授方式。

三、强化新技术教育

新商科要采用"双渠道"，强化新技术应用教育。新商科教育最大的挑战是来自新技术的挑战，按"一遵四懂"的培养目标要求，新商科要培养懂新应用技术的人才，需要采用双渠道。

内部培养渠道。新商科加强新技术应用教育，应与专业特色紧密结合。比如同为大数据建模、大数据可视化、人工智能与创新实训这三门课，针对不同专业应是不同的课程。放置在市场营销，应是营销大数据建模、营销大数据可视化、人工智能与营销创新实训。放置在金融专业，则是金融大数据建模、金融大数据可视化、人工智能与金融创新实训。新技术应用与专业结合越紧密越好。师资力量是新商科加强新技术应用的瓶颈。从专业与新技术应用的融合角度看，既懂专业又懂新技术应用的交叉型师资是最佳的，这样既满足了专业性，又能满足新技术的社会需要。如果仅由计算机科学与技术的教师去讲授，则能胜任对新技术讲授的要求，但专业性体现不足。为解决本专业教师师资瓶颈，一是应加大内部培训力度，让商科现有的教师知识结构升级，转型成为既懂新应用技术又精通专业的复合型教师；二是加大交叉型人才引进的力度，在引进教师时，就注意学科交叉，从人工智能、大数据、云计算、区块链等学科引进人才，培养学科交叉型的融合型教师。

外部借力渠道。在短时间内新商科的新技术应用教育存在巨大的师资力量缺口，只能外部借力。一是从人工智能学科借力。在 2017 年国务院首次在《新一代人工智能发展规划》提出建设人工智能学科的要求，至 2019 年设置人工智能等专业的高校已经达到 344 所。人工智能学科所设置的课程，均是针对新技术应用背景设置的，新商科的新技术应用教育课程可以与人工智能学科的教育课程打通，实现新应用技术教育课程共享。二是从邻近学科借力。加大公共选修课学分的设置，让学生可以选择学习计算机科学与技术、管理科学与工程、应用经济学等其他学科中选修所需要的课程，如大数据挖掘技术、区块链底层开发技术等。通过跨学科公共选修课，实现与其他学科的课程共享，可短时间内有效解决师资缺口、课程缺口的问题。

四、改变创新能力训练模式

新商科要采用"构建新平台+创新训练"模式，调整创新能力训练框架。能力训练框架需要承前培养目标的调整而调整。新商科要打破传统商科的能力训练设计体系，突出创新能力的训练，以满足社会新的需求。主要是采取三方面措施。

构建直接面对客户的新型实战合作平台。新商科要建立新型实战平台加强新思维训练，把新思维培养列入人才培养目标。这里的新思维是指新商业伦理思维、哲学思维、大数据与人工智能思维、交叉思维、美学思维等融合体。新思维的培养使新商科教育区别于传统商科教育。新实践以前所未有的速度发展，新思维的训练只有在真实的环境中才能得到锻炼，在真实对接反映社会新需求的订单中才能得到锻炼。为此，新商科的未来实践平台不只是模拟仿真训练，不只是沙盘训练，而是应建立在具有先进性、直接服务客户的共建实战平台之上。

训练主动自学、快速适应、持续创新能力。新经济模式与传统经济模式完全不同，体现出新技术引入快，产品呈现个性化、多品种、小规模、短周期特性，对人才提出快速学习、快速适应的要求。大数据与人工智能技术本身是处在快速发展的轨道上，知识结构更新速度快。新商科学生学的不是一成不变的知识，而是需要培养一种主动自学、快速适应、持续创新的能力。只有训练学生这种学习、适应与创新能力，才能保证学生在毕业后能胜任不断发展、不断变化的新经济要求。新商科教育对主动自学能力的训练需以社会服务为载体，在学分设置上增加现场实践、现场实习等学分。现场实践、现场实习直接面对市场竞争，是对新商科学生自学能力、适应能力、创新能力训练的最佳途径。新商科教育结合最新实践对学生进行能力训练，有利于使新商科教育与新技术革命保持同步，在大数据化、智能化和国际化浪潮中，为新时代提供能适应市场需求的专业型、复合型、创新型人才。

训练商业新思维能力。商业新思维训练是适应新商业环境的必要能力训练之一。在当前环境下，商业环境存在两大常态。一是以前不太被认可的无形资源可以直接视作有形资产。如知名企业的成功经历、丰富的人脉关系、独特的商业模式等均可以视为稀缺性资源，并可以引来风险投资商家的风险投资。二是大数据、人工智能等快速发展所带来的商业模式的不确定性。一种之前被认为是"庄稼地里的野草"的商业模式可能代表了未来的发展趋势，而被广泛看好的商业模式也可能一夜之间被竞争淘汰。在无形资源可变成有形资产、充满不确定性的商业模式下，新商科学生要训练商业新思维能力，擅长识别哪些是可以转化的无形资源、哪些是有价值的"庄稼地里的野草"，以敏锐的眼光来判断趋势，并训练把不确定条件变为确定条件、把无形资源转化为有形资产的能力，以适应新经济。

五、紧跟新实践步伐

新商科要"地位转换、模式转型"，紧跟新实践步伐。新实践与新商科教育之间存在一定鸿沟，新商科教育滞后于新实践的步伐。在新技术革命背景下，数控机床、自动化智能设备正取代传统机床和传统专业型设备；CAE、CAD、CAM、3D等软件使研发设计效率直线上升；ERP、MES、CRM、SCM等软件使生产服务模式根本改变；订货、备货、存储、生产、制造等产业链的智能化水平不断提高；自动识别、自动拣货、自动组装、自动成型的智能生产线在各个领域得到推广使用；无人机、AGV小车、无人驾驶等智能设备开发使配送正朝着智能无人化方向发展，低端、低价值的人力劳动将被极大地节省。在IBM Think 2019大会上又传来了数字化技术已经进入数字化重塑2.0阶段的信息，数字技术面临新一轮升级。新实践先投、先行、先试、先进，引领行业发展。在这种背景下，新商科要紧跟新实践发展步伐，实现地位转换、模式转型。

地位转换。传统商科处于上游，下游直接对接产业，直接为产业提供专业型人才。云计算、大数据、人工智能、区块链等新技术革命，引起商科地位的改变。当前的新商科上接新技术平台，下接新产业链，新商科处于人才培养的中间位置。如果新商科不主动适应市场变化，新技术平台、新产业链所需人才要么自己培养，要么绕过新商科去另一端寻找，那么本来居于中间位置的新商科其核心地位就被边缘化。为了避免这种情况的发生，新商科应主动适应市场化，从原先的上游地位向未来的中心地位转换，主动谋求合作，在上游寻求新技术平台，在下游寻求新产业平台，在新技术平台与新产业平台之间起到中心枢纽作用。为了发挥人才培养的中心枢纽作用，政府与行业要对新商科发展给予政策支持与行业的引导帮助，确保新商科人才的培养质量。

模式转型。一直以来，传统商科在教育模式中采用的是"做中学"方式，即教师是课堂的主角，教师占领讲台，主导课程进程；学生是知识的接受者，扮演聆听者的角色。云计算、大数据、区块链、人工智能技术下的新商科，决定了新商科"学中做"的特征。对于新技术的学习，如果学生不动手动脑，只是聆听，是很难掌握其中要领的。新商科的这一新特点决定了人才培养模式需要从"学中做"转化为"做中学"。教师的主要作用不是站在讲台上讲授，而是站在台下对学生"做中学"过程中所遇到的问题进行及时指导，引导学生过关。"做中学"模式是对现有讲授方法的极大挑战。在"做中学"过程中，所有的问题因学生不同、技术发展阶段不同而变得难以预料，与之前教师讲义均是事先有预定甚至过程有安排、路径有预测的讲授方式完全不一样。"做中学"考验的是教师对实际问题的深入了解与掌握程度，如果不能做到把所有问题均了然于胸，教师很难胜任在"做中学"的指导者角色。

总之，大数据、机器交互与感知、移动互联网、云计算能力等是大数据时代高校培养新商科人才的关键影响因素。本书认为，新商科处于创新创业教育生态系统的中心，需要整合校内与校外的各种创新资源与创造力量，帮助传统商科基于大数据等新技术向新商科转型并升级。新商科在技术变革浪潮下作为一种将商科新理论与商科新实践紧密结合的学科，要遵循商业发展的新规律，突出学科的交叉性、实用性与科学性。面对新技术、新产业、新伦理、新诉求、新管理的挑战，新商科要发起改革，复位培养目标，引入新课程体系，在融合交叉上实施路径突破。要交叉新管理学、应用经济学、计算机科学技术、智能科学、云计算、大数据等学科，融合新商业模式、新科技手段、新服务、新金融、新物流等手段，上连新技术平台，下接新产业链，承担起培养"一遵四懂"新商科人才的使命。

第三章

大数据重构新商科生态系统的他山之石

创新创业教育生态系统理论源于创业学与组织生态学两种学科的融合。2005年，麻省理工学院创新创业教育生态系统的概念由麻省理工学院教授邓恩（Dunn）提出，创业生态系统由协同发展的创业中心和多种创业组织组成，目标是让大学生获得创新创业资源。本章分析相关大学建设创新创业教育生态系统的经验以供借鉴。

第一节 麻省理工学院创新创业教育生态系统

一、麻省理工学院创新创业教育生态系统主要构成

麻省理工学院因创新创业教育生态系统构建而全球闻名。本书在相关章节里多次以其为案例研究对象进行研究。麻省理工学院创新创业教育生态系统由商学院和工学院、技术许可办公室（技术转让）、德什潘德科技创新中心（技术创新课程）、马丁创业中心（创业管理课程）、创业服务中心（导师服务与融资服务）组成，还包括各类基金组织与自发性社群、俱乐部等组织（刘文澜等，2019）。

二、生态系统形成过程

麻省理工学院地处波士顿128公路附近，创新创业教育生态系统的形成历史悠久。麻省理工学院建校之初就确立了"科学与实践并重"的方针，在美国工业经济起飞和发展时期，均有突出贡献，在产业界享有极高声誉，帮

助技术改进的公司包括杜邦公司、通用电气公司等。出于战争时期的研究需要，麻省理工学院成为"精英研究和开发中心"，成立了大量实验室，最著名的是1951年成立的麻省理工学院林肯实验室。20世纪40年代，时任副校长提出了"五分之一"原则，即教授在每周有一天的时间可以通过参与创办公司挣钱或参与企业咨询，其余的时间需要为学校尽义务。"五分之一"原则促进了教师创业活动规范化，也成为其他美国大学的参考法则。麻省理工学院的知名教授罗伯特·兰格拥有800余项专利，创办了25家公司。麻省理工学院为了发挥工程领域的优势，组建了10个跨学科组织和19个研究中心，促成了交叉学科——新型化工电子学科，并获得诺贝尔奖达到15项，成为著名的世界一流学科。麻省理工学院师生的创新创业活动丰富，创新成果层出不穷，而且创新创业项目、实践活动、比赛、训练、课程等丰富多彩，对全世界的高校创新创业教育产生了深刻而深远的影响。1996年麻省理工学院成立创业中心，后来改名为马丁·特鲁斯特创业中心。2013年麻省理工学院校长任命斯隆商学院与工学院共同负责创新创业，商学院负责协调商业活动，工学院负责技术，可见麻省理工学院进一步加强了技术与管理的融合，创新创业教育生态系统得到进一步发展（杨尊伟等，2020）。

三、生态系统运行

（一）创新创业核心组织

麻省理工学院创新创业教育生态系统的核心组织是其1996年创办的创业中心。麻省理工学院创业中心以麻省理工学院提出的"理论与实践并重"为指导理论，将学术与实践融合到所有课程和创新创业教育项目及活动中，通过与其他部门、实验室、研发中心和团队的密切合作，实现学生与优秀创业项目的对接。在教学、咨询和学生创业过程中，中心注重批判性思维训练，鼓励学生大胆从事创新创业活动和项目，倡导冒险与试错。创业中心的核心职能包括四项：一是支持参与校内创业，二是开设创业相关的课程，三是开展创业教育相关研究，四是开展外部的创业拓展活动。创业中心肩负的使命是培养创业大学生成为卓有成效的企业家，为完成此使命，需要不断地向有意向创业的大学生提供创业所需的各种专业知识、专项技能、创新创业资源和创新创业服务。

（二）创新创业师资队伍

麻省理工学院实行"双轨制教师"制度。"双轨制"是指麻省理工学院教授分为两大类：一类是内部的学术型教授，他们与其他高校的教授无异，主要从事内部教学科研工作，开展研究立足于内部资源，不参与或很少参与外部工作。另一类是外部的实践型教授，他们一边从事教学研究，一边还与外部接触，提供咨询服务活动，与市场保持着沟通。双轨制可以使教授所从事的研究与创新创业教育有机结合起来。除此之外，麻省理工学院还聘用在创业领域具有丰富经验的专家、在创新创业领域有重要影响力的学者来担任教授指导创新创业，校外与校内师资一起配合促进创新创业教育，一起为大学生提供创新创业的理论、实践指导与教育。麻省理工学院创业中心，其师资队伍中有成功创业经验或担任过商业公司联合创始人或 CEO 的有 20 多人。从 20 世纪 90 年代开始，麻省理工学院的导师从成功创业者、企业家、投资者和高级管理人员选择创业导师，应有尽有。由双轨制选出的导师兼具理论素养与实践经验，对创业形成有效保障。麻省理工学院还以新的社会需求、新技术为内容定期组织培训，使创新教师队伍保持在领域内的整体先进性。

（三）创新创业课程

麻省理工学院创业教育生态系统中的重要一环是课程设置。麻省理工学院的目标是培养新一代创业领袖和精英，其按照"务实"原则系统设计了创新创业教育课程。麻省理工学院在 2006 年实施了戈登领导力课程项目，将创新创业教育课程体系分为基础课、技能课、行业课、专题选修课、网络课、大数据课、更高级别课，课程数超过 60 门。

1. 基础课

涉及创新创业基础知识。首先是创业基础课，包括"社会创业""企业创业""创业组织设计与领导""创新战略""创业营销""创业金融与风险投资""创业管理者法律知识""前沿市场有效的创业模式""创业团队""创业工程"等课程。这类课程旨在帮助学生了解掌握商业计划制定、客户定位、机会评估、团队组建、筹集资金等基本方法，培养创新创业的设计思维，提高创新战略分析，根据客户需求作出战略的选择，把握初创企业面临的核心技术等内容。

2. 技能课

在基础课学习的基础上学习技能课程，涉及"机械产品的开发""工程创新与设计""D-Lab：规模设计""产品工程流程""工程管理""产品设计与开发""创建新企业的困境""制造过程和系统""专利、版权和知识产权法"等。

3. 行业课

涉及不同行业领域的专业课，包括"药物开发的原则和实践""生命科学中的战略决策""建筑环境中的创业""材料技术的创新和商业化""媒体行业创业""能源产业创业"等。

4. 领导力等专题选修课

专题选修课，包括培养领导力等专题课程，涉及的课程如"个人领导力发展计划""工程领导力""工程领导力实验室"等。围绕领导力，还会学习"心理科学概论"，学习情绪管理、人格、社会互动等心理基础知识，还学习"谈判艺术与科学"以及涉及伦理知识的内容。为了适应跨国与跨文化，还可以参加"全球制造业创新和创业专业研讨会""全球人工智能和机器人业务""发展中经济体的机遇""全球创业实验室"等。

5. 网络课

网络课如，EDX 创新创业教育网络平台，分为以下系列课程类型：一是创业 101 课，包括 3D 打印、移动应用、电力电子等科技领域内的创业案例研究；二是创业 102 课，包括如何寻找、分析与定位客户；三是创业 103 课，通过对创业案例进行分析或者通过对创业者采访等形式，帮助学生了解如何创造新产品线、如何实现产业化、如何实现新技术商业化等问题（胡剑等，2019）；四是其他网络课程，如"如何开发突破性的产品和服务""如何搞发明与专利""如何建立和领导高效的团队""如何进行创新过程管理"等。

6. 大数据课

创新创业教育适应大数据时代要求，大学生可以选修一些与大数据相关的课程。如麻省理工学院的商业分析专业设置的大数据新课程包括：机器学习、优化方法、应用概率与随机模型、鲁棒建模优化与计算、非线性优化、网络科学与模型、统计学习理论与应用、信息经济学等。

7. 更高级别课

大学生在修读完以上课程之后，若仍然对创新创业领域具有兴趣，可以选修更高级别网课，即创新创业硕士课程或其他计划项目的课程（许涛等，2017）。

（四）创新创业教学方法

麻省理工学院教学提倡教学方法的多样性，以下手段与方式在教学中广为应用：一是麻省理工学院邀请成功创业者与知名企业家为学生进行现场指导，指导内容涉及企划的设计、模拟公司创建，组织实践性的创业练习与战略选择，让学生体验真实的创业环境；二是邀请企业的高级管理者对企业创建过程中的销售、人事、财务、法律、物流等问题提出建议和指导，使学生学习到创业所需的知识和技能，也能了解到与创业相关的经济发展问题与社会责任问题，从而更全面地、从更高层次地去理解创业；三是案例教学和情境教学，根据教学内容的变化适当调整教学方法，把理论与实践相结合。在教学过程中介绍成功的创业案例，讲授创业过程的各个环节，为学生创业做出真实性示范。

（五）创新创业活动

麻省理工学院的创业活动按以下方式进行。一是以学校与企业密切合作为主线，麻省理工学院创业中心由外界引进商业科研成果和新企业，同时也寻求政策、资金、法规、技术等方面的支持。二是开展科研创业活动，注重知识创新和成果转化，支持经济社会发展，构建"生态系统"，高校、企业、政府、大学生之间相互联系、相互促进，形成了由社会支持创新创业教育，再由创新创业教育促进社会经济发展，回馈社会的反哺式发展。三是从点到面覆盖各类学生的需求，麻省理工学院还成立了多种多样的学生社团组织，如创业者俱乐部、全球创业工作坊、创业社区等，既提高了学生创新创业的积极性，增加了学生广泛的参与度，还为学生之间的创意激荡、信息流通、经验分享搭建了平台。

第二节　斯坦福大学创新创业教育生态系统

一、斯坦福创新创业教育生态系统的主要构成

主要由创业教育课程体系（教科研结合、文与理结合、职业教育与文化教育结合）、多种社团组织（斯坦福科技创业项目、创业角、"工程通向创新"国家中心、梅菲尔德研究员项目）、斯坦福创业网络、创业大赛（创业挑战大赛、"商业计划大赛"）、联盟（斯坦福天使和企业家团体）、创新创业教育平台（创业基础设施、实验室、研究中心等）组成（郑刚等，2014）。

二、生态系统形成过程

斯坦福大学建校时位于临近硅谷未开垦的土地上，开拓者的冒险精神成为该大学的基因。1909 年，斯坦福大学知名的高技术公司鲍尔森无线电话和电报公司成立，该公司由校友捐助成立，并衍生了其他公司。这种公司成立与衍生模式，成为硅谷公司发展的重要特征。1925 年斯坦福成立工学院与商学院。1950 年，斯坦福大学提出了"大学—工业"伙伴关系模式，联合组建高技术创新公司。1951 年，斯坦福大学研究园区成为新公司的孵化园区，一批入驻公司如惠普公司的成功使孵化园区声名鹊起，是美国第一家技术密集型园区。为了促进创新创业，斯坦福商学院成立了创业研究中心，开设了包含创业、战略、市场与运营、金融和一般选修课等 5 大类 38 门的创新创业课程，开展创业教育并推动创业实践。1954 年，斯坦福开发了小企业管理作为 MBA 管理课程；1967 年，斯坦福设立了当代 MBA 创业课程；1990 年，创立斯坦福社会创新中心；1997 年，成立斯坦福未来社会创新网络；2007 年，成立斯坦福校长风投基金；2011 年，成立斯坦福天使投资人与创业者组织等，斯坦福大学创新创业教育生态系统得到不断发展。2011 年，斯坦福大学推出《斯坦福大学创新创业的经济影响》报告，提出斯坦福大学形成领先创新创业教育模式，其重要的要素是其独特的创业教育生态环境，并且独特的创业文化理念成为整个生态系统的核心。这是对斯坦福大学创新创业教育生态系

统的概括与描述。

三、生态系统运行

(一) 创新创业核心组织

斯坦福大学的创新创业教育得益于以校友为基础的创业网络。斯坦福大学为充分调配创新创业教育资源，组建了斯坦福创业网络，将创业研究中心、社会创新中心和技术许可办公室等机构全部囊括进去，统筹管理创新创业教育工作（包水梅等，2016）。该组织成立于 2007 年，成为整合校内创业资源的专门平台。斯坦福大学创新创业组织还包括斯坦福天使与企业家团体校友联盟组织，这个组织为投资人、企业家与学生的交流互助提供机会，把创业者、投资人、大学生连接在一起。斯坦福大学所获得的捐赠每年高达可数十亿美元。捐赠使学校知名度扩大，同时也会加大对创新创业教育的投入。创业的大学生可以借助创业网络平台获得资金支持，同时也能获得创业指导，生成了创业生态环境，斯坦福大学师生、创业机构、硅谷也融入进来，创新创业教育环境不断优化，为斯坦福大学提供创业帮助和服务。

(二) 创新创业教师队伍

斯坦福大学对创新创业教育师资队伍有严格的选拔程序与考核制度。一是控制教师中具有创业经验者的比例。从招聘开始入手，面向全球招聘教授岗位，从全球精英人才中选取符合条件的考察对象，选聘比例高达 1：60，保证了教师质量；近 2000 名斯坦福大学教师中，创办过企业的达到 25%，即四分之一的比例具有创业实践经验。二是对于新引进的青年教师，规定必须经过三年时间助理教授的考核，审查合格之后，再加上三年的实践经验，才可以有具备晋升副教授的资格。为此，对教师的水平和业绩进行评价，采取同行评价的方式。三是聘请资深创业者、高级管理者、退休教授等作为顾问型教师。四是聘请大师级教授或专家作为指导教师，提高影响力。目前在校的教职工中仅诺贝尔奖获得者就有 17 位，列入指导教师之列，为大学生提供创业的最前沿资讯。这样，斯坦福大学的创新创业教育教师中除了专业教师队伍，还有具有丰富创业经验的成功创业者；既有知名的学术专家，还有实践经验丰富的顾问，保证了教师队伍的整体质量。

（三）创新创业课程

一是课程设置跨学科。课程设置时，斯坦福大学对学生的学习广度和宽度提出明确要求，除专业课程学习外，还要完成其他学科的规定课程，这种设置办法延续了传统。斯坦福大学形成了较完善的创业教育课程体系，坚持文科和理科结合、教学和科研结合、文化教育与职业教育结合的基本原则。正如斯坦福大学首任校长所讲："应用科学要与纯科学、人文学科肩并肩地实施，并且平等地促进发展。"斯坦福大学要求本科生在工程与应用科学、数学、自然科学、人文、社会科学五类学科中至少完成1门课程的学习。在研究生阶段，则鼓励学生在专业领域外修读课程或者学位。

二是重视个性化需求的能力培养课程设置。为了满足对学生学习广度提出的要求，斯坦福大学在课程体系设置上十分强调能力培养的课程设置，例如斯坦福商学院共开设了10个大门类255门单项课程。为了满足不同的需求，跨学科设置能力培养课程，并以此来开拓学生的视野，提高学生综合的创新创业能力。斯坦福大学为培养学生的科研能力和创新能力，还搭建创新创业教育平台，创造机会，最大限度地支持学生进行科学研究。

三是每个学院均设置。斯坦福大学的创业教育不是针对某个专业、某个学院的，而是全校性的。斯坦福大学每个学院都根据本学院的专业特点设置相关的创业课程，允许非本专业的学生进行修读。当然设置最多的学院是斯坦福商学院和斯坦福工学院。

（四）创新创业教学方法

斯坦福教学遵循"前沿理论和现实世界的专业知识"的理念，创新创业教育主要分为两大类。一类是课堂讲解重视参与性与实践性。为学生进行基础理论和基本方法讲解时，采取的方式灵活：互动式教学、研讨式教学、体验式教学、案例教学、项目与实务导向教学、多人合作教学等。另一类是与企业对接，搭建创业实践平台。斯坦福大学把实践、课堂教学结合起来，大学生获得的创业指导还来自行业专家与创业成功者。斯坦福创业工作室在校外建设创业实习平台，让学生真正参与创业实践，为大学生提供实践创业的机会。与斯坦福大学合作的企业包括苹果等知名公司，苹果的工程师可为有兴趣的大学生在现场讲解如何进行程序开发课程，还为大学生的作品提供销售的指导以及销售渠道，使市场直接对接课堂教学。

（五）创新创业活动

斯坦福大学的创业活动是创新创业教育的重要补充。创新创业的实践特征，决定了仅有理论知识教学则难免枯燥抽象。从发起人角度分类，创新创业活动分为三类。一是学生组织发起的活动。斯坦福大学法律和技术协会、斯坦福大学创业学生商业联盟、斯坦福大学风险投资俱乐部是在学生社团组织中富有影响力的组织，组织的"商业计划大赛""创业挑战大赛"产生了广泛的影响。学生团体根据创业与投资需求，自行招募同伴、寻找赞助、筹划活动、开展比赛，这种活动的组织，对大学生本身就是一种实践锻炼。二是斯坦福校友组织发起的活动，较为著名的活动包括斯坦福科技创业项目、"工程通向创新"国家中心、梅菲尔德研究员项目、创业角等。三是斯坦福大学的学院或教师员工组织的活动，比如斯坦福创业中心的教师代表、硅谷的优秀企业家、有意愿的投资者、有经验的各类管理者等进行定期的交流和沟通。丰富多彩的创业活动，在学校、企业、政府、学生之间展开，形成了良好的创新创业氛围。

第三节 慕尼黑工业大学创新创业教育生态系统

一、慕尼黑工业大学创新创业教育生态系统的主要构成

由学术拆分（科研成果转化）、创业研究（创业的最佳实践方法）、创业网络、创业精神文化、慕尼黑工业大学创业中心（创业教育）、慕尼黑工业大学科研与技术转让中心、慕尼黑工业大学创业研究所等组成（胡兴志等，2018）。这些组织共同担负起慕尼黑工业大学的创新创业教育使命，即让大学生有机会学习到创业的基础理论与知识，让大学生意识到创业也是自己的职业机会。

二、生态系统形成过程

慕尼黑工业大学进行创业教育的指导思想是通过独特的创业教育教学方

式，识别当前时代所面临的挑战与机会，开发出可持续的企业解决方案以及
商业模式，激励培养新一代创业者。慕尼黑工业大学创新创业生态系统的形
成得益于德国的政策。从 20 世纪 70 年代中期开始，德国开始高度重视并实
施创业教育。进入 21 世纪以来，德国对创业教育的理念、构成和实践路径等
提出具体的要求，形成了良性发展的创新创业教育宏观生态系统。截至 2019
年底，创业教育在德国各类高校中已经得到普及。德国设立创业教育课程学
位教授职位的高校数量也从 20 世纪 90 年代的 10 多所扩大到了几乎所有高
校。开设创业教育课程的高校数量从 20 世纪 90 年代的 25 所增加到 100 多
所。在整体宏观环境的影响与推动下，慕尼黑工业大学自 2005 年起，先后成
立了高等研究院、国际科学与工程研究院等多个研究机构，并成立完善了相
应的创新创业组织机构，形成了成熟的创新创业教育生态系统，各类创新创
业组织共生繁荣，互相支持，形成了鲜明的特色，形成了由"综合管理—技
术支持—研究支持—资金赞助"构成的"四位一体"的创新创业教育体系，
有序高效地管理并支持着创业教育。一是综合管理主要由慕尼黑工业大学创
业中心和社会创业学会两个机构负责。二是技术支持由研究创新办公室、技
术创业实验室来提供服务。研究创新办公室提供知识产权建议，为所有提出
专利申请的教师和学生服务，促进发明专利实现商业化，造福经济社会发
展。技术创业实验室负责对技术进行评估，帮助创业师生界定新技术用途，
定位所服务的客户群，并预测发展趋势与发展前景，为商业计划书的制定撰
写提供数据支持与咨询服务。三是研究支持主要由创业研究所、创业金融研
究所、产业联络处三个组织来承担。创业研究所、创业金融研究所承担着研
究功能，而产业联络处则是通过促进知识和技术向社会的转移，把学校和企
业之间的科研合作联系在一起。四是资金赞助，主要由慕尼黑工业大学风险
基金来提供支持、管理和运作。慕尼黑工业大学创业合作网络不仅加强了高
校、政府、企业和科研机构之间的联系，还加强了学校内部各个组织与个体
之间的联系。

三、生态系统运行

（一）创新创业核心组织

慕尼黑工业大学创业中心是创新创业的核心组织。该创业中心将慕尼黑

工业大学的创业教育与慕尼黑企业紧密地联系在一起，既把创业成果、创业人才传递给社会，还为大学生提供创新孵化基地。该创业中心成立于2002年，目前是欧洲最大的校级创业服务中心，成为人才、资金、技术、客户的聚集地与扩散地，为大学生提供了完整的一条从创意实现、成果转化到创建企业的一体化服务流程。

（二）创新创业师资队伍

一是组建跨学科的创新研究团队。慕尼黑工业大学以创建创业型大学为理念，创新创业师资队伍汇集了学术界、工业界的研究人员，研究领域包括工程科学、自然科学、生命科学、医学等慕尼黑工业大学的优势学科。慕尼黑工业大学研究机构包括高等研究院、国际科学与工程研究院等，这些研究院属于跨学科、跨国际、前沿性的研究平台，其聚焦点是当前社会在环境、资源、健康等方面面临的主要挑战，其创新成果都符合当前社会需求，具有宽广的市场应用空间。二是组建创新教育理论研究团队。慕尼黑工业大学成立的创业金融研究所、创业研究所等，它们的研究成果可直接应用于创业教育课程中，为创业教育课程提供理论支持与内容支持。三是引进行业与企业专家做导师。慕尼黑工业大学与行业合作伙伴进行合作，面向企业引进有博士学历的企业专家作为创新创业导师来源，由这些有实践经验的创新创业导师来补充创业创新链，加强创新创业教育，帮助大学生创造可以转移到社会的技术、服务项目。慕尼黑工业大学构建广泛的创新网络，利用慕尼黑经济中心与外部加强联系，邀请行业领袖来担任学校的创业导师。

（三）创新创业课程设置

慕尼黑工业大学在创新创业课程设置中，突出实践导向，突出大学生创业的实践训练，并不断修正创新创业课程。慕尼黑工业大学创新创业教育课程主要包括以下系列：一是慕尼黑工业大学开设了"定向课程"。定向课程为大学生提供了数学科学、信息科学和技术等专业课程，提高大学生的综合素质，加深对不同技术与学科的理解，增强学生的多领域、跨学科的综合创新创业能力。二是设置跨校、跨学科课程体系。这些课程把各高校、各学科的优势学科整合起来，为大学生创新创业活动提供第一流的课程服务。三是不断根据反馈改进教学课程内容。慕尼黑工业大学创业教育所产生的优秀创业人才与创业成果，均会通过市场测试成果反馈给慕尼黑工业大学，慕尼黑工业大学再组织各研究机构和相应教师根据经过实践检验的成果完善到理论和教学课程中。借助创新创业网络，创业大学生可以测试他们的商业计划，从成功的教学案例中学习技能，分享成功者的创业经验，并不断修改完善自己的商业计划书。

（四）创新创业教学方法

一是多形式开展创新创业教育。采用的方法包括实践教学、案例教学、讲座、创新实验等形式，实现教学、培训、科研等有效结合起来，让大学生把握创新创业的专业知识，提高大学生创新创业的实践能力。二是及时提供计划评估与技术支持。在教学过程中，当有的大学生提出一些合理性想法后，慕尼黑工业大学会组织综合管理机构、研究和技术机构对这些想法进行评估，并给予反馈或进行理论支持与技术指导。三是创新创业教学与创业竞赛融合。创业教育课程在开放后，慕尼黑工业大学会开放 Evolis、Idea Award 等商业计划竞赛活动，为大学生提供创意展示的竞赛平台，以竞赛促教学，激发灵感与活力，激励大学生创新与自主创业。四是重视教学针对性。在教学中帮助有创业计划的大学生制定商业计划书，有针对性地为这些准备创业的大学生提供专门的指导和培训。

（五）创新创业活动

一是慕尼黑工业大学基金提供了丰富的创业资金来源。如果大学生的商业计划书具有市场前景或者已经获得市场回报时，慕尼黑工业大学还按规定给予额外的投资，提供额外的教学指导与服务，形成良性闭环、螺旋式上升的教学指导体系。二是全员投入。受建设世界一流创业型大学的目标驱动，慕尼黑工业大学几乎把所有教师、资金、场地等作为资源投入创新创业教育中。三是产学研共同参与。慕尼黑工业大学拥有广泛的合作伙伴，来自政府、商业、其他行业的科研院所、研究机构与科学部门均参与创新创业活动，创业网络中的全体成员均具有较强的市场意识与创业精神，一起为大学生创新创业活动提供市场信息、技术与知识的咨询服务，鼓励大学生创业想法与科研成果的商业化。

第四节　新加坡国立大学创新创业教育生态系统

一、新加坡国立大学创新创业教育生态系统的主要构成

新加坡国立大学在校生超过 28000 人，本科生占有四分之三，是典型的创业型大学，是亚洲在创新创业教育生态系统构建方面最有代表性的高校之一。主要由国际人力资源小组（选聘国际化的师资团队）、分集群管理（学术集群、行政集群和企业集群）、伙伴联盟、知识社区、慈善基金会、概念证明基金等组成（张红娜等，2015）。

二、生态系统形成过程

创新创业教育生态系统形成过程中，主要标志性事件如下。1981 年，新加坡国立大学与 IBM 公司合建系统科学院。这是校企合作的第一家国际化研究中心，而后又建设了多家研究中心，为大学生提供了实践操作机会，增加实战经验，激发了当时大学生对创新创业的热情。1993 年，新加坡国立大学实行单元制选课制度，满足创新创业个性化需求。1997 年，新加坡国立大学设立了 9 家科技企业，为创新创业提供实习基地。1998 年设置跨院系课程，进一步满足创新创业所需要的知识结构要求。1998—2001 年，年均创办 10 家科技企业，创新创业的实践实习平台丰富化。1999 年，新加坡国立大学第一次举办 Start-Up@ Singapore 商业计划竞赛。2001 年，新加坡国立大学成立"国大开创网"。2002—2004 年，新加坡国立大学与硅谷、宾夕法尼亚大学和中国复旦大学，合作建设海外学院。2006 年，已经有 50 家企业创办。2006 年，新加坡国立大学首次举办了 Idea to Product 竞赛。同期，斯德哥尔摩、班加罗尔、北京、耶路撒冷的海外学院成立。海外学院的成立将全球化和创业两种发展趋势进行整合。2009 年，国大创业中心发起多项创业教育活动。2014 年，新加坡国立大学已拥有 4 所卓越研究中心以及 23 所大学研究机构与中心。目前，新加坡国立大学实施"全球化知识企业"战略规划，将学校教学、研究中心和企业进行有机结合，以培养更多具有创新性思维的人才。

新加坡国立大学创新创业教育的发展过程中，以"创业型大学"为目标，成为创业人才、创新知识的集中地。

三、生态系统运行

（一）创新创业教育核心组织

1. 创业中心

新加坡国立大学创新创业的核心组织是其创业中心。新加坡国立大学创业中心以创新创业思想贯穿始终，吸引海内外学术精英，涉足于高精尖领域，以科技创新、知识创造为中心任务，不断增强工业研究，按国际化标准推动产学研合作，扶持本校教师和学生将自己的科研创新与成果用于创办企业，成为创新创业生态系统的核心组织。

2. 企业孵化中心

新加坡国立大学建立了企业孵化中心。企业孵化中心把同类风险资助单位整合在一起，帮助大学生突破生存与发展的瓶颈。企业孵化中心还设立奖金，最高的资助金额达到 30 万新元，以此来支持大学研究人员与大学生开发新项目。

3. 企业集群

新加坡国立大学成立企业集群。新加坡国立大学将组织机构分成企业集群、学术集群、行政集群三大部分。企业集群的设立成为新加坡国立大学的一大特色组织。新加坡国立大学创业中心的 CEO 负责对企业集群管理，由新加坡国立大学创业中心、工业和科技关系办公室、海外学院、创业支持单位、出版社、咨询服务处等 7 个部门组成，这些部门更加紧密地分工与合作，使创新创业资源最大化利用。

4. 工商联络处与知识产权管理处

新加坡国立大学的创新创业教育组织还包括新加坡国立大学工商联络处与知识产权管理处。这些组织用来保护和管理科研成果以及知识产权。

（二）创新创业师资队伍

新加坡国立大学成立了国际人力资源小组，招聘全球高级人才，以进一步加强创新创业师资建设。新加坡国立大学的国外学者约占 50%，在海外取得博士学位的教师比例达到90%以上，以此保证国际化的师资队伍。

新加坡国立大学建立了一流实验室、高端研究所以及一大研究中心，以此吸引海外人才，与IT业、现代制造业和生物工程紧密相连。从三个维度考核教师，即从科研、教学、服务这三方面衡量绩效，按年终考核、升级考核和终身职位考核三个层面来考查不同类型的教师。

新加坡国立大学还设立了教师教学发展中心，以提高学校的教师教学水平、提高学生的学习质量，每年大约有2500名师生接受培训。

（三）创新创业课程设置

一是翻转课堂课程。包括内部综合式线上学习课程，其中导入课2门、基础课6门。在课程教学时，以学生为核心，改变传统教学方式，先由学生针对相同的课题开展线上讨论，再采取面对面教学的模式，实行翻转课堂。不同专业的学生互相激发，拓展思路。

二是国际化课程。为了扩宽学生的国际化交流视野并与国际接轨，新加坡国立大学合作的国际学院包括了斯坦福大学、宾夕法尼亚大学、复旦大学、印度科学研究院、瑞典皇家技术学院，开设了很多国际化课程，实际灵活的学分制，让大学生选修。新加坡国立大学十分注重国际化课程的实用性，保证所学的国际化知识能让学生运用到实践过程中，积极适应国际化要求。

三是针对大数据设置的课程。包括大数据分析技术、知识发现与数据挖掘、数据管理和仓储、社会和数字媒体分析、云计算、数据库设计、分布式数据库、定数性运筹学、统计学、管理经济学分析、决策技术、并行与分布式算法、计量风险管理等课程。

（四）创新创业教学方法

一是教学方法的灵活性。采取角色扮演、沙盘模拟、案例分析、小组讨论、实地考察等多种方式，培养大学生的沟通能力与团队协作能力，分析失败原因，增加逆商指数，使学生能在创新创业实践中掌握创业知识并增强创新意识。

二是减少大班授课课时，增加辅导课程课时。新加坡国立大学的创业教育对教学设备和教学环境不断改善，新加坡国立大学加强了对个别学生的辅导，采用团队合作的教学课程。新加坡国立大学大多采用这种教学模式，即一个教师来主讲，同时1—3名教师同步辅导，以方便对大学生答疑解惑。新加坡国立大学设辅导课，辅导课也采用小班形式，安排时间轮流对大学生分别辅导。新加坡国立大学的小班辅导课多，设立的辅导教师也相应较多。

三是教学模式由单一讲授法转化为互动式教学模式，讨论交流成为主要模式，让教师和学生在讨论中相互激发、教学互长，营造良好的交流氛围，进一步提高了创新创业教学效率。

（五）创新创业活动

一是举办竞赛活动。举办参加一年一度的创业计划竞赛——新加坡创业；举办全球事业讨论会以及国立大学全球创业峰会。二是专项训练。如果在实习项目中，大学生在选题方面显现出商业潜力和创新价值，新加坡国立大学会对这类大学生提供限时专业训练，会联系在这一领域有经验的优秀导师为大学生提供指导。三是设立奖金。创业中心在创新创业实践授予计划中设置了奖金，最高可达到10万新元。为有创新理念的大学生提供奖金旨在帮助大学生实现商业模式创新和技术设计蓝图。四是组织参加商业训练营活动，帮助入营大学生提高自主创新和自主研发能力。

第五节　南洋理工大学创新创业教育生态系统

一、南洋理工大学创新创业教育生态系统的主要构成

南洋理工大学创新创业教育系统多是资深学者、行业翘楚、杰出企业家，其由南洋理工大学校董会、南洋科技创业中心（课程体系）、商学院、工程学院、跨学科研究中心、学术创业精神与学术创业主义、战略联盟、各类基金等组成。

二、生态系统形成过程

南洋理工大学的创新创业教育属于后起之秀，在较短时间内形成一定特

色，在创新创业教育领域的 QS 全球排名中成为全球 50 所顶尖年轻大学排行榜的榜首。南洋理工大学旨在培养具有全面能力的人才为本国发展发挥作用。南洋理工大学通过设立科技创业中心等专门机构、开设创新创业专门课程、配备专兼职教师队伍、增加专业性平台训练等方式，建立了包括基础课程和体验式学习在内的多功能创新创业教育生态系统。为适应新时代发展要求，南洋理工大学在官方网页上提出：当前正发生两个趋势变化，一是涉及工作世界。如今的雇主更喜欢雇用具备 21 世纪卓越技能的毕业生。仅凭专业知识和能力是不够的，还需要软技能，例如，能够在全球多元文化团队之间进行有效沟通和无缝协作的能力。继续学习的能力也很受重视。二是涉及学习世界。学生的学习方式正在发生变化。今天的学生是活跃的学习者，他们善于使用数字时代的工具来获取知识，这在几年前是无法想象的。现在的学生是 EPIC 一代，即体验式（Experiential）、参与式（Participatory）、意向丰富性（Image-rich）、联系性（Connective）等。鉴于这两个主要趋势，南洋理工大学调整创新创业教育在内的课程设置，推进创新创业教育生态系统的进一步发展。

三、生态系统运行

（一）创新创业核心组织

2001 年，为推进创业教育深入开展，培养优秀创业人才，促进科技成果转化，南洋理工大学联合新加坡经济发展局一起成立了南洋科技创业中心。南洋科技创业中心自成立后，由教务处长负责运行，肩负起培养人才、促进科技成果转化的使命。科技创业中心的主要策略之一是广泛开展与社会各种组织、精英的合作，培育出政府、产业、学研等多方参与的创新创业生态圈，得到了新加坡政府、学术界和国内外企业的广泛认可，成为有一定影响力的亚太地区创业教育机构。南洋理工大学的前任校长这样评价科技创业中心，他说南洋科技创业中心是按照"博大精深、全面、整体"的原则设计的，致力于打造全球企业家生态圈，提供科技创业教育，促进创新理念向新型企业推广。科技创业中心的另一项策略是在科技创业中心设置孵化器，创业项目经过申请可以入驻，并得到资金与场所的支持，南洋理工大学是较早采取孵化器的大学，后来很多高校进行仿效。南洋理工大学还专门成立了促进成果转化的 NTUitive 公司，鼓励把实验室中心与大学教师的创新成果与研究专利实现产业化转化，激励在校的师生创新创业，把创新技术的产业链对接需求与社会，把产学研结合在校园孵化器落地，培育创新创业生态圈，发展全球浸濡计划，形成了具有区域知名度的创新创业品牌。

（二）创新创业师资队伍

南洋理工大学的创新创业师资大部分来自企业或有企业工作经验。为了扎实有效地推进创新创业教育，南洋理工大学从世界各地聘请具有丰富创业经验和创新精神的优秀教师，这些教师包括创业教育的教授与专家，组成一支精英式的创业教育师资队伍。比如，南洋理工大学科技创业中心超过八成的教师是外聘的兼职教师，他们要么是企业界的领袖，要么是科技实业家，具有可以指导创业的经验，了解或掌握科技成果前沿。除了外聘教师，南洋理工大学对专业教师采取以下措施来提高专任教师对创新创业教育的指导水平。一是改革创新创业教育的教学方法，突出体验式、互动式学习，引导学生参加创业培训计划，提高业务能力与创新创业意识。二是制订教师发展计划，完善创业教育模式，提高专任教师的创新创业意识和业务能力。三是实施教师培训走出去计划，让教师走出去，参加公司咨询和企业顾问活动。四是把知名创业企业家、政府专家或社会团体领袖请进来，让教师在校内得到培训。五是对创新创业教育的研究项目给予资助，特别是具有时代性、创新价值的重大研究成果，对跨学科领域的研究计划，以及外部资源资助的研究项目，均提供充分的保障措施，支持在校内落地，并让大学生参与其中。

（三）创新创业课程

南洋理工大学技术创业中心，从两方面抓好创新创业课程。一方面，对内开设创业与创新系列课程，适应多方面、多层次的创新创业需求。他们将创业理论基础知识融入不同体系的创新主体课程之中。南洋理工大学开设的创新创业课程分为本科专业课程，包括必修课、选修课、辅修课，以及创业创新硕士课程、理工类硕士课程，还有短期创业培训课，这一系列课程均嵌入创新创业的理论知识与技能。对于创新创业教育改革项目，南洋理工大学还区分层级、属性进行不同比重的设置，保证不同层面、不同角度的改革。

另一方面，南洋理工大学积极与国外大学寻求项目合作。这种合作有时来源于政府支持或资助的外联，有时是主动与世界知名大学寻求合作。在评估时，制定了相对客观的标准，邀请国外高校的资深专家、教授和知名学者评价来代替本校的评价，使评价更为客观公正，保证了国际创新创业人才的培养质量。创新创业教育在国际化拓展中发展良好，形成了高度国际化并具有前瞻性的创业教育课程体系模式，收到了明显的效果。

（四）创新创业教学方法

南洋理工大学创新创业教育不断地探索教学方法与改革。一是突出体验式，教学的方法涉及多种形式，常用的方法包括角色扮演与模拟、计算机模拟与实训、拓展培训、真实案例分析、创业小组讨论、企业家课堂、商业计划书撰写、融资模拟和小型企业发展论坛等多种方式，将学生置入体验式的真实创业环境中。二是突出互动式，为大学生创造与优秀企业家、创业者真实交流的机会，使学生在交流中得到指导。三是实习式，使学生在企业实习中增长创新创业的才干。四是学业成绩与创业成果直接挂钩，鼓励学生把理论、模拟、实习、互动等与真实创业相结合，掌握创业技能，激发创新思维，培养团队合作能力，提高教育效果。

（五）创新创业活动

南洋理工大学教育的指导思想是"发展实用教育以满足工业化和经济发展的需要"，这种指导思想首先是要根据国民经济发展需要不断进行调整教育教学，政府还给予资助用于风险投资、技术转让、创新创业，营造了良好的创业氛围。这种实用性、高效性和主体性，决定了以应用学科和实践为主的模式，并为创业教育的发展创造了良好的外部政策环境。南洋理工大学的大学生创新创业活动包括：一是参加校内外讲座、论坛，开拓创新视野，丰富创业实践的经验，提高创新创业意识；二是参加赴校外的培训和团队学习活动，增强自主创新的能力；三是参与企业挑战赛，通过竞赛提高能力；四是出国访问，南洋理工大学的大学生可以在一学年的创业学习中有机会去访问其他六个创业型城市，学习考察知名的创业园与创业型企业，与风险投资商或知名企业家交流，从而学到与时俱进的创新创业理念，把握创新创业的精髓（何郁冰等，2015）；五是参加创新商业化方案指导，把创新创业理念转为商业化；六是实际创业并成立公司的大学生，可以申请免税，启动业务发展计划，做好维持现金流与企业融资之间的平衡。

第六节　国外大学创新创业教育生态系统的主要启示

他山之石带来的启示包括资源禀赋、创业网络、核心组织、师资队伍、课程体系、教学方法、活动组织等方面。

一、资源禀赋：本土化发展适应当地资源禀赋

他山之石为我国创新创业教育生态系统构建提供了实现本土化的经验。麻省理工学院地处波士顿 128 公路附近，麻省理工学院的创新创业教育生态系统与该地区的发展紧密相关。128 公路高技术区是世界上著名的电子工业集聚区，有的企业是从麻省理工学院实验室中分离出去的，麻省理工学院跟集聚区众多著名电子企业、新生企业以及组织进行合作，对企业竞争力提高起到了不可估量的促进作用，同时反过来也提高了自身的创新创业教育水平，出现了大量创新创业成果。斯坦福大学建立在靠近硅谷的荒地上，地理位置决定了只有建立"大学—工业"的伙伴关系，并与小型高科技公司紧密联系才有发展空间。这种独特的创新创业教育生态环境生成了独特的创业文化理念，决定了斯坦福重视创新创业教育的模式。斯坦福大学依靠硅谷的产业，也在硅谷的产业发展中扮演着重要角色。硅谷的资源、人才和需求与斯坦福大学之间产生了紧密的交互效应。硅谷与斯坦福大学相互成就，一方面斯坦福大学促进了硅谷的发展与地区优势，另一方面硅谷的发展与地区优势也激发了创新创业精神，促进了斯坦福大学创新创业教育的发展。慕尼黑工业大学的创新创业教育受益于该国的相关政策，从 20 世纪 70 年代中期开始，德国开始实施创新创业教育，创新创业教育在德国各类高校中已经得到普及，在国家层面上形成了创新创业教育生态系统，而慕尼黑工业大学在整个国家中又占据领先地位。新加坡国立大学的创新创业教育发展也得益于国家政策的支持与国家需求的引导，1969 年新加坡制定了"必须由本国的经济和企业管理人才来接替过去由外国人所管理的经济部门和企业"这一规定。

二、创业网络：优化结构促进创新创业生态网络形成

在创新创业教育生态系统的发展与繁荣中，要注重不断优化创新创业教育网络，促进渐进式发展。麻省理工学院最初是重视与大企业和政府机构的合作，这是由当时的国家需求决定的。随着 128 公路周边产业园的暂时衰落，麻省理工学院开始重视与新兴的小型企业的服务与合作，教授可以利用五分之一的时间参加企业咨询或创办公司，研究成果可以转化为企业成果以创造利润；创新创业活动开始丰富多彩，并于 1996 年成立创业中心；再加上各类基金组织、社群、校友组织与俱乐部、创业比赛等数量持续增多，共同构成创业教育教学系统。斯坦福大学的创新创业教育生态系统发展，从最初与硅谷的企业合作，发展到成熟的创业网络，并由校友提供充沛的创业资金网络。2007 年斯坦福大学在校内成立了专门服务于创业项目的平台，即斯坦福大学创业网络，从而把校内的学院、跨学科层面、技术转移以及创业学生等统一纳入庞大的创业网络平台，从平台上获取创新创业教育指导、获取创业经验以及创业资金支持。

三、核心组织：设置负责创新创业教育的专门机构

麻省理工学院的创业核心组织是创业中心，以其为核心把教育、资源与技术等整合起来，开展外部的拓展与内部的教育活动。斯坦福大学组建了斯坦福创业网络，将创业研究中心、社会创新中心和技术许可办公室、斯坦福天使基金组织、企业家团体校友联盟组织等机构整合起来，统筹推进创新创业教育工作，以统筹创新创业教育资源。慕尼黑工业大学的创业中心成立于2002 年，为学生提供一体式服务，现已成为欧洲最大的校级创业服务中心，成为人才、技术、资金、客户的聚集地。新加坡国立大学创新创业教育生态系统中，国际人力资源小组占重要地位，由它来选聘国际化的师资团队，并形成了学术集群、行政集群、企业集群、伙伴联盟、知识社区、慈善基金会、概念证明基金等组成的生态系统。新加坡国立大学在 2001 年成立"国大开创网"与国大创业中心，这些组织成为创新创业教育的核心力量。南洋理工大学的创新创业教育生态系统由南洋理工大学校董会、南洋科技创业中心（课程体系）、商学院、工程学院、跨学科研究中心、学术创业精神与学

术创业主义、战略联盟、各类基金等组成。

四、师资队伍：建立双轨制的创新创业师资队伍

麻省理工学院的教师实行双轨制，一类是内部学术教授，具备理论教学的素质。另一类是外部实践教授，具备实践教学的素质、这种双轨制的师资构成，可以对创新创业从理论与实践上进行教育指导。斯坦福大学对于引进的青年教师，要求有三年的实践经验才能有资格晋升副教授，教授人选岗位面向全球招聘，使四分之一的教师具有创办企业的经验。这种师资队伍，有利于为学生提供创业前沿资讯、理论指导与实践指导。慕尼黑工业大学的师资队伍构建了一个基于自然科学、工程科学、医学和生命科学等优势学科、跨领域的前沿研究平台，汇集了学术界和工业界的研究人员。慕尼黑工业大学邀请行业领袖担任学校的创业导师，并重视扩大和利用慕尼黑经济中心的外部联系，这些行业领导者也扮演着创业导师的角色。南洋理工大学的师资队伍分为两种，一是专业的师资队伍，鼓励专业教师参与公司咨询和企业顾问，参与创业活动；二是兼职外聘来自企业或有企业工作经验者、高科技实业家，南洋科技创业中心有 80% 的教师是兼职外聘教师。

五、课程体系：分层设置课程并不断推出适应时代需求的新课

麻省理工学院创新创业教育的课程分为六个层次，包括基础课（创新创业教育的基础课）、技能课（如开发技能与设计技能）、行业课（麻省理工学院擅长的行业领域）、专题选修课（如领导力）、网络课、大数据课（适应大数据时代的机器学习等新课），课程总数超过 60 门，给学生充分的选择空间。斯坦福的创新创业课程是全校性的，有 10 个大门类 255 门单项课程，突出跨学科教育。每个学院都设置了与本专业相关的创业课程，其中商学院偏向创业管理教育，而工学院偏向创新技术教育。慕尼黑工业大学突出实践导向，为大学生创业提供实践训练。慕尼黑工业大学创业教育课程，包括跨校、跨学科的创新创业课程体系；定向课程包括提供数学、信息、科学和技术的专业学习。针对大数据设置的课程，新加坡国立大学设置的新课包括：大数据分析技术、知识发现与数据挖掘、数据管理和仓储、社会和数字媒体

分析、云计算、数据库设计、分布式数据库、定数性运筹学、统计学、管理经济学分析、决策技术、并行与分布式算法、计量风险管理等课程。

六、教学方法：采取与市场有效对接的创新创业教学方法

麻省理工学院创新创业教育利用创业成功案例、企业家指导等，提高对创业真实环境的理解。斯坦福大学的创业教育方法形式多样，如研讨式教学、互动式教学、多人合作教学等课堂式教学、案例教学、实践教学、体验式教学、项目与实务导向教学等，使课堂教学、创业技术、创业市场有效形成了对接。慕尼黑工业大学在教学方法上，主要采用案例教学、实践教学、讲座、实验等形式，实现教学、科研、培训结合。新加坡国立大学采取小组讨论、角色扮演、案例分析、沙盘模拟、实地考察等多种方式，培养学生的团队协作能力。南洋理工大学创新创业教育重视和探索教学方法的改革。南洋理工大学的创业中心课程以模拟教学，体验式、互动式教学为主，包括模拟融资、模拟商业计划、计算机模拟实践、角色模拟、企业课堂、案例分析、小组讨论、小型论坛、拓展培训等多种方式，把有创业兴趣的大学生带进真实的创业环境。

七、活动组织：开展形式多样的创新创业活动

麻省理工学院组织的创新创业活动丰富多彩，如创业工作坊、创业者俱乐部、创业社区等，还有各种创业大赛活动，促进了信息流通、创意激荡、经验分享。斯坦福大学按项目、组织、社团三个层次来组织创新创业活动，包括创业挑战大赛、"商业计划大赛"、斯坦福科技创业项目、创业角、"工程通向创新"国家中心、梅菲尔德研究员项目等。慕尼黑工业大学的创新创业活动，主要提供市场信息与成功实践指导，邀请来自商业、政府、政策和科学部门的实践专家，测试创业者的商业计划，分享成功案例，并不断增强创业者在创业网络中的经验。新加坡国立大学组织该国一年一度最大的创业计划竞赛——新加坡创业，还举办国立大学全球创业峰会等。

第四章

新商科主体的相互作用机制

第一节　三螺旋理论

一、理论综述

大数据为新商科带来新理念、新结构、新标准、新技术、新交叉、新情境、新范式，涉及学研、产业和政府之间的关系。研究三者之间关系的常用理论为三螺旋创新理论。三螺旋创新理论于 20 世纪 90 年代中期被提出，主要研究学研、产业、政府之间的关系，被认为是创新研究的新范式。三螺旋理论是指学研、产业、政府三方在创新过程中，形成三种相互交叉影响的力量，像"三重螺旋"一样，推动整体协同创新的螺旋上升。三螺旋理论认为孵化器并不是单个的实体，而是一种组织联络模式，由社会、金融、资本、专业知识集合而成的网络。在三螺旋理论下，学研、产业、政府需要协同发展。学研部门包括大学、知识生产机构，产业部门包括创业企业、大型集团和跨国企业，政府部门涉及地方、区域、国家以及跨国等不同的政府组织。三螺旋理论的最发达模式是重叠模式，即在学研、产业、政府的交叠地带形成三边网络与混合组织。在原先网络技术不发达的背景下，需要建设大规模的产业园区，具体包括技术转移办公室、联合研究中心、大学科技园、风险投资公司、技术研发中心等，形成集群效应，学研、产业、政府与中介组织形成良好的互动关系。

三螺旋理论包括三个基本要素：① 行业和政府都要向知识型社会看齐，

创新在大学中要占有更突出的地位；② 创新是行业、政府、学研三大机构共同合作、相互作用的结果，而不能仅仅依靠政府政策；③ 行业、政府、大学等执行其传统的职能，作为 x 轴；在网络经济里执行的新角色，作为 y 轴。这些非传统的新角色，是创新的一个重要的潜在来源。大学、行业和政府相互作用，推动创新创业教育提高性能（Etzkowitz H，2003）。在三螺旋下，创新创业教育链接世界各地创新创业教育平台网络，如图 4-1 所示。

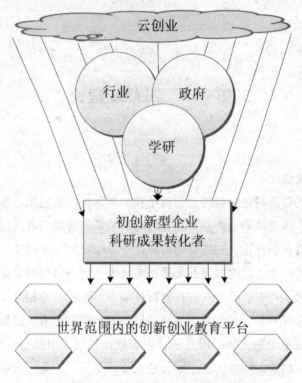

图 4-1　三螺旋理论下的创新创业教育

在数字化技术快速发展背景下，信息技术不断创新，合作可以打破空间的约束，利用创新创业教育新平台可从世界范围内寻找合作伙伴与技术资源。信息网络，可提供显性和隐性知识、经验以及可直接连接的资源（Anderson A，Jack S，2002）。这些会直接影响创业的进程，企业合作将发生改变。以往的合作通常是基于区域层面的创新，即从位于同一区域的集群内寻找合作企业，只要两者能产生协同效应便可商讨合作。但地理位置的限制，大大制约了对合作伙伴的选择。正如利图南等（Littunen, et al, 1998）认为，创业公司应当考虑以下环境与背景：一是当地为企业提供的前提条件；二是当地企业特性的影响；三是当地领先企业的影响。

创新创业教育平台还把潜在的供应商与用户联系起来，帮助创业企业弥补知识和资本上的不足。创新创业教育具有技术转让办公室的功能。创新创业教育平台，把大学研究所形成的技术成果转让，企业可以通过创新创业教育平台搜索找到，再由创业企业完成商业化，这样大学研究与初创企业通过虚拟网络联系起来。创新创业教育初创企业之间的交流合作，可以通过现代化技术完成，比如视频会议、约会服务软件、社交网络平台，而之前只能通过电话和传真来完成。创新创业教育的另一种功能是数据挖掘，可以通过数据挖掘，创造性地运用数据来提升能力。信息网络把独立的企业孵化个体，放置于全球化的网络中，实现计算机与人之间的连接。波特（2001）提出企业如果要在竞争中生存下来，问题的关键不在于是否要运用互联网技术，而是如何适应运用互联网技术。

数据挖掘等新技术方式的运用提供了额外价值。创新创业教育为行业与在孵技术型企业提供了合作创新基础。奥蒂奥特等（Autiot, et al, 1998）基于动态互补性理论，提出大公司和小公司巧妙地组合，可以实现创新，创造优势。大公司通常具有相对更大的财政和技术资源，这与规模密集型的性质有关。而以新技术为基础的小企业具有以下优势，比如：创业活力、内部灵活性、快速响应不断变化的市场情况。在高度专业化的领域，不可能只由一家大公司独立完成技术创新，同时大公司所具有的技术优势很容易被复制，为此企业必须不断创新。

二、新技术背景下的三螺旋理论发展

自云计算 2007 年兴起后，云创业概念被提出，并开始受到关注（"虚拟化与云计算"小组，2009）。陈晓红和解海涛构建了基于四主体动态模型的中小企业协同创新体系。蒋兴华等认为创新协同体系构建要重视要素之间的协同互动关系。郑刚等提出了五阶段全面协同创新过程模型。陈劲和阳银娟从整合与互动维度构建了协同创新框架。何郁冰提出"战略—知识—组织"三重互动的产学研协同创新模式。维格勒斯和卡西曼（Veugelers & Cassiman）指出，由于信息的高度不确定性和不对称性，产学研合作存在较大的风险，在互动过程中各方应相互理解、相互信任。佩尔佐利（Peltruzzelli）指出，产学研的互补和融合不仅包括在创新新产品和新服务时使用的工具和设备，也包括技术和知识。

（一）移动互联网、云创业的兴起使跨界协同便利可行

移动互联网的兴起，使创新创业教育各领域的边界趋于模糊，体现出跨界的特征。正如《中国移动互联网发展报告（2014）》所提：在未来，人、服务、设备均可智能化，移动互联网使其彼此连接跨界。在云计算的新背景下，"云创业"应运而生，使跨界协同便利可行。此外，App、微信社交平台、自媒体等新事物兴起，在新技术带动下，参与者、服务、平台、环境等要素之间更易跨界，使得跨界协同系统进行研究具有可行性。

（二）"一站式"模式使创新创业教育跨界协同具有现实需求

随着全球经济一体化趋势的加深，创新创业活动日益复杂，开放技术日趋复杂而多样，要求创新主体超越传统的组织与区域边界进行跨界创新。新创企业对"一站式"倍加青睐，需要打破各学科领域之间的壁垒，使不同学科领域的知识进行交叉与共融，实现跨学科、跨产业创新。跨界协同创新模式的构建，为未来发展提供可供参考的基本范式。

（三）跨越地理邻近性为创新创业教育跨界协同创新带来新的发展机遇

借助于地理的邻近性而产生的创新集群有其优势，但集群内明确的专业化分工和区域边界，特别是相同的文化环境和根植性，阻碍了集群内外组织之间的知识流动，并降低了其创新动力。正如阿敏和科恩德（Amin & Cohendet）所言，以区域作为创新、学习、知识的来源，可能是一种误导，组织或关系邻近性比地理邻近性在传递知识时更具有决定性。跨越组织与地域有形网络的锁定，搭建平台分享知识和资源并分担责任，这些为创新创业教育的跨界协同发展提供了机遇。

随着移动互联网的兴起，创新创业教育需要学研、产业、政府三方协同受到世界广泛重视。对三螺旋模型构建研究，有利于有关部门制定有效的促进政策，促进科研成果的转化以及新型创业企业的孵化。

　　三螺旋之间必须建立一个基于三螺旋的中介网络。当前，各地方政府、部门、单位均搭建了诸多不同层级、不同领域、不同类型的平台，涉及技术研发平台、科技资源共享平台、科技中介服务平台、科技成果转化平台等，也包括虚拟孵化平台，但实际运营的效果并不理想。为此，各种平台迫切需要完善升级服务或进行跨界整合，突破产业之间的藩篱、打破学科之间的界限、推动区域之间的创新资源流动，促进机构之间、个人之间、机构与个人之间的互动、整合、集成，这是催生创意、激励创造、实现创利的必然要求。

三、三螺旋理论下主体的相互作用机制

　　在社交网络的时代，三螺旋模型需要考虑新的模式和机制，即要在三螺旋模型下建立创新创业教育平台，以在获取技术、资源、资金、人才上协助企业成长。从本质上讲，新平台连接各种资源的提供者、创业公司和个人，为他们提供谈判平台，达成专业知识产权沟通与促成交易，形成研究开发联盟和补偿方案，提供股权交易和特许权使用费方面的信息。更为重要的是，新三螺旋下的平台必须建立在新型社交网络上。社交网络要凝聚当地企业网络，也要凝聚来自国际上的企业网络，可以从不同的国家和地区获得需要的技能和资源。创新创业教育的成本极低，唯一成本是支付域名注册费。当统一的解决方案软件被开发成功后，所有其他企业与个人可以在这一网络上使用统一的软件服务，其他则基于以前的项目与基础，为此，他们不必再产生额外的费用。现在的孵化器以最小的投资，对其现有的业务流程进行较小的改变，就可以成为网络上的一环。新平台允许资源提供者进行注册。他们以注册用户身份发布自己的资料，提供其可提供的服务、技能与资源，以及自身的优势与社会责任。每个资源注册用户都被归为某一类型，形成数据库，可以让创业者进行筛选。创业者也要在新平台注册，注册后他们可以浏览数据库，寻找所需资源与技能的提供商。显然新平台要具有价值，就要吸引并聚焦足够多的资源提供商，包括已成功的企业家或者可以提供相应服务与技能的供应商。而资源提供商愿意在新平台注册并提供资源，也要有利可图，即有足够多的创业者可以供其选择。创新创业教育还要吸引地方与国家机构成为平台的组成要素，并争取到相应的政策支持。

三螺旋理论是企业联盟和集群模式的延伸，涵盖了学术界和政府领域。随着大学越来越多地参与公司的创建和支持，他们的研究和教学任务也向此延伸，大学成为技能和资源来源地，向创业企业提供训练有素的毕业生，为创业企业提供咨询。政府从传统的监管职能转变成为创新的推动者，向创新创业教育提供便利的法律政策、税收优惠、贷款和赠款等形式，同时为创新创业教育整合资源，进行跨体制协调，以促进经济发展。创新创业教育使企业成为全球网络的一部分。创新创业教育的资源基础超越了传统的地理区域。政府和大学应当认识到与国际伙伴包括其他组织协同互动、共同培育创业公司所带来的好处。这样的好处可能包括，不断增长的新的国际市场，将带来出口利润，从而有利于地区和国家经济发展。政府和高校可以鼓励创新创业教育的创业企业加入电子网络，通过利用国际化资源来促进初创期的成长。网络化创业孵化服务代表了未来的发展方向，将形成国际化的外部活动网络和孵化器内部活动网络，为国家孵化器组织带来创新契机，增加孵化器之间的合作，促进新生的国际化新型创业企业快速成长。各地政府、各个大学、各个行业将从传统角色进行转变，成为全球三螺旋的成员。届时初创企业，既隶属于不同区域，又是网络中的一员，从全球网络联结中获益。国际网络的连接将加快创新，加快资源的融合，缩短产品上市周期，推出令人兴奋的新产品和服务。

（一）大学

三螺旋理论通过网络链接到大学，特别是研究型大学。大学通过虚拟孵化平台将研究成果完成技术转移和商业化。

通过网络，商业化的目标客户不一定是在本地，而是世界各地。初创企业通过虚拟孵化平台寻求互补和战略技术，以在全球范围内扩大自己的竞争优势。

大学生也可以通过网络发现感兴趣的技术，并找到创业机会，制定营销计划，开始自己的创业。

大学生可以借助虚拟孵化平台，搜索就业机会，于初创企业完成就业、实习，使实践能力得到提升。在世界范围内，大学生将能够找到自己所处区域以外的机会。大学就业服务办公室的数据可以对虚拟孵化平台互相开放，让搜索功能互相交互，这样也为孵化企业提供了人才库，找到适合自己企业的刚毕业的工程师和设计师，而之前要花费大量成本与精力，也很难挖掘到企业需要的人才。大学教授和研究人员也可以通过虚拟孵化平台提供咨询，并找到有商业价值的研究机会。

（二）政府

与政府互动是三螺旋新平台的重要部分。创新创业教育要与当地经济发展机构进行内部数据库共享，并将数据库再按行业或类别进行细分。对于拓展国际市场的创业企业，政府应为这类企业提供各类国际化法规和法律服务。政府网站经常提供人口统计信息，对初创企业开拓新市场与撰写商业计划有帮助。政府经济发展部门，可以利用在线调查的方式，及时收集初创企业的需求，并根据反馈制定及时的政策，为初创企业提供及时的服务，提供有利的发展政策，帮助企业完成融资。比如，对新虚拟孵化平台的招贤纳才提供补助，对在孵化平台上的当地毕业生提供优惠，对高增长的初创企业提供免税政策，对缺乏启动资金的初创企业提供营运资金贷款担保等政策。

（三）产业

创新创业教育平台还要与其他行业产生联系，帮助初创企业实现销售，找到市场潜在的合作伙伴。要引入早期投资者，建立并不断更新维护商业天使和风险投资接触的数据库，包括风险资本家和天使投资，并提供联系网站。要与各行业协会和社会团体联系网络，让初创企业根据自己所处的不同发展阶段，找到有利的合作团体。可以提供调研机构，在线出售有价值的市场调研报告，并在线定制个性化的市场调研方案。经费充足的创新创业教育，也可以自己提供市场调研报告，或买下相应的调研报告，供会员企业免费使用。

（四）参与主体相互作用机制

在三螺旋理论模型中，学研、产业、政府之间的界限和边界被打破，越来越多的中介机构不断介入进来并黏合，使得学研、产业、政府之间关系愈加紧密，作用更加交互，最终形成一种相互支持、互动发展的三螺旋协同创新结构。三螺旋理论下，主要包括六个参与主体，如表4-1所示。

表 4-1 三螺旋理论下的参与主体

参与主体	具体类型
学研机构	大学与科研部门
孵化园区	孵化园区：增设虚拟空间功能的实体孵化器
初创企业	初创企业或中小型企业
成熟企业	规模化集团或全球化企业（可为初创小企业提供融资与市场）
金融投资部门及其他中介	风险投资公司、金融市场、律师事务所、会计师事务所等中介
政府	各级政府制定具有引导和激励作用的政策

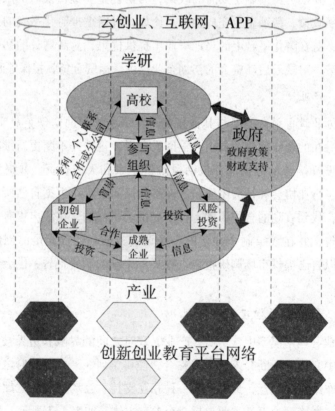

图 4-2 多主体互动网络模型示意图

各参与主体为了更有效使用创新创业教育平台所融合的各种有效资源，提高创新创业的效率，必然要求新平台构建畅通的互动机制，以确保参与主体之间保持良性互动，还要满足云创业、一站式孵化模式等需求。但目前的实际是，我国各地方政府、部门、单位均搭建了诸多不同层级、不同领域、不同类型的平台，涉及技术研发平台、科技资源共享平台、科技中介服务平台、科技成果转化平台等，也包括创新创业教育平台，但实际运营的效果并不理想。为此，各种平台也迫切需要完善升级服务或进行互动整合，突破产业之间的藩篱，打破学科之间的界限，推动区域之间的创新资源流动，促进机构之间、个人之间、机构与个人之间的互动。为此，本书构建了创新创业教育平台互动机制模型，如图4-2所示。由图4-2可知，同实体孵化器平台一样，创新创业教育平台整合了学研、产业、政府提供的三种资源，不同之处在于，由于新技术、新情景的应用，这些资源是国际化的。在网络新情景下，创新创业教育平台也不再是物理设施，而是一种混合型的创新组织，该组织充分利用了现代网络技术，建立在虚拟空间中。创新创业教育平台推动各个大学、各个行业、各地政府从传统角色中进行转变，成为全球化网络中的成员。学研、产业、政府各自打破自身的边界，通过三者之间的非线性互动实现资源共享，推动创新创业教育平台不断完善性能，提高技术创新的整体效率。创新创业教育是一种混合型的组织，具有多种功能，能结合大学的教学、科研和经济发展任务。创新创业教育不再是物理设施，而是一种组织，这种组织充分利用了现代网络技术，建立在虚拟空间中。作为一种创新创业教育平台，它能支撑孵化新企业运行，成为大学—产业互动的一部分。大学科研机构成为行业创新的心脏，起到传递知识的作用，为学术界与工业界搭起合作的桥梁。技术转让办公室，使大学里产生的专利和许可证，通过创新创业教育完成知识产权转移，最终专利和许可证由初创企业完成转化。创新创业教育平台根据需要可以融合各种专业资源，比如律师、会计师。

四、从三螺旋到四螺旋

三螺旋理论是由大学、产业、政府组成，这一模型可解释创新生态系统的发展以及如何促进创新创业绩效斯托尔兹等（Stolze等，2018）。在三螺旋理论下，创新创业教育在高校内所建立的生态系统，通过协调系统支持，为创新创业者提供课程并提供机会，包括创业学院委员会、企业孵化器、思想和创新实验室、创业中心、科技园等各种实践组织，再加上校园内所倡导的企业家文化推动了模型发展，在校高校学生拥有创新创业学习与实践的多种平台。通过该模型，高校与区域创新创业生态系统联系起来，外出参加竞赛与行业活动，使学生接触到创新创业的方法论与实践，发展学生的应用能力和实践知识。在大学、工业、政府的共同作用下，大学生如果想创业，可以得到校内校外的各种资源支持，从基本设施平台，到导师指导再到创新创业的资金支持。

在三螺旋理论的基础上，有学者提出了四螺旋模型。四螺旋模型除了传统三螺旋理论中的政府、大学、产业三大创新主体外，还将区域公民社会和创新用户纳入其中，形成了基于地域特性的"四螺旋"模型，即创新创业教育生态系统主要由政府、大学、产业、公民等组成。与三螺旋理论重要的区别在于，四螺旋模型把社区或公众纳入创新创业教育生态系统模型中作为第四个维度，这一维度作为主体包括社区公民或用户，也包括公众文化、公众媒体、生活方式、价值观等。有的高校如伊利诺伊技术学院，从确定社区业务需求出发，让学生与行业联系人合作解决社区需求，特别是还通过专业间项目（IPRO）计划，在教师外联中心、校园研究中心和职业中心之间进行针对服务社区的合作贾布里勒等（Ghobril 等，2016）。从三螺旋到四螺旋，高校的功能发生了改变（武学超等，2020）。以前大学的功能是经典知识的创造与传授，大学是"三螺旋理论"中的组成构件。加入了社区这一维度，大学的功能发生新变化，变成开放型的创新创业教育生态系统，在大学内部创造的新知识，可以更快地扩散到社区与公众，进入知识生产模式的新时期。例如以威斯康星大学麦迪逊分校为代表，这类美国研究型大学开始将技术转移实行一站式扶持法，导师制、专利信息和授权许可等作为一整套服务为大学生提供服务，而且大学技术转移具有开放性以及与区域联合的特性，大学与所在社区，以及该社区内的行业协会、非营利组织、企业等设立联合式技术转移机构，在信息、技术、资源等方面全面进行融合，加快了知识产出与扩散的进程（王志强，2020）。

第二节 创新创业大学生的意向研究

"互联网+"与"大众创业、万众创新"的提出,引发社会高度关注,基于互联网的创业氛围日渐浓厚。据《全国双创指数报告(2018—2019)》数据,大学生是创业主体,占到了创业人员的30%。"互联网+"下创业比传统创业更重视利用互联网技术来满足新需求与创造新体验,它带给创业主体即大学生的创业意向哪些改变?如何引导并推动大学生"互联网+"下创业的进程?本书在实证研究基础上给出结论与建议。

一、文献综述

国内外学者针对大学生创业意向,基于不同模型与理论,从不同视角切入,利用不同方法开展了大量的实证研究,丰富了大学生创业的研究成果。综述分类如下。

(一)研究模型

国外较早对创业意向进行研究,历经几十年迄今出现了六大意向模型,即创业事件模型(Shapero & Sokol,1982)、计划行为理论(Ajzen,1991)、创业潜能模型(Krueger & Brazeal,1994)、自我效能模型(Krueger & Dickson,1994)、戴维森模型(Davidsson,1995)、意向基础模型(Krueger,2000)。而创业事件模型与计划行为理论,是公认的两大创业意向理论,得到最广泛的应用。这些模型成为对大学生创业意向研究的基础,其主要理论和研究观点如表4-2所示。

表 4-2　六大创业意向模型与理论

模型与理论	代表学者	主要观点与影响因素
创业事件模型	Shapero & Sokol	将创业事件看作因变量，个人或团体是自变量。创业事件主要由三个维度决定： 1. 创业希求性认知（办公司对个体的吸引力）。它受个人价值体系和社会体系影响，社会体系包括家庭、密友、同事、种族、学校、工作等。 2. 创业可行性认知。它受财务支持、潜在合作者影响，潜在合作者可提供财务资源、精神支持、劳动力、必要技能，并分担风险。 3. 创业行动倾向。
计划行为理论	Ajzen	假设人是理性的，行为受三个因素影响： 1. 行为态度：指个体对行为的评估及对执行特定行为的喜爱程度。态度是复合变量，包括认知特性与情感特性。 2. 主观规范：属于双向因素，既可鼓励创业行为，又可阻止创业行为。家人、配偶或朋友的期望与支持度都会影响主观规范。 3. 知觉行为控制：指个体对其执行某个特定行为的能力的感知。知觉行为控制越强，对执行特定行为的期望越高。
创业潜能模型	Krueger & Brazeal	除了承认创业希求性认知、创业可行性认知外，还提出了"可信性"。这三个指标共同影响个人创业意向与实际创业行动。该模型进一步认为，在个人创业能达到满足希求性、可行性和可信性要求的同时，没有创业事件的激发不能导致创业行动。
自我效能模型	Krueger & Dickson	该模型增加自我效能感，用于解释创业意向转化为实际创业行动的具体条件。创业经历分为两个维度：广度和积极性。以前的创业经历广度与创业可行性感知正相关，而积极性与创业希求性感知正相关。自认为技能掌握越多者，越易发掘机会，越易承担风险。反之亦然。但技能、资源却又与行为决策不相关。

模型与 理论	代表学者	主要观点与影响因素
戴维森 模型	Davidsson	个人的工作环境、生活环境、社会环境都对创业意向产生影响。为此，在模型中增加背景影响因素。具体包括性别、年龄、家庭情况、创业成功榜样的激励、教育经历、创业经历、个人报酬、工作技能、社会贡献等。环境要提供可信赖的成功榜样、可靠的信息、较小的风险，以及精神和心理上的支持，还要有实际资源的支持。
意向基础 模型	Krueger & Reilly	在模型中引入外部影响因素，包含情境因素和个人因素。比如，成功榜样可改变自我效能感；被解雇会触发创业；千载难逢的机会能诱惑创业。

（二）大学生创业影响因素研究

陈（C. Chen）等引入创业自我效能感进行研究，实证表明创业自我效能感对创业成功有正向作用，并且是创业者与非创业者的重要区分变量。吴启运通过多因素线性回归分析，证实政策完善、家庭鼓励和帮助、教育对创业有显性影响。边文霞通过实证分析，得到创业意向=0.399×创业能力+0.205×亲朋支持+0.100×创业政策+0.095×创业教育。即创业能力、亲朋支持和创业政策、创业教育对创业意向有显著影响。杨文燮等实证表明，大学生创业外部环境支持与创业意向具有显著正向影响，外部环境对创业意向不会产生直接的影响，而是通过完全中介效应间接产生的，为此，促进大学生创业的有效路径是提高对大学生创业外部环境资源的配置效率。邱南南等通过对个性特征、创业态度、创业倾向和创业环境的调查，认为影响大学生创业行为的因素包括个人自身素质、个人价值观念、社会实践素质、创业经验、社会责任感、社会环境、校园环境、家庭环境。78%的大学生认为创业教育至关重要。徐才千实证分析认为大学生的创业能力在性别、年级、专业上没有显著差异，只是在创新能力、关系能力和管理能力等个别指标存有性别差异和专业差异。杜玉英等认为大学生需要更深入的创业培训和教育；性别、年龄对创业影响不大，但专业有影响；大学生缺乏创业经历和经验。杨道建等认为家庭支持、创业教育、社会氛围等对创业有显著影响。陈权等认为不同年级、不同专业之间在整体上无显著差异，在性别、个人情商、创业课程培训、创业经历上有显著影响。王颖等通过实证分析，认为大学生的教育、技能、文化知识以及经验，对创业意向有着不同的影响。学历、学校档次对创业意向有着负相关影响，学历越高，学校越好，大学生往往选择就业；大学生的专业、学习成绩则对创业意向影响不显著。大学生家庭成员的创业、创业教育影响最为显著。

（三）调研设计

各研究者回收的问卷从 97 份至 2000 份不等，多数集中在 200—500 份左右。研究者较普遍地采用了李克特五分量表或七分量表法打分方法。比如齐昕等回收 470 份问卷，问卷设计包括背景因素、创业政策、创业态度、感知行为控制力、创业意向 5 个变量共 29 个问项。陈洪源等问卷设计共计 5 部分 27 道题目，只有个人背景为客观题，其余采用六分量表，研究被测试者的取向。金昕对 2000 名大学生调研，对大学生创业能力的整体水平、性别、年级的群体性差异进行实证。周勇等回收 253 份问卷，设计包括性别、学历、家庭因素对大学生创业自我效能感与创业意向的影响，其对结果进行研究，发现性别、学历对大学生的创业自我效能感、创业意向均有显著影响；而家庭因素仅对创业意向有较小影响。

（四）分析方法

克鲁格（Krueger）等基于创业事件模型与计划行为理论，通过对 97 名美国大学生的调研数据，运用多元回归分析法得出比较结论。丁明磊等利用结构方程模型（SEM）对潜变量进行路径分析与中介效应检验，揭示出创业管理和创业坚持自我效能对创业意向的正向影响作用，而行为控制知觉在创业领导与创业坚持自我效能之间起到了完全中介作用，在创业管理自我效能与创业意向之间起到了部分中介作用。李闻一等利用 Logistic 模型对不同阶段的创业需求进行调研，自变量是在调查问卷中所有层次涉及的影响要素，取值分别为 1 和 0，1 代表重要，0 代表不重要。实证结果表明，在创业初期，竞争对手、同学同事、创业伙伴、创业团体组织所带来的影响较大；创业沙龙影响整个阶段；而社会经济结构对准备、成长阶段有影响。毛霞利用 AMOS 软件实证分析，得出前三位影响因素为创业能力、创业意识、创业知识。

　　综上所述，对于大学生创业意识的研究，研究者们遵循了由重视复杂性到动态性，再由复杂性与动态性融合的基本逻辑。但大多数研究者所用的模型与理论，包含较多的重复概念，导致模型重叠，研究者对模型的修改较小，创新之处只是在模型中增减一些概念，但并不全面，也不系统，导致研究结论也不系统，甚至出现大量自相矛盾的结论。而且所用的研究思路、研究方法也没有较大创新与突破。本书认为，对大学生创业意向的影响因素，存在着明显的结构方程特征，处理结构方程最适合的工具为 LISREL。本书在综合已有文献优缺点的基础上，将利用 LISREL 工具，利用新的设计思路，针对"互联网+"对大学生创业意向影响进行系统的实证分析，以揭示"互联网+"对大学生创业意向影响的因素，如图 4-3 所示。

二、研究假设

　　创业意向本身是一个认知变量，对其定义不一，测量难度也较大。最早研究创业意向的毕尔德（Bird，1988），将其定义为它是将个人精力和行为，引向创业目标与创业计划的一种心理状态。克鲁格（Krueger，2000）认为创业意向是潜在的创业者想要立即采取创业行动的一种认知状态与主观态度。辛格和德诺布尔（Singh & DeNoble，2003）认为创业意向是把创立公司与自我雇佣相结合的一种意向。后来的学者则倾向于把创业意向的定义简单化，汤姆森（Thompson，2009）认为它是有计划创办新公司并付诸行动的信念；赵，西伯特和希金斯（Zhao，Seibert & Hills，2005）认为它是创办公司的意向；科弗雷德和伊萨克森（Kolvereid & Isaksen，2006）认为它是成为自由职业者的意向。本书认为大学生创业意向不能仅采用单变量测量，而是要用多变量来评估。综合上述各种定义，本书认为大学生创业意向是指大学生在一定创业认知的基础上、在特定的机会或条件下实施自主创业计划的可能性。为此，本书的因变量 Y = "大学生创业意向"，它是由计划、认知与条件三个因变量组成的，即由 Y1 创业计划、Y2 创业认知、Y3 创业机会三部分组成，为了进一步描述清楚"Y3 创业机会"这一因变量，本书令"Y3 = 难就业时才创业"来进行问卷评估。

　　创业意向的影响因素包括个体与环境影响等。例如，卢瑟吉（Luthje）等建立了"创业意向结构模型"，实证研究后认为个体、环境对大学生的创业有重要影响。再根据前述的文献分析，本书认为在"互联网+"下，环境因素呈现复杂性与动态性，需要进一步细化为不同的潜变量才有可能界定环境因素对大学生创业意向的影响。本书提出创业个体特征、创业网络、创业基金、创业教育与引导、创业创意与技术、创业市场六大因素，作为潜变量，分别用 CHARACTER、NET、FUND、EDUCATION、IDEA、MARKET 表示。每个潜变量对应不同的自变量，分别用 Xi-Xj 表示，共假设 36 个自变量。其中 CHARACTER 对应：X1 感到很潮、X2 不走传统、X3 为了挑战、X4 榜样激励、X5 个人目标；NET 对应：X6 家庭收入、X7 亲人支持、X8 客户支持、X9 同学帮助、X10 创业网络、X11 创业沙龙；FUND 对应：X12 得到资源变易、X13 股权融资变易、X14 融资变易、X15 原始资本重要性、X16 银行重要性、X17 风险投资重要性、X18 较多优惠税率；EDUCATION 对应：X19 很了解政策、X20 创业指导、X21 创业教育到位；IDEA 对应：X22 创意重要性、X23 创意变易、X24 技术变易、X25 技术重要性、X26 路径创新；MARKET 对应：X27 竞争优势、X28 竞争程度、X29 新替代品、X30 新企数量、X31 市场机会变多、X32 总成本低、X33 时间缩短、X34 所需员工少、X35 老板变多、X36 创业成功变容易。这 36 个自变量可充分体现"互联网+"的特征。

如图 4-3 所示，基于文献研究的梳理，本书提出如下假设：

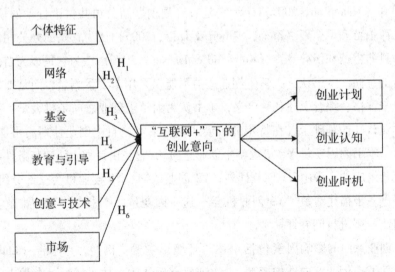

图 4-3　互联网创业意向影响因素假设框架

H1：个体特征（CHARACTER）对大学生创业意向有显著影响；

H2：网络（NET）对大学生创业意向有显著影响；

H3：基金（FUND）对大学生创业意向有显著影响；

H4：教育与引导（EDUCATION）对大学生创业意向有显著影响；

H5：创意与技术（IDEA）对大学生创业意向有显著影响；

H6：市场（MARKET）对大学生创业意向有显著影响。

每个潜变量对应的自变量先影响潜变量，潜变量再对因变量以及其下的3个单变量产生影响。

上述假设关系可以表达为公式1：

Y（Y1，Y2，Y3）＝ F（CHARACTER，NET，FUND，EDUCATION，IDEA，MARKET）

（公式 4-1）

其中，CHARACTER→（X1~X5），NET→（X6~X11），FUND→（X12~X18），EDUCATION→（X19~X21），IDEA→（X22~X26），MARKET→（X27~X36）

（公式 4-2）

本书先利用 SPSS 软件，再利用 LISREL 软件，基于结构方程模型（SEM），对潜变量的路径与效应进行检验与分析，研究自变量对潜变量、潜变量对因变量的显著性影响，确定潜变量是否存在以及假设是否成立，并不断检验模型的合理性，同时优化模型，得出最终结论与相关建议。

三、实证分析

（一）问卷设计与回收

本书问卷采用李克特五点量表法，对 3 个因变量与 36 个自变量进行打分，每一变量从低到高赋值为 1~5，分别表示完全不同意、有点不同意、说不好、比较同意、完全同意。

以北京地区的大学生为调研对象，调研对象包括以下与"互联网＋"有密切关联的相关专业，其中 19.6% 来自市场营销专业，14.3% 来自工商管理专业，12.6% 来自财务管理专业，19.9% 来自会计专业，19.9% 来自经济类专业，13.6%来自其他专业，调研对象的统计分布特征合理。共回收问卷308份，其中7份问卷回答时间较短或者存在大面积答案一致，不予以采用，最终确定有效性样本数为301份。

（二）利用 SPSS 软件进行初步检验与分析

将数据输入形成数据库，利用 SPSS 软件对数据进行信度检验，结果如表4-3所示。可知基于标准化项目的克隆巴赫系数达到了0.911，说明数据的整体可靠性较高。

表4-3　可靠性统计

克隆巴赫系数	基于标准化项目的克隆巴赫系数	项数
0.914	0.911	41

用 SPSS 软件做初步因子分析，自变量的前六项组件的初始特征值，累计方差百分比为62.6%，超过60%，可知能提取六个组件作为潜变量。

如表4-4所示，36个自变量与3个因变量均为定距变量。自变量多重共线性会导致模型方程的不稳定，利用 SPSS 软件对自变量进行共线性检验，得到其容许值、方差膨胀（VIF）值。由表4-4可知，全部自变量的容许值大于0.1、VIF 小于10，由此判定自变量之间不存在共线性。

表4-4　变量与共线性检验

简写	变量名称	变量性质	容许	VIF
X1	感到很潮	定距变量	0.289	3.455
X2	不走传统	定距变量	0.197	5.067
X3	为了挑战	定距变量	0.154	6.473
X4	榜样激励	定距变量	0.282	3.550
X5	个人目标	定距变量	0.209	4.782
X6	家庭收入	定距变量	0.739	1.354
X7	亲人支持	定距变量	0.114	8.762
X8	客户支持	定距变量	0.138	7.240
X9	同学帮助	定距变量	0.122	8.202

续表

简写	变量名称	变量性质	容许	VIF
X10	创业网络	定距变量	0.111	8.973
X11	创业沙龙	定距变量	0.103	9.688
X12	得到资源变易	定距变量	0.526	1.901
X13	股权融资变易	定距变量	0.696	1.436
X14	融资变易	定距变量	0.559	1.788
X15	原始资本重要性	定距变量	0.607	1.647
X16	银行重要性	定距变量	0.568	1.761
X17	风险投资重要性	定距变量	0.590	1.694
X18	较多优惠税率	定距变量	0.455	2.200
X19	很了解政策	定距变量	0.452	2.215
X20	创业指导	定距变量	0.107	9.325
X21	创业教育到位	定距变量	0.111	8.982
X22	创意重要性	定距变量	0.136	7.366
X23	创意变易	定距变量	0.238	4.199
X24	技术变易	定距变量	0.173	5.768
X25	技术重要性	定距变量	0.493	2.030
X26	路径创新	定距变量	0.179	5.573
X27	竞争优势	定距变量	0.563	1.777
X28	竞争程度	定距变量	0.559	1.788
X29	新替代品	定距变量	0.636	1.572
X30	新企数量	定距变量	0.561	1.783
X31	市场机会变多	定距变量	0.669	1.494
X32	总成本低	定距变量	0.317	3.154
X33	时间缩短	定距变量	0.462	2.165
X34	所需员工少	定距变量	0.770	1.298
X35	老板变多	定距变量	0.480	2.084
X36	成功变容易	定距变量	0.331	3.021

续表

简写	变量名称	变量性质	容许	VIF
Y1	创业计划	定距变量	—	—
Y2	对创业的认知	定距变量	—	—
Y3	难就业才创业	定距变量	—	—

（三）利用 LISREL 软件进行因子分析与结构方程分析

用 LISREL 软件对所有变量进行因子分析，其 T 值检验结果如表 4-5 所示。

表 4-5　变量因子分析结果

简写	潜变量	T 值
Y1	Y	23.10
Y2	Y	21.95
Y3	Y	-11.09
X1	CHARACTER	5.04
X2	CHARACTER	10.23
X3	CHARACTER	12.62
X4	CHARACTER	5.31
X5	CHARACTER	5.48
X6	NET	2.41
X7	NET	21.45
X8	NET	20.85
X9	NET	22.80
X10	NET	22.73
X11	NET	22.65
X12	FUNDS	10.85
X13	FUNDS	7.43
X14	FUNDS	11.82
X15	FUNDS	1.02

简写	潜变量	T 值
X16	FUNDS	3.42
X17	FUNDS	4.35
X18	FUNDS	5.69
X19	EDUCATION	10.86
X20	EDUCATION	22.24
X21	EDUCATION	15.49
X22	IDEA	16.94
X23	IDEA	10.41
X24	IDEA	20.61
X25	IDEA	22.10
X26	IDEA	12.68
X27	MARKET	8.68
X28	MARKET	9.71
X29	MARKET	7.93
X30	MARKET	10.45
X31	MARKET	2.15
X32	MARKET	2.42
X33	MARKET	2.64
X34	MARKET	−1.21
X35	MARKET	3.80
X36	MARKET	1.78

由表可知，X15 原始资本重要性，其 T 值为负值，取其绝对值，即 T 值 = 1.02 < 1.96；X34 所需员工少，｜T 值｜= 1.21 < 1.96；X36 成功变容易｜T 值｜= 1.78 < 1.96。这三个变量均未能通过 T 值检验，即对潜变量的显著性影响不大，作删掉处理。

用 LISREL 软件作结构方程分析，潜变量对因变量的 T 值检验结果如表 4-6 所示。

表 4-6　结构方程分析结果

潜变量	因变量	T 值
CHARACTER	Y	-0.12
NET	Y	21.55
FUNDS	Y	2.98
EDUCATION	Y	2.95
IDEA	Y	2.14
MARKET	Y	-1.37

由表 4-6 可知，潜变量 CHARACTER 对因变量的绝对值，即丨T 值丨 =
0.12 <1.96；潜变量 MARKET 对因变量的绝对值，即丨T 值丨 =1.37 <1.96。
它们均未能通过 T 值检验。先删掉丨T 值丨较小的潜变量 CHARACTER 进行
优化。运行结果显示，因其丨T 值丨较小，它的删除对另一个潜变量 MAR-
KET 影响很小。MARKET 也未能通过 T 值检验。为此，最终确认这两个潜变
量均没有通过显著性检验。在删掉 CHARACTER 与 MARKET 后，得到最终模
型如图 4-3 所示。

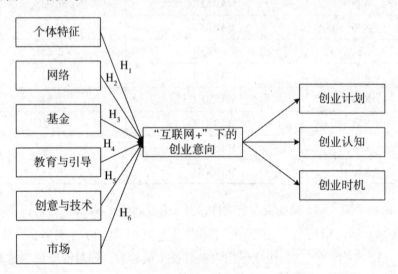

图 4-3　"互联网+"下创业意向模型图

由图 4-3 可知，因变量中的 Y1 创业计划与潜变量之间没有显著性影响

关系，所以 Y1 创业计划从 Y 创业意向组成变量中删掉。

在 LISREL 中，追求既相对简单又拟合得好的模型是理想的目标。检验结构方模型与数据拟合程度的指标为拟合优度指数，简称为拟合指数。常用的指标一般是卡方 χ^2，自由度 df，卡方与自由度比值 χ^2/df，近似误差均方根 RMSEA，以及显著性指标 P 值等。自由度、卡方用来反映模型的优劣，自由度反映模型复杂程度，模型越简单，自由度越大；模型越复杂，自由度越小。卡方值与自由度的比值在〔2，5〕区间则可以接受。RMSEA 即 Root Mean Square Error of Approximation，简称为近似误差均方根，其值小于 0.08，说明模型可以接受。本书最终模型的卡方值 Chi-Square = 1523.33，自由度 df = 413，$\chi^2/df = 3.69$，落在〔2，5〕区间之内，说明模型拟合可接受；近似误差均方根 RMSEA = 0.075 < 0.08，说明模型模拟较好；P-value = 0.00000，通过检验。

可知假设中的 H1、H6 未能通过检验；H2、H3、H4、H5 这四项假设通过了检验。"互联网+"下的创业意向的最终函数式为：

Y（Y2，Y3）= F（NET，FUND，EDUCATION，IDEA）

$$（公式 4-3）$$

其中 NET→（X6～X11），FUND→（X12～X14，X16～X18），EDUCA-TION→（X19～X21），IDEA→（X22～X26）

$$（公式 4-4）$$

四、结果讨论

表 4-7 是对显著性检验结果的汇总表，根据结果分类讨论如下：

表 4-7 显著性检验结果汇总表

序号	显著性检验	变量	具体变量名称或下设变量组成
1	未通过	自变量	X15 原始资本重要性；X34 所需员工少；X36 成功变容易
2	通过	潜变量 NET	X6 家庭收入、X7 亲人支持、X8 客户支持、X9 同学帮助、X10 创业网络、X11 创业沙龙

续表

序号	显著性检验	变量	具体变量名称或下设变量组成
3	通过	潜变量 FUND	X12 得到资源变易、X13 股权融资变易、X14 融资变易、X16 银行重要性、X17 风险投资重要性、X18 较多优惠税率
4	通过	潜变量 EDUCATION	X19 很了解政策、X20 创业指导、X21 创业教育到位
5	通过	潜变量 IDEA	X22 创意重要性、X23 创意变易、X24 技术变易、X25 技术重要性、X26 路径创新
6	未通过	潜变量 CHARACTER	X1 感到很潮、X2 不走传统、X3 为了挑战、X4 榜样激励、X5 个人目标
7	未通过	潜变量 MARKET	X27 竞争优势、X28 竞争程度、X29 新替代品、X30 新企数量、X31 市场机会变多、X32 总成本低、X33 时间缩短、X34 所需员工少、X35 老板变多、X36 创业成功变容易
8	部分通过	因变量 Y 创业意向	Y2 = "对创业的认知"通过检验；Y3 = "难就业时才创业"通过检验；Y1 = "创业计划"未通过检验。

（一）"互联网+"使创业原始资本的重要性下降，但大学生对创业企业所需要员工数量变少、创业成功变易并不认同

"互联网+"改变了传统融资方式，众筹、电商小贷、P2P 融资（个人对个人）、P2B 融资（个人对企业）等创新融资方式，使创业原始资本的重要性（X15）下降。但"互联网+"使创业企业的员工数量变少（X34）、创业成功变容易（X36）等并没有通过验证，说明与传统的单个投资者即可创业的传统创业形式相比，比如个体工商户、个人独资企业、一人有限公司等，"互联网+"还没有充分体现出使企业减肥的特性，同时网络上盛传的"互联网企业创业死亡名单"，也使大学生认识到"互联网+"创业成功并不易。

（二）"互联网+"下创业，传统的各种网络支持仍然极其需要，创业网络、创业沙龙等新支持渠道尤显重要

与传统创业相比，在"互联网+"下创业更体现了网络的特征，网络（NET）作为潜变量得到了最大的 T 值，超过其他潜变量平均 T 值的 6 倍以上，说明 NET（网络）得到了极高认可。在新形势下创业，除了仍然极其需要家庭收入（X6，家庭收入高者可给予有力的创业资金支持）、亲人支持（X7）、客户支持（X8）、同学帮助（X9）外，另两个因素创业网络（X10）、创业沙龙（X11）得到了极高认可。大学生之所以非常认可创业网络、创业沙龙，是因为从中可得到来自风险投资商、成功互联网创业家、创业导师、互联网创业产业链伙伴、孵化器、各类联盟与合作者的有价值信息或经验指导。

（三）在"互联网+"下创业，风险投资的出现使融资渠道变易，同时也享有比传统创业更多的优惠税率

大学生创业对初始资金的需求强烈，现实中的创业融资案例，使大学生认可融资渠道（FUND）这一潜变量，认为它相对以前融资渠道变易变广（X12~X14）。就银行与风险投资的重要性相比而言，银行重要性（X16）的 T 值为 3.42，而风险投资重要性（X17）的 T 值为 4.35，风险投资重要性的 T 值超过了前者，说明大学生更认可风险投资对满足大学生创业资金需求的作用。大众创业、万众创新的系列优惠政策，也让大学生感受到"互联网+"下创业比传统创业享有更大的优惠税率（X18）。

（四）与传统创业方式相比，"互联网+"下创业更需加强创业教育与引导得到广泛认同，同时创业教育仍需进一步加强

创业教育与引导（EDUCATION）作为潜变量，其下对应的三个自变量，即通过指导自身很了解政策（X19）、创业指导有效性（X20）、创业教育到位（X21）的 T 值检验值分别达到了 10.86、22.24、15.49，说明三个自变量对潜变量影响具有极强的显著性。但潜变量（EDUCATION）与创业意向（Y）之间的 T 值不高，仅为 2.95，说明大学生对三个自变量，即通过教育指导从而很了解创业政策（X19）、创业指导有效（X20）、创业教育到位（X21）对创业意向的影响认可度并不算高，没有达到应有的水平，对"互联网+"下创业教育与引导仍需大力改进。

（五）创意对于"互联网+"下创业至关重要，同时要含有一定的技术壁垒，创意与技术壁垒是"互联网+"下创业的双重引擎

创意与技术（IDEA）作为潜变量对创业意向（Y）的显著作用得到了验证。创意重要性（X22）与技术重要性（X25）的 T 值分别为 16.94、12.68，说明创意与技术对于"互联网+"下创业几乎处于同等重要的地位。其余三个自变量，即创意变易（X23）、技术变易（X24）、路径创新（X26），技术变易（X24）的 T 值最低，说明在新形势下，大学生认同创意变易（X23）与路径创新（X26），但对技术变易（X24）有所保留。同潜变量（EDUCA-TION）一样，潜变量（IDEA）与创业意向（Y）之间的 T 值仅为 2.14，说明创意与技术（IDEA）对创业意向（Y）的作用还很有限，未来有很大提高空间。

（六）"互联网+"对创业者是否具有创业者个性特征并无必然要求

部分研究者认为，创业者的个性特征将会影响创业意向。事实上，根据前述文献可知，研究者对于个性特征是否起作用常常得出相互矛盾的结论。持肯定意见的比如，夏皮罗和索科尔（Shapero &Sokol）认为创业意向受个人价值体系影响；戴维森（davison）认为性别、年龄、创业成功榜样的激励等对创业意向有影响。而持否定意见或部分否定意见的则有：徐才千实证分析认为大学生的创业能力在性别、年级、专业上没有显著差异；杜玉英等认为性别、年龄对创业影响不大，但专业有影响；陈权等认为不同年级、不同专业之间在创业上整体无显著差异，在性别、个人情商上却有显著影响；王颖等认为大学生的专业、学习成绩对创业意向影响不显著。这些矛盾的结论常常让人迷惑。通过本书的实证研究，表明在"互联网+"下个性特征（CHARACTER）作为潜变量，对创业意向（Y）没有显著性影响。"互联网+"为每个大学生提供了更多的创业机会，只要能接触创业网络、接受创业教育与引导、拥有独特的创意与技术，就有机会得到风险投资等基金的支持，相比之下，大学生目前创业必须具备创业者个性特征等要求不再被认为非常重要。

（七）"互联网+"创业市场正呈动态化复杂化，大学生对创业竞争是否更激烈、创业机会是否更多、创业成功是否更易等观点不一致

实证表明，作为潜变量的市场（MARKET）没有通过对创业意向（Y）有显著影响的验证。这与大学生对互联网创业是否更具竞争优势（X27）、竞争程度是否变激烈（X28）、是否受新替代品威胁（X29）、新企数量是否变多（X30）、市场机会是否变多（X31）、创业总成本是否变低（X32）、创业时间是否缩短（X33）、所需员工是否变少（X34）、老板是否变多（X35）、创业成功是否变容易（X36）等问项的观点出现分歧。这说明"互联网+"下创业面对的市场正呈现动态化与复杂化，目前大学生还没有形成较一致性的看法。

（八）创业意向由创业认知、创业机会的识别与把握组成，而是否有详细的创业计划不是创业意向的必备成分

实证表明，创业意向（Y）由两部分组成，即主要由 Y2"对创业的认知"与 Y3"难就业时才创业"组成。在本书中，Y3"难就业时才创业"对创业意向有明显的负显著影响，说明越有明显创业意向的大学生，越不认同"难就业时才创业"这一观点，这意味着在"互联网+"下，创业的大学生多是主动创业而不是"找不到工作才创业"的被动创业。实证还表明，创业意向（Y）与 Y1"创业计划"无关。"互联网+"创业从意向到行动，明显分成四个递进的步骤：第一步是创业意向（Entrepreneurial intention）；第二步是创业倾向（Entrepreneurial tendency）；第三步是创业行动倾向（Entrepreneurial intending），第四步才是创业行动（Entrepreneurial action）。本书认为，创业意向是大学生创业的第一阶段，而后的创业倾向是创业意向的加强，再到创业行动倾向是创业倾向进一步增强后的状态，所以创业计划属于较后阶段的行为，不属于处于第一步的创业意向。

总之，本书的实证表明，在"互联网+"下创业意向是大学生创业的第一步，应当把四个潜变量作为切入点，即进一步构建创业网络，丰富创业基金，强化创业教育，培育创意方法与技术，再针对潜变量所对应的20个自变量，以其为着力点制定对策，从而提高作为创业主体的大学生的创业意向，为大学生在"互联网+"下创业创造更好的条件与环境，推动我国大众创业、万众创新向纵深发展。

第三节　创新创业导师的作用机制分析与实证

一、问题的提出

创业者是国家当前与未来的主力军之一，有效提高创新创业者的创新创业能力意义重大。创新创业能力的提高，终极目的是回归到创新创业实践，离开实践，创新创业能力的价值就无从谈起。

从创新创业实践的角度来看，我国在创新创业能力培养上，主要存在以下问题。一是创新创业者创新创业实践参与低。通过对教育部直属高校的创新创业者参与创新创业项目情况的统计表明，创新创业者参与课题并不广泛，参加科技服务等实践活动也不足。教育部直属高校尚且如此，其他高校更不乐观。我国高校之间创新创业资源存在较大的不均衡现象，一些高校存在着创新创业经费不足、课题层次低、资源环境差等现状，创新创业者参与创新创业的机会少，很难培养出创新创业者高水平的创新创业能力。二是创新创业者缺乏导师指导。从事创新创业项目的创新创业者，其经费来源多是申请来的各类基金项目，这种项目具有相当大的随机偶然性，缺乏系统性安排。三是创新创业者课时偏多。创新创业者没有调整学习计划的权利，创新创业实践中存在着重教学的情况，两者难以有机融合，不利于创新创业者从事创新创业。四是我国硕士学位到博士学位相对独立，缺少创新创业能力培养的递进性和系统性。五是国家对创新创业者的补贴相对偏少。尽管补贴起到了一定作用，但与专心从事高水平创新创业所产生的各种成本相比缺口很大，在一定程度上影响了创新创业者长期专心从事创新创业的积极性。

二、理论分析与研究假设

在创新创业能力培养上，不同国家形成了不同的传统与特色。美国形成了若导师无创新创业项目则可能被创新创业者申请更换的传统；德国形成了让创新创业者当导师学徒、全程参加导师创新创业项目并由导师贴身指导的特点；英国实行面向社会实践进行课题研究的作业制度，并强调作业由导师指导完成；日本则通过严把创新创业者毕业关口，来保证其创新创业成果要体现产学研紧密合作的特点，创新创业者如果离开导师指导则很难完成任务。国外对创新创业能力培养的实践表明，创新创业者参与创新创业项目是创新创业能力培养的核心平台，参与创新创业项目与充分发挥导师的指导作用也至关重要，两者成为创新创业能力培养的必不可少的环节。本书将基于创新创业项目与导师作用，将相关的经验总结与理论分析提炼成四点，它们构成了本书进行研究假设的基础。

（一）创新创业者的创新创业项目是否与导师有关至关重要

这一点在美国培养创新创业能力上体现得尤为明显。美国强调教学与创新创业的结合。导师拥有研究项目，出于研究需要，要让创新创业者参加，在项目研究中，创新创业者通过导师指导获得创新创业水平的提高，创新创业者参与导师创新创业的过程就是创新创业能力培养过程。美国在培养模式上还强调教学、创新创业、生产相结合的模式，大学广泛与企业联合，通过联合来培养创新创业者，不断提高创新创业者的主动性、独立性和创新创业动手能力。在产学研结合中，导师把所拥有的创新创业项目作为承载平台，创新创业者的创新创业能力培养完全由以导师为核心的小组负责，如果出现缺乏创新创业资金或兴趣不合问题，则可以由创新创业者提出更换导师申请，这种现象很普遍，此举促进了资源的优化组合，也迫使导师更有责任心带好创新创业者，并拿到更多的创新创业项目才有资格继续带创新创业者。

日本历来重视高校与企业之间的产学研合作，有时工作报告可以作为创新创业者的毕业论文。与美国不同的是，日本通过严把毕业关口来确保上述目标的实现，即他们对授予创新创业者学位要求极其严格。这种严把毕业关的制度，迫使创新创业者只有在导师的精心指导下才能深入实践进行独创性研究，最终达到毕业要求。

（二）创新创业能力培养与导师创新创业知识层级有一定关联

这一点在英国的实践上表现得尤其明显。英国规定创新创业者导师必须要达到相应的阅历和创新创业水平。导师的主要任务是负责前沿方向的介绍与引领，让创新创业者的创新创业处在很高的起点水平上。导师要把创新创业者加入自己的创新创业项目之中，让创新创业者参加创新创业项目的具体工作，通过实践锻炼提高其创新创业能力。在导师指导下，英国还实行一种面向社会的作业制度，强调创新创业者要与社会实践结合起来，以使创新创业达到既保持前沿性又不脱离实践的目的。

（三）导师要有一定的指导次数才能保证创新创业成果质量

这一做法在德国体现得最为充分。德国采用的是"学徒式"创新创业者培养模式，他们对学分没有严格要求，创新创业者的主要任务是参与导师的创新创业课题并写论文。这种贴身式指导，让导师对创新创业者有一定的指导次数。德国还要求导师要有方向明确的课题，创新创业者参与创新创业项目是最主要的培养手段，这样创新创业者就作为创新创业的生力军而被组织起来。可想而知，这种学徒式模式培养出来的创新创业者，其动手能力、独立性均是相当强的，创新创业成果也往往非常显著。

（四）导师创新创业能力的高低对创新创业成果有重要的影响

在美国高校里，高校层面并不负责培养创新创业者的具体工作，它们主要负责创新创业标准的制定，并全程监督培养过程，对培养效果进行全程评估，以此作为评价导师创新创业能力的依据之一。美国创新创业能力培养任务最终是落到导师或项目负责人身上的。这种做法的结果，一方面使导师拥有很大的自主权，其责任感和积极性得到最大程度的激发；另一方面也对导师的创新创业能力提出了要求，导师只有不断提高自身的创新创业实力，对创新创业者进行有效指导，才能使其在接受高校评估时合格。

综合上述分析，创新创业项目制是促进创新创业能力提升的重要实践手段。创新创业成果是创新创业项目制的输出效果，而创新创业成果的质量由创新创业成果的评审级别来反映，本书把创新创业成果的评审级别（简称为 jb）作为最终输出，该输出共受上述四个自变量因素的影响。为此本书提出以下四条假设：

假设1：创新创业项目来源（简称 ly）与导师有关联对创新创业成果评审级别（jb）有显著影响；（注：相关是指导师本人对项目出资，这是直接有关；或者投资项目方委托导师进行指导，这是间接有关。）

假设2：创新创业导师知识层级（简称为 zc）对创新创业成果评审级别（jb）有显著影响；

假设3：得到创新创业导师有效指导次数（简称为 cs）对创新创业成果评审级别（jb）有显著影响；

假设4：导师指导创新创业能力分值（简称为 fz）对创新创业成果评审级别（jb）有显著影响。

三、研究设计

（一）研究思路

国际上关于创新创业能力提升研究的论文，多是根据古佐（Guzzo）、西奥（Shea）所创建的"输入—过程—输出"模式来进行的。这些学者认为创新创业能力提升的过程，包括了以下要素：即要有明确创新创业能力提高目标、强调培养质量、提高参与水平、提供资源支持等要素，这些要素决定了产出效果，即创新创业能力水平提高的程度。

本书遵循"输入—过程—输出"模式，选取高校创新创业者作为实验对象，并通过实施创新创业项目制来进行观测。本书统计的数据主要包括"项目的来源与导师有关联""导师知识层级""导师指导创新创业能力""得到导师有效指导次数"，它们作为输入与过程变量，而把创新创业成果的"评审级别"作为输出变量。研究思路如图 4-4 所示。

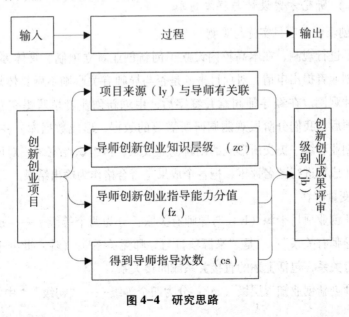

图 4-4 研究思路

（二）研究方法

本书对适合我国国情的国内相关文献进行重点借鉴。目前，国内对创新创业能力的相关理论研究逐年增多。但实证分析的论文偏少，不到1%。巩亮等运用多元回归分析法来对影响创新创业能力的因素进行研究，提出了影响因素包括以下几项：导师的创新创业地位、学生的主动性和严谨性人格、师徒指导关系。范文翔等以创新创业者信息素养为切入点对创新创业能力影响进行研究，运用结构方程模型，从信息意识、信息技能、信息知识、信息道德四个维度来实证研究，表明信息技能和信息道德对创新创业能力存在影响。赵瑞瑞以一高校为样本，研究了影响创新创业能力的深层次原因，同时对创新创业能力进行了评估。杨宏力等通过调查问卷，对山东省的创新创业能力进行评价，并提出了通过提高实践经验入手来提高创新创业能力的思路；具体措施包括让创新创业者参与课题、投入社会助研资源、采用实训式培养模式、提高动手能力等。可见我国学者在创新创业能力培养研究上，广泛采用定性分析，实证研究、定量分析和实践观察式研究偏少。为此，在研究方法上，本书借鉴上述文献思路，结合本书所做假设，取长补短，决定构建 logit 模型进行实证分析。

（三）研究方案设计与样本选取

1. 创新创业项目实施与观测

为了进行观测，在本高校内设立了创新创业者立项制。具体办法如下：由创新创业者提出申请，对项目来源是否与导师有关联则不做具体规定，以作对比性观测。在经导师同意并签字后，由创新创业者填写提交立项申请书。立项后，我们分阶段观测调研所需要的数据，形成数据库。在一年后，让创新创业者统一提交所形成的创新创业成果，再组织专家统一对所提交的创新创业成果进行匿名评审，把各个成果是否合格作为输出结果。

2. 变量解释

创新创业项目来源（ly）与导师有关联：分为两个等级——一是"来源项目与导师有关系"；二是"来源项目与导师无关系"。（注：此处来源项目与导师有关系，包括上述的直接关系或间接关系。）

导师创新创业知识层级（zc）：分为四个等级——"初级""中等""高

级""资深"。资深导师是指成为创新创业导师超过五年。

导师创新创业指导能力分值（fz）：该分值一年一算，并可直接从该高校创新创业管理系统中取得。经观测范围在 0 至 91，将其分为低、中、高三等。

得到导师有效指导次数（cs）：在不进行干涉与引导的前提下，每个月做一次统计，如实记录导师指导创新创业者的次数。

创新创业成果评审级别（jb）：分为两等，0="合格"；1="不合格"。

3. 模型设计

将创新创业成果评审级别（jb）作为因变量，创新创业项目来源（ly）与导师有关、导师创新创业知识层级（zc）、得到导师有效指导次数（cs）、导师指导创新创业能力分值（fz），作为 4 个自变量，本书构建了如下 logit 模型，如公式 4-5、公式 4-6 所示：

$$P = e^x/(1 + e^x) \qquad\qquad (公式 4-5)$$
$$jb^* = \beta_0 + \beta_1 \times ly + \beta_2 \times zc + \beta_3 \times cs + \beta_4 \times fz + \varepsilon \quad (公式 4-6)$$

四、实证分析

（一）样本图

根据上述设计方案，历经近一年的观测与记录数据，本书共选取有效样本为 44 份。样本如图 4-5 所示。

（二）回归分析与结论

利用 EViews 8.0 软件将数据代入 Logit 模型进行回归分析，整理得出如表 4-8 所示的输出结果。

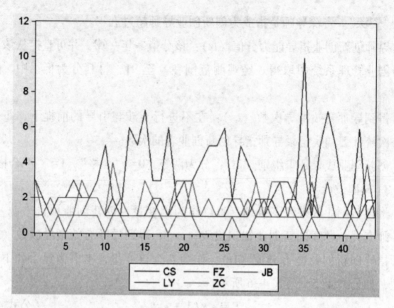

图 4-5 样本图

表 4-8 Logit 模型估计结果

变量（Variable）	系数（Coefficient）	标准误差（Std. Error）	统计（z-Statistic）	概率（Prob.）
C	-9.09005	1.715174	-5.299783	0
CS	-0.433737	0.182565	-2.375793	0.0175
FZ	1.680881	0.597195	2.814624	0.0049
LY	3.678501	0.498646	7.376975	0
ZC	1.772212	0.483331	3.666664	0.0002
LR statistic	47.01414			
Prob（LR statistic）	0			
Obs with Dep=0	19			
Obs with Dep=1	25			
Total obs	44			

如表 4-8 所示，根据 Logit 模型估计结果，解释变量 cs、fz、ly、zc 的 z 统计量较大且其概率值较小，均小于 0.05 的水平，说明四个解释变量在统计

上是显著的，即 cs、fz、ly、zc 对创新创业成果评审等级有显著的影响。LR statistic 统计量较大，但概率值 Prob（LR statistic）为 0，因此拒绝 $\beta_1 = \beta_2 = \beta_3 = \beta_4 = 0$ 的假设，模型在整体上显著。McFadden R-sequared 值达到了 0.78，说明本模型的拟合度较好。其他相关数据也表明模型是可信的。由此可知：

假设 1 成立，创新创业项目来源（简称为 ly）与导师有关与创新创业成果评审级别（jb）有显著影响；

假设 2 成立，即导师创新创业知识层级（简称为 zc）与创新创业成果评审级别（jb）有显著影响；

假设 3 成立，即创新创业者得到导师有效指导次数（简称为 cs）与创新创业成果评审级别（jb）有显著影响；

假设 4 成立，导师指导创新创业能力分值（简称为 fz）与创新创业成果评审级别（jb）有显著影响。

根据结果，可得创新创业项目立项制的常数与各种变量数值分别为：C 为 -9.09005，CS 为 -0.433737，FZ 为 1.680881，LY 为 3.678501，ZC 为 1.772212。创新创业成果评审等级影响的概率可以表示为：

$$p = \frac{e^{-9.09+3.68\times ly+1.77\times zc-0.43\times cs+1.68\times fz}}{1 + e^{-9.09+3.68\times ly+1.77\times zc-0.43\times cs+1.68\times fz}} \qquad (公式 4-7)$$

利用上述模型进一步进行预测，得出图 4-6 所示的分析结果：

```
Forecast: JBF
Actual: JB
Forecast sample: 1 44
Included observations: 44
Root Mean Squared Error      0.220423
Mean Absolute Error          0.094710
Mean Abs. Percent Error      4.941458
Theil Inequality Coefficient 0.149596
Bias Proportion              0.000349
Variance Proportion          0.048156
Covariance Proportion        0.951495
```

图 4-6 预测结果分析图

由图 4-6 可知，偏差比率和方差比率分别为 0.000349、0.048156，协方差比率为 0.951495，说明本模型预测效果较好。

五、结论

（一）在创新创业项目来源与导师有关方面

鉴于项目来源与导师有关对创新创业成果评审级别有显著影响，为提高高校创新创业者的创新创业能力，需让他们有机会参与导师项目。建议从以下几个环节入手来为创新创业者参与导师项目提供机会与保障：一是创新创业者导师是否拥有创新创业项目应当成为聘用导师资格的硬性指标，让拥有创新创业项目的老师优先选择带创新创业者。同时，借鉴美国创新创业者可以更换导师的制度，对于那些缺乏创新创业经费的导师要有通道让创新创业者中途申请更换导师。二是在导师拥有一定创新创业经费的创新创业项目后，为了让创新创业者参与到创新创业项目中，在创新创业经费中，应当限定最低比例作为助研费用，以此保障创新创业者权利。三是通过校企之间创新创业项目合作的新形式来拓展创新创业经费来源。借鉴英国的做法，实行面向社会的作业实践制，校企合作要落脚到由导师主持的创新创业项目立项上来，即由企业提供具体需求与经费支持来联合培养创新创业者，使创新创业者在实践中得到创新创业能力的锻炼。四是采用预创新创业项目形式，对那些具有前途的但又短期内拿不到经费的项目进行资金支持，以保护那些在创新创业方向上领先又暂时没有取得成果的创新创业者团队。五是设立创新创业项目专项基金，由创新创业者负责申请，让创新创业者作为创新创业专用，再由那些暂时没有经费却有经验的导师从研究方法、研究步骤上进行指导，这同时也为那些暂时没有创新创业项目却有经验的导师创造了继续带创新创业者的条件。六是在创新创业成果上，对参与创新创业的创新创业者要有成果署名权，创新创业者的创新创业成果可以作为考核导师创新创业贡献的重要指标。七是借鉴日本的做法，严把创新创业者毕业关，创新创业者的毕业论文必须真正体现出创新创业能力与水平才能准予毕业。

（二）在创新创业导师的知识层级方面

导师层级对成果评审级别有显著影响，也就是说越是资深的指导者，对于培养创新创业能力提升越显著，鉴于此，资深指导者对创新创业者的指导作用应当给予足够重视。具体建议如下：一是指导费用，在物质激励上为资深导师愿意带创新创业者扫清障碍；二是要发挥好资深导师在创新创业领域的积累与沉淀，把给创新创业者开展系列创新创业讲座作为其考核指标，以对创新创业者创新创业方向做好引领；三是教师评比中，要把创新创业者培养质量作为一项考查评估内容；四是增加资深导师与更多创新创业者进行创新创业接触的机会，借鉴德国的创新创业者培养模式，让创新创业者轮流在资深导师门下当"学徒"，让更多的创新创业者能从资深导师的贴身指导中汲取创新创业营养。

（三）在创新创业导师有效指导次数方面

由于导师有效指导次数对创新创业成果评审级别有显著影响，在创新创业项目成果验收环节，要把创新创业者指导有效次数与创新创业者所做创新创业成果的质量作为两个指标分开考核。如果完全没有对创新创业者参与创新创业项目进行过指导，可以实行一票否决制。而对于创新创业者创新创业取得显著成果的，则予以专项奖励。

（四）在导师创新创业指导能力分值方面

由于导师创新创业能力分值对创新创业成果评审级别有显著影响，所以导师的创新创业能力分值可以向创新创业者公开，使导师的创新创业能力分值成为创新创业者选择导师的重要依据之一。导师的创新创业能力分值是创新创业引进经费、发表论文等综合加权后的结果，不同的单位要结合实际制定导师创新创业能力分值计算办法，并定期对创新创业者公开，这对创新创业能力培养是有利的。

第五章

大数据背景下新商科生态系统的
动态演化机制

　　商科是高等教育的热门学科，是工商管理等高级人才培养的摇篮。党的十九大报告中提出"推动互联网、大数据、人工智能和实体经济深度融合"，建设"数字中国"战略规划。在政策助推下，大数据、人工智能、区块链等迅猛发展，引发了新一轮技术革命，并对传统商科产生了冲击。在此背景下区别于传统商科的新商科概念被提出，引起了各类商科院校的高度关注。新商科是在现有商科的基础上，以2000年后出生的学生为教育主体，充分融合大数据、人工智能、区块链、云计算等新技术而形成的高等教育新体系。因新技术带来无穷的创新创业机会，创新创业教育将成为新商科最重要的组成部分。新商科的定义可用公式表示为：新商科＝现有商科＋新技术＋创新创业教育。关于新商科的探讨正在逐步升温。2017年中国新商科人才培养创新大会召开；2018年高等院校新商科建设与国际化联盟成立；2019年5月全国首届新商科人才培养高峰论坛举办；2019年6月全国高校人工智能与大数据创新联盟"新商科专业委员会"成立；2019年7月首届新商科教学改革与专业建设高峰论坛举办；2019年11月全国第二届高校人工智能大数据教育教学创新论坛举办。各类论坛的召开表明对新商科的研究日益引起人们关注。目前的研究趋势已从创新创业系统转向创新创业教育生态系统。在创新创业教育生态系统视角下，新商科如何适应新技术革命挑战进行动态演化是学术界关注的一个重要命题。本书将基于案例研究对这一命题进行探讨，为新商科的动态演化提供理论依据。

第一节 文献回顾

在创新创业教育生态系统中各个主体包括技术、政府、市场要素、在位企业、新进入者等不断博弈，是创新创业教育生态系统动态演化的关键（罗国锋等，2015）。对国外、国内文献回顾，本书认为当前的研究主要从技术、政府（政策）、资源与组织、企业（企业家）行为等角度对生态系统动态演化进行了研究与探讨。

一、技术对动态演化的作用研究

阿斯卡罗维奇（Askarovich，2018）认为移动互联网、自动化、物联网、云技术、机器人、自动车、3D 打印等数字先进技术改变了工业经济结构与劳动力市场，演化成新的生态系统，改变了商业环境，引起经济结构发生质变，数字化平台为创业带来更多机会。张广路等（Zhang Guanglu，et al，2019）利用种间竞争（Lotka-Volterra）方程证实，在技术生态系统中仅对系统本身进行激励对生态系统演化并不总是有效的，因为系统上层对下层影响是有限的，所以应支持基础性技术创新与关键模块技术创新。尼古列斯库（Niculescu，2012）认为技术的不确定性等会不断引发危机，危机是通过企业家行业与经济创新来解决的，构成动态、共同演化的生态系统模型。麦凯维·比尔（McKelvey Bill，2016）认为创业公司要适应复杂动态的环境，与竞争对手共同进化。企业如果不适应数字业务的挑战，将在动态的商业生态系统中迅速消失。冯志军等（2013）认为技术创新能力可表征创新生态系统的演化状态水平，技术创新效率可度量创新生态系统的演化过程水平。张昕蔚（2019）认为云计算、大数据、人工智能等新技术革命使多元创新主体在创新创业生态内进行演化，创新组织的方式发生改变，正朝向生态化、网络化发展。

二、政府或政策对动态演化的作用研究

布林格等（Bollinger，et al，2019）认为与那些没有参与联盟的初创公

司相比，企业每多一个由政府合作的技术联盟身份，其专利会增加73.7%；每从政府组织获得一笔额外资金会使专利增加155%；政府合作的技术开发联盟对促进创新创业具有重要作用。帕切科·帕尔多等（Pacheco Pardo, et al, 2019）认为经评估证明韩国创意经济行动计划有效地促进了该国小企业和企业生态系统的演化。哈森伯格等（Hazenberg, et al, 2016）认为社会政治和监管差异带来社会企业生态系统的快速分化，导致了地域相近的四个国家发展了相当多样化的创新创业教育生态系统与环境。克里希纳（Krishna, 2018）认为政策不同导致了中国和印度出现了不同的高科技创业生态系统。李进兵（2016）认为当前新能源汽车在整体上正处在产业发展初期阶段。新能源汽车产业创新系统的演化动力主要来自产业政策支持的驱动，同时商业模式创新驱动也是演化动力的来源。

三、相关资源与组织对动态演化的作用研究

海特·克里斯托弗（Hayter Christopher, 2016）通过研究教师、大学生创业企业家的社会网络演化，发现技术许可办公室和孵化器等大学中介机构，有效地促进了大学生创业。张超等（Zhang Chao, et al, 2019）基于利基理论分析认为高校创新创业教育生态系统应在各类生态资源的作用下，将各生态因子实现生态位分离，使生态各类组织互补优势、共同进化，以达到生态系统的动态平衡。兰加（Ranga, 2017）认为日本在创新创业教育生态系统建设方面落后于美国和欧洲，其拥有世界上最低的创业指标原因可能在于创新生态转型过渡慢，大学与企业之间的有效中介、科技转化、人力资源与知识跨境流动滞后等。谢弗等（Schaeffer, et al, 2016）认为，大学及技术转移办公室在最初发展阶段时重视收入的最大化；随着生态系统的成熟，技术转移办公室的边界要延伸，功能要增加，要与当地社会与经济区域发展协调，与当地参与者之间发展良好的网络关系；大学应成为生态系统中的枢纽组织。李恒毅等（2014）认为在创新创业系统中资源分为系统资源、网络资源、组织资源，三者相互作用、共同演化，系统资源对另两者产生正向作用关系，网络资源对另两者产生正向作用关系，但组织资源对另两者的关系是正向、负向作用兼具。

四、企业或企业家对动态演化的作用研究

巴威等（Bhawe，et al，2019）认为异质性是当地企业生态系统演化的关键来源。跨国公司的溢出效应与生态系统中的其他企业对知识吸引能力之间的动态作用，促进了知识流动，引起当地生态系统的演化。舍费尔·苏珊娜等（Schäfer Susann，et al，2018）认为高技能者的移民、以成功者身份回归的移民、企业家移民对当地企业家生态系统的演化起到关键作用。大学培养企业家技能将有益于利益相关者，在生态系统中的孵化器等要与大学合作，以使企业家的培养更加有效。

总之，当前对创新创业教育生态系统的研究主要是对现有结构及相关动态的研究，涉及技术、政策、资源以及企业各类活动，这些研究为本书基于生态系统研究新商科提供了基础。但当前的研究对创新创业教育生态系统如何在各个不同阶段进行演化还较缺乏。正如托马斯（Thomas，2013）在论文中预测的，创新创业教育生态系统在最初的阶段是基本相似的，但随着生态系统的演化，在后续阶段所呈现出的特征与机理差距可能越来越大。本书正是基于案例研究对新商科的创新创业教育生态系统动态演化进行研究并基于发展阶段不同而提出不同的发展建议。

第二节 案例设计

麻省理工学院以创新创业闻名。根据麻省理工学院官方网站公布的研究报告显示，由麻省理工学院校友创办的公司的年收入总和超过 2 万亿美元，如果按独立经济体来看，在全球的排名为第 10 位。麻省理工学院的创新创业模式得益于其不断演化的创新创业教育生态系统，故本书选取麻省理工学院作为单案例研究对象。本书以量化研究为主，为保证数据的可靠性，本书的所有数据均有可靠的来源，其中项目合作伙伴等数据来源于官方网站、主流门户网站或麻省理工学院披露的年报；麻省理工学院的专利数据主要来自美国国家发明家学会与知识产权所有者协会。此外本书所参考的文献均为国内外的核心文献，以保持方法的严谨性和数据的权威性。

在创新创业教育生态系统发展阶段的划分上，根据夏尔玛等（Sarma，2017）的研究，无生产线的商业模式的创新创业教育生态系统共分为四个阶段，即分化、动员、合法化与共生。陈理飞等（2008）认为集群创新系统演化可以分为形成、发育与成长三个阶段，随着演化发展与市场完善，政策的作用呈现递减，创新服务机构发挥作用将更加显得重要。雷雨嫣等（2018）认为创新创业教育生态系统的演化过程可分为三个阶段：一是技术驱动阶段；二是网络催化阶段；三是技术与产业之间的耦合阶段。

在创新创业教育生态系统的组成上，熊英等（2018）认为麻省理工学院的创新创业网络分为内外两个系统，由技术、政策、资金与服务共同作用，创业、科研、教育形成内部循环，政府、企业、校友构成外部环境，内外系统共同作用、相互交互，形成可持续发展的网络并且边界不断扩展。欧忠辉等（2017）认为创新生态系统演化要向着互惠共生方向不断发展，取决于创新创业核心组织、配套单位的共生系数。郭莉等（2005）认为生态系统的演化从自组织理论角度来看，环保生产率是演化序参量，科技进步主要依靠技术创新。程强等（2016）认为产学研协同演化的前提是开放与非平衡，随机涨落引发演化，演化的动力来源于相互之间的非线性相互作用，在演化路径上形成相变与分叉，最后表现形式为超循环。曹武军等（2015）认为在创新创业教育生态系统中，政府与企业、政府与学研机构、学研机构与企业之间进行博弈，产学研之间形成稳定长期合作的保障是有效的信任与约束机制的建立，政府的引导是形成这种信任与约束的关键所在。

借鉴上述文献的研究成果，本书为深入研究麻省理工学院案例，构建了麻省理工学院创新创业教育生态系统演化分析框架。拟将麻省理工学院创新创业教育生态系统的演化分为生成、优化、控制三个阶段。在描述各个阶段演化特征的基础上，再对背后的演化机理进行分析。在生成阶段，本书假设技术与政策是最主要的影响要素，它们促成了麻省理工学院创新创业系统的多样性与复杂性；在优化阶段，假设资源的输入与各类中介组织的介入是这一阶段的主要特征，它们促进了创新创业网络的形成，系统再通过自组织进行优化，发育成更高一级的生态网络；在控制阶段，预期各个创新创业主体协同演化，并与环境不断交互，形成互惠共生的利益共同体，但在这一阶段也面临着创新变缓、各种新生事物生长受阻、不适应新技术挑战等各种危机。本书将基于麻省理工学院案例研究对这一创新创业教育生态系统演化分析框架进行验证性研究，主要研究麻省理工学院如何面对危机，前瞻性地制定了哪些预防措施，如何应对新技术革命或新政策变化所引发的涨落，如何推动创新创业教育生态系统完成自我迭代进入下一轮生态循环并使麻省理工学院一直处在时代与科技的前沿。在这些研究的基础上推理出可供新商科借鉴的规律，为新商科在新技术革命背景下如何有效推进自身创新创业教育生态系统的动态演化提供启示，如图 5-1 所示。

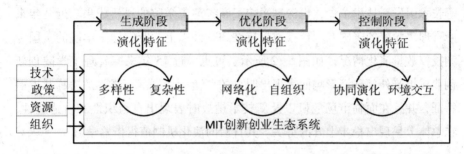

图 5-1　麻省理工学院创新创业教育生态系统演化分析框架

第三节　案例描述与特征分析

一、科研成果的动态演化特征

　　根据长城企业战略研究的研究，美国已经经历了四次创新生态的演化，分别是半导体时代、个人电脑时代、互联网时代、社交媒体与多元化时代，其中社交媒体与多元化时代和麻省理工学院有关。根据本书的研究主题，选取麻省理工学院近 15 年来的美国专利授权情况作为典型样本，来分析总结麻省理工学院科研成果的动态演化特征。2000 年世界互联网泡沫破灭，互联网企业急寻新的方向。此时麻省理工学院媒体实验室发布的研究成果成功吸引了包括硅谷企业在内的一大批世界高科技企业的参与，这批企业纷纷转型共同进入社交媒体与多元化时代。麻省理工学院在 2006 年时的科研成果也达到较高的峰值，当年的美国专利授权数量达到了 254 件。2008 年爆发的世界金融危机，也对麻省理工学院产生影响，并在滞后近一段时间后表现出来，美国专利授权数量由 2009 年的 266 件降到了 2010 年的 121 件，出现了一次科研成果的低潮期。2010 年以 iPhone 4 上市作为标志性事件预示着社会将进入智能化时代；2011 年奥巴马政府提出"创业美国"倡议，引导鼓励联邦政府和私人力量共同推进"创业美国"。这些趋势与措施使麻省理工学院科研成果在 2012 年迅速提升，达到 251 件。进入 2015 年以来，世界科技又迎来了新技术机遇窗口期，人机交互、人工智能、大数据革命、云计算、区块链等技术引发新技术革命，也深刻影响了麻省理工学院的科研成果。近几年来麻省理工学院的美国专利授权数保持在 300 件以上。麻省理工学院的美国专利授权数量演化情况，如图 5-2 所示。可见，近 15 年来麻省理工学院创新创业成果受外部环境影响而表现出明显的"落—涨—落—涨"的阶梯状发展特征，并且在面临市场危机以及新技术挑战时表现出自组织性和自适应性，在总体上呈现出稳步上升的势头，其背后的演化机制值得借鉴学习。

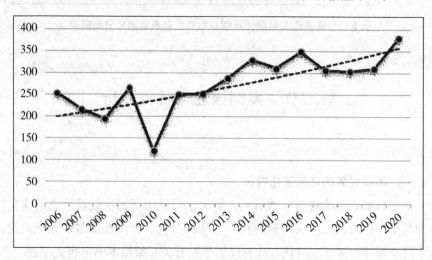

图 5-2　麻省理工学院美国专利授权量动态演化图

二、创新创业网络的动态演化特征

为研究麻省理工学院创新创业网络的动态演化情况，本书逐条梳理麻省理工学院官方网站披露的相关信息。本书选取 30 年作为一个完整的时间周期，将其等分成三个阶段，其中 1990—1999 年为第一个十年阶段；2000—2009 年为第二个十年阶段；2010—2019 年为第三个十年阶段，通过三个阶段的对比分析来总结麻省理工学院创新创业网络的动态演化特征，如图 5-3 所示。

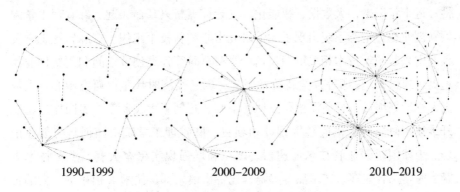

1990–1999　　　　　　　2000–2009　　　　　　　2010–2019

图 5-3　创新创业网络动态演化图

在第一阶段，创新创业网络的核心节点与一般节点初步形成，系统表现出多样性与复杂性。麻省理工学院创新创业系统的核心节点包括技术许可办公室、斯隆学院（也可称为斯隆商学院或斯隆管理学院）、校友企业。一般节点包括以下几类：一是基础设施，如多媒体实验室、林肯实验室等；二是学生创业有关的活动、计划或组织，如创新创业大赛活动、创新创业计划、种子基金组织、企业家马丁信托中心、创业服务指导中心、科技创新中心、学生俱乐部等；三是国际化计划项目，1994—1999 年先后在中国、德国、印度、意大利设置项目，开展国际化教育与交流。麻省理工学院创新创业系统在这一阶段呈现出多样性与复杂性的显著特征。

在第二阶段，新资源不断输入与中介组织兴起，系统表现出自组织性与自适应性。创新创业网络继续发育，在第一阶段所形成的核心节点继续发挥作用，并在创新创业网络中输入了大量新兴资源或涌现出大量新兴组织。在教学资源或活动上，提供了创新创业硕士、创业 101 开放课、创新创业本科实践机会计划、创新创业辅修课程；同时塔塔中心研究生研修项目、列格坦企业家领导力研究项目等也适时兴起。在技术资源或活动上，媒体实验室创业项目、全球实验室项目、普里希拉金格公共服务中心、企业论坛、＄100K

创业大赛、创意艺术大奖、麻省理工学院技术评论杂志、创业种子基金、孵化器、创业服务指导中心、创业咨询服务中心等各类载体和平台自发形成、错位发展、有序演化，系统在这一阶段表现出明显的自组织性与自适应性。

在第三阶段，新技术革命相关的各类组织兴起，系统表现出自我更迭性。近十年以来，大数据、智能化、云计算等新兴革命兴起，麻省理工学院创新创业教育生态系统出现了大量研究中心和新技术组织。在麻省理工学院校园内兴起的新技术相关组织包括：原型车间等各类创客空间和创新创业加速器，提供 3D 打印等各类新技术服务；创新经济时代生产研究中心、大数据课程计划项目、德斯潘德科技创新中心、开创工程实验室、美国先进功能纤维技术研究院、供应链管理计划项目、麻省理工学院中国创新与创业论坛、全球创新创业者技术加速器、虚拟和增强现实黑客大赛、黑客技术大赛、医学黑客大赛、艺术黑客大赛、比特币俱乐部、技术 X 俱乐部、尖端技术俱乐部、技术互联俱乐部、能源俱乐部、黑客医疗俱乐部、黑客艺术俱乐部、全球创业工作坊、斯隆数据分析俱乐部、宇航企业家、金融科技俱乐部、可回收资源联盟等。在本阶段麻省理工学院创新创业教育生态系统表现出对新技术革命的超强关注与参与。麻省理工学院还推出 Open Course Ware 网课、在线学习等让更多学生通过本科、硕士课程学习或网络课程学习直接受益。2018 年麻省理工学院投资超过十亿美元创建由各个学科共享使用的人工智能学院，这一标志性事件表明麻省理工学院在组织各类智能化技术研究以及各种教学教育活动后实现了在人工智能技术领域的一次自我更迭。

三、政府资助的动态演化特征

为研究美国政府部门对麻省理工学院的资助情况，本书以麻省理工学院管理学科为研究对象，将管理学科下麻省理工学院教师所获得的政府部门资助项目分类汇总，将数据输出形成政府资助情况演化图，如图 5-4 所示。剔除部分完全不相关项目，经统计汇总发现管理学科下的教师在近 30 年来共获得 23 个美国政府部门或组织的资助，立项共 194 个项目。在第一个十年里，共获得过 63 个项目，其中美国国家卫生基金会（NSF）、海军、国防部资助的项目最多；在第二个十年里共资助 67 个项目，其中以 NSF、空军、海军资助的项目最多；在第三个十年里即最近十年里，共资助 64 个项目，排在前三名的仍然依次是 NSF、空军、海军。由图 5-4 可以看出三个阶段的资助项目情况变化不大。由此可知美国政府部门对麻省理工学院的资助保持着相对稳定性与延续性，这种稳定的政策环境为麻省理工学院创新创业教育生态系统的自组织、自适应演化提供了政策保障。

图 5-4 美国政府部门资助项目情况演化图

第四节 案例分析及启示

一、自我调节性

（一）自我调节能力动态演化分析

麻省理工学院创新创业教育生态系统的产出受制于技术环境带来的挑战与威胁，但同时表现出对"落"与"涨"的自我调节特性。麻省理工学院对新技术的自我调节、自我适应机制表现在以下几点，对新技术革命背景下新商科完成新技术迭代具有重要启示。

一是科研"落—涨"分析。主要利用两种调节能力：一是以开发前沿技术为先导的自组织能力，如 2000 年互联网泡沫破灭带来严峻挑战时，麻省理工学院通过多媒体实验室的前沿研究成果吸引并组织大批互联网企业转型，迎来了社交媒体与多元化时代；二是以顺应技术发展潮流为目标的自适应能力，如 2008 年面对金融危机不利影响时，iPhone 4 的出现使麻省理工学院意识到智能时代的到来，麻省理工学院顺应技术趋势组建了一系列研究中心、俱乐部、创客空间等，采取措施引导开发人工智能技术以适应新技术潮流，包括在 2018 年创建了人工智能学院。

二是科研持续增长分析。麻省理工学院科研成果的动态演化表现出麻省理工学院在科研上具有持续性投入与稳步爬坡的特征，其背后依靠的是以国家实验室、研究中心、研究项目、研究专项计划、俱乐部、创客空间为载体，以专利输出和创新创业成果输出为导向的技术研发体制。本书对加州理工学院与麻省理工学院在 2006—2016 年产生的美国专利授权数量进行回归分析，得到其演化情况对比图 5-5。由图 5-5 可知，麻省理工学院的指数是加州理工学院的 2.1 倍，表明麻省理工学院更具可持续性增长性。在应对 2008 年金融危机时，麻省理工学院表现出先升后降再快速提升的路径，而加州理工学院表现出先降后升的路径，表明麻省理工学院具有更强的抗外部风险能力和自我调整能力。无论是可持续性、抗风险性，还是自我调整性，依本书看来麻省理工学院均更胜一筹，更值得新商科学习。

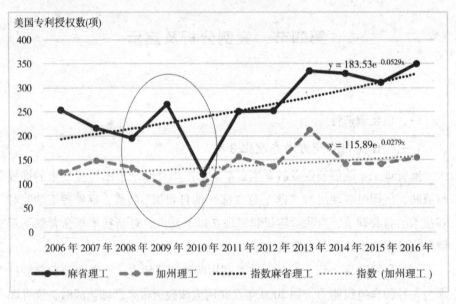

图 5-5　麻省理工学院与加州理工学院专利授权情况演化对比

三是技术生态位占位分析。技术生态位是指在一定的空间内发展技术的资源集合。麻省理工学院将自身定位于较强的技术生态位上。在新技术开发上麻省理工学院杜绝闭门造车，注重与世界上最顶尖的企业或机构合作，在技术生态位上占据有利位置，以此来提高自身的科研开发能力。在最近30年以来，麻省理工学院先后向IBM、微软等最先进的企业实践学习并进行技术合作。按新公布的美国专利授权数排名，麻省理工学院合作的企业包括IBM（9100件，世界排名第1），两者在AI实验室上合作开发；微软（2353件，世界排名第7），两者在信息技术领域的教育与研究领域进行合作；福特（2123件，世界排名第10），两者在汽车发动机设计和环境研究上合作；丰田（1959件，世界排名第13），两者在区块链技术上合作开发无人驾驶技术；波音（1127件，世界排名第23），两者合作研发无人驾驶飞机；还与杜邦公司合作开发生物材料和生物催化剂技术；与默克合作开发制药新技术；与Amgen合作开发生物技术；与黑瞳科技合作共建智能反欺诈实验室；等等。麻省理工学院通过与专利排名靠前的企业合作，实现技术生态位的拉升，如图5-6所示。麻省理工学院还通过联盟或计划的形式与全球顶尖科研机构合作。如1948年，麻省理工学院成立了全球工业联盟并一直发挥作用；2018年麻省理工学院启动了Intelligence Quest计划与全世界机构合作研究人工智能。此外，斯隆学院的毕业生担任惠普、波音、花旗银行等企业的总裁，也有利于与这些企业在技术生态占位上进行合作。

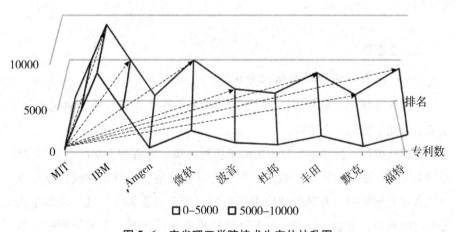

图5-6 麻省理工学院技术生态位拉升图

四是技术转化分析。麻省理工学院具有重视技术转化的传统，形成了由技术许可办公室为核心、以周边高新园区为主要辐射区域的技术转移机制，技术转让收益已经成为麻省理工学院重要的经费来源。2006—2016年麻省理工学院的美国专利授权平均数为283件，其中用于技术转让的专利平均为61件，用于新创企业的平均为16件，通过技术转移平均每年实现现金收益7910万美元，与麻省理工学院在该时间段内平均每年7.3亿美元的总经费相比，占了10%左右。

（二）科研自我调节能力动态演化启示

麻省理工学院应对"落—涨"能力、可持续增长性、技术生态位占位、科研技术转化体制等共同构成了科研成果动态演化机制，对新商科带来如下启示：当面对技术变革或市场剧变所带来的威胁时，常潜伏着重大机遇窗口的到来，借鉴麻省理工学院的经验，新商科可通过开发前沿技术或顺应技术潮流两种方式将"落"势转化为"涨"势。对传统商科来说，当前的大数据、人工智能、云计算、区块链技术等无疑是一种颠覆式的冲击与威胁，如果能顺应新技术潮流而转型，以开发前沿技术为先导注重提高自组织性，以顺应技术发展潮流为目标提升自适应性，注重与具有更先进水平的权威企业或平台合作，在技术生态位上通过向强者学习或与之合作拉升占位能力，并重视技术转移收益机制的建立等，则技术威胁将转化为机遇，实现由危机变为生机。

二、生态性

（一）生态性能力动态演化分析

如图5-7所示，麻省理工学院创新创业教育生态系统的动态演化经历了生成、优化与控制三个阶段。

在生成阶段，技术创新与市场需求相对简单，麻省理工学院创新创业体系较为简化，主要由军工实验室、专利许可办公室、少量校友或校友企业、个别大学科研机构以及部分政府部门组成，创新创业系统的雏形基本生成。随着时间累积，企业、校友、政府部门扎堆集聚或出现，形成不同的群落。创新创业需求推动创业课程改变与实践教学模式转变，麻省理工学院鼓励斯隆学院等校内组织与政府部门、企业或校友合作，拓展了麻省理工学院的创

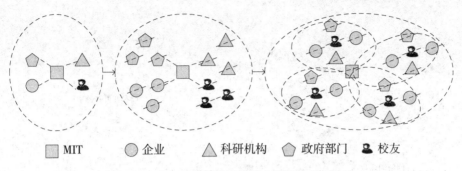

| □ MIT | ◯ 企业 | △ 科研机构 | ⬠ 政府部门 | 👤 校友 |

图 5-7　麻省理工学院创新创业网络的动态演化

新创业职能。

在优化阶段，创新创业物种由少到多、由简单到复杂，系统变成复杂系统。随着越来越多种群的共生，演化为复杂创新创业网络系统。麻省理工学院创新创业网络呈现多样性，出现了以斯隆学院、技术许可办公室、创业中心、校友会、创新创业竞赛、学生俱乐部、国际计划项目、全球实验室、各类中介组织为核心节点的创新创业网络，最终演化为创新创业教育生态系统，如图 5-8 所示。

在控制阶段，麻省理工学院创新创业体系已经形成以大学为主导和枢纽，由功能互补、相互依存的各个群落组成，并且边界不断扩展的可持续发展与繁荣的创新创业教育生态系统。当外界产生新技术革命或市场环境发生剧变，麻省理工学院制定引导性控制措施，引导各个创新种群升级、迭代，进入下一个生态周期循环中，向更高级别的创新创业教育生态系统演化。

（二）生态网络动态演化启示

新商科在构建创新创业生态网络时要借鉴麻省理工学院的动态演化机制，针对发展阶段的不同制定不同的促进政策。

在生成阶段，以吸引外部资源流入系统为主。争取合作与政策支持是系统初步形成时最迫切需要的动力，在这一阶段新商科要鼓励系统内部的科研与教学组织开放系统，与政府、企业加强密切合作，使新商科的创新创业体系产生"圈粉效应"与虹吸效应，吸引不同的社会资源进驻系统，汇集系统演化所需要的资源、人才与知识，争取各类政府政策的支持，融入异质性要素来推动各类创新创业组织的产生与发育，使物种多样化和规模化。

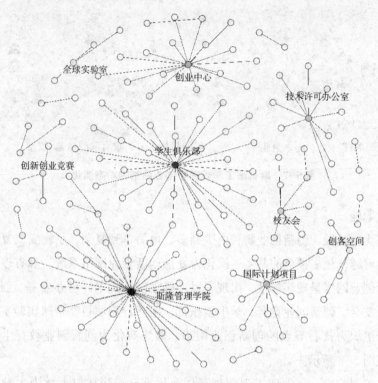

图 5-8　麻省理工学院创新创业网络的多样性

　　在优化阶段，以引导内部资源扩散与知识外溢为主。建议在操作方式上要以优化职能为主，有效促进政产学研协同创新。要组建各类内部中介组织，引入社会中介资源，使各种组织相互作用、互补互助，促进创新创业资源与知识在各创新创业主体之间高效运转，促进系统整体运行机制的不断优化。在继续吸引外部资源进入的同时，更鼓励内部资源与知识向外扩散与溢出，在周边区域甚至全球范围内进行创新创业合作与交流，促进跨学科、跨领域合作，在新商科、政府、企业之间建立互动互联关系，使新商科内部的创新创业组织与活动由零散状态向有序组合演化，形成创新创业教育生态系统内部的自我优化、自我驱动机制。

　　在控制阶段，以适应新环境、接受新技术为主。此时，新商科创新创业教育生态系统已经得到高度发展，但创新的速度与效率开始下降，需要制定措施克服既得利益者的创新惰性，以应对市场变化与技术变革带来的挑战，规避整个系统因滞后时代发展而被替代、被淘汰的风险。建议新商科可重新调整内部资源的分配政策以及创新创业收益的分配机制，分摊创新转型改革的巨大成本，引导生态群落向符合时代发展需求的方向转型与升级，促进各生态群落完成自我迭代。

三、适应性

（一）政策适应性动态演化

麻省理工学院创新创业教育生态系统的发展得益于政府环境支持：一方面得益于外部稳定的政府资助政策。从 1990 年至 2019 年，麻省理工学院在 30 年时间里分别在 1990 年、2004 年、2012 年更换了三任校长，每任校长的平均在任周期为 10 年，其间政府部门对麻省理工学院管理学科的资助项目数量均保持在 60 多项，并没有因为该校领导人的变动而发生波动。另一方面源于强有力的内部政策支持，麻省理工学院创新创业教育生态系统得到了其他科系的支持。比如，为适应大数据发展要求，麻省理工学院斯隆学院新设商业分析硕士项目 14 门主要课程，有一多半课程是在其他科系帮助下开设的，包括应用概率随机模型、机器学习、优化方法、非线性优化、鲁棒建模与优化计算、信息经济学的策略结构与定价、统计学习理论与应用、网络科学与模型等，体现了传统商科与新技术的充分融合。

（二）政策适应性动态演化启示

分析麻省理工学院在外部政策、内部政策的动态演化过程，对新商科如何适应政策环境提供如下启示：一是要自身营造相对稳定的外部政策环境，有利于创新创业教育生态系统的自我组织、自适应机制建立与发展；二是新商科要争取内部政策支持、整合内部资源以完成新课程设置。在大数据、智能化、云计算、区块链技术变革背景下，新商科必须借力于信息学、数学、工程学等其他学科，完成新技术的自我迭代。

四、抗周期性

（一）抗周期性演化分析

以麻省理工学院从 1988—2019 年每年的美国授权专利数据为对象，利用

Mtalab 对其进行数据模拟发现，麻省理工学院以来的演化规律按 5-1 公式进行：

$$y = ax + b\,e^{cx} * sin(dx) \qquad （公式 5-1）$$

其中 a，b，c，d 为常数。对公式的模拟值输出如图 5-9 所示。＊表示原始数据，曲线为数值模拟结果。由图 5-9 可知，预测曲线与原始值基本吻合。麻省理工学院的 30 余年发展历程呈现出持续性上升并具有抗周期性波动的能力。麻省理工学院发生剧烈波动的时间段是在 2010—2011 年，世界性金融危机发生在 2008 年，这表明在世界周期性危机面前，麻省理工学院不能独善其身，但具有抗周期性，比世界性金融危机爆发时间延迟了两年。在 2012 年时麻省理工学院已经完全摆脱金融危机的影响，又呈现出持续上涨的趋势。这说明麻省理工学院的创新创业教育生态系统具有快速调整以及自我修复的能力，这种自我修复能力是健康的创新创业教育生态系统所应具备的最重要能力。

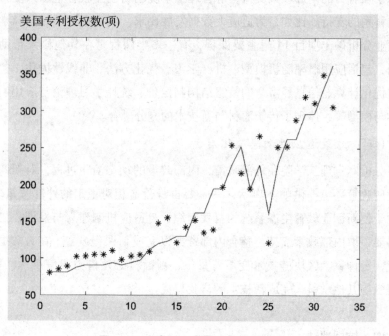

图 5-9　麻省理工学院演化周期模拟

（二）抗周期性动态演化启示

麻省理工学院的抗周期性演化规律的模拟与验证表明，任何创新创业教育生态系统都处在整体经济环境的巨系统之中，是巨系统下的子系统。在巨系统发生周期性波动时，子系统不可能不受影响。但子系统如果具有良好的自我调控机制与修复机制，则可以具有延迟表现与快速修复功能使本系统具有抗周期性波动的能力。新商科要借鉴麻省理工学院所构建的创新创业教育生态系统动态演化机制，构建具有抗周期性波动能力的自组织、自适应系统。

第五节　结论与建议

在根据文献所构建的理论分析框架基础上，经过对麻省理工学院案例的剖析与验证，再结合大数据等新技术革命背景以及新商科发展现状、前景，本书认为新商科要以自我调节性、生态性、适应性、抗周期性为目标，构建新商科创新创业教育生态系统动态演化模型（如图 5-10 所示）。

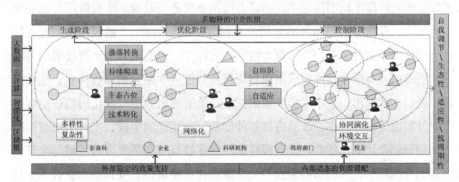

图 5-10　大数据背景下新商科创新创业教育生态系统动态演化模型

根据本书构建的动态演化模型，本书的主要结论与建议如下。

一是主体组成、阶段划分与特征表现。新商科创新创业教育生态系统主要由五大主体组成，包括新商科院校、企业、科研机构、政府部门、校友等组成共生体系。动态演化过程分为三个阶段，即生成、优化、控制等，各个阶段进行交互式循环演化。在不同阶段新商科的创新创业教育生态系统具有不同的演化特征：生成阶段主要表现特征为多样性和复杂性；优化阶段主要表现特征为网络化；控制阶段主要表现特征为协同演化与环境交互。

二是动态演化规律。在由生成阶段演化到优化阶段过程中，新商科需要建立涨落转换机制、持续爬坡机制、生态占位机制、技术转化机制，即新商科创新创业教育生态系统要有能力应对新技术革命与政策转换所带来的挑战，以技术开发引领趋势或顺应科技发展趋势的方式由落势转化为涨势；要在前沿技术设施、新平台建设和专利开发上持续投入，建立可持续性稳步爬坡的机制；要做好生态位定位，在既定的空间与范围内与实践能力更强的企业或机构合作，向更先进的实践学习，拉升新商科创新创业教育生态系统的位次。在由优化阶段到控制阶段演化过程中，要发展自组织、自适应能力，引导创新创业各类要素有机组合，形成错位发展、功能互补的有机群落。在由控制阶段演化到下一轮的生成阶段过程中，新商科创新创业系统要以自我迭代为目标，调整内部资源分配比例，加大新价值创造的分成，分摊转型升级的成本，引导系统完成向更高级别、适应更新技术的整体升级。

三是要素输入与价值输出的动态适应机制。新商科创新创业教育生态系统要根据所处阶段不同而制定不同的动态的调整措施与政策。生成阶段要以要素引入为主，在物理空间和网络空间内要制造"圈粉效应"、虹吸效应，尤其是在当前技术革命背景下，要注重大数据、云计算、智能化和区块链技术的各种技术资源引入与融合，改造成由现有商科加数据科学融合的课程体系；优化阶段，要以人才输出、技术溢出、知识扩散、价值输出为主，优化内部职能服务于对外扩散与跨界合作，鼓励内部各种创新创业组织的生成，支持组织有影响力的创新创业计划与活动，使新商科创新创业教育生态系统嵌入区域与全球的创新创业网络中，成为核心节点与关键枢纽；控制阶段，要以接收新技术、接收新知识为主，支持新价值创造与新价值的输出，调整系统的生态定位、内部资源流动方向与技术发展方向，积极适应新技术、新政策与新市场的挑战，克服系统中既得利益种群的阻力并克服系统的创新惰性，化解整体系统老化、被替换、被淘汰的风险，使新商科创新创业教育生态系统不断完成自我迭代，在外部环境发生经济危机时能通过自适应性和自组织性表现出延迟危机能力以及快速修复能力，使多物种有机共生、协同演化。

第六章

大数据重构新商科创新网络

第一节　问题的提出

大数据技术革命与技术创新的日新月异，使知识资源竞争成为当今时代的重要特征，信息技术革命也重新定义了高校教育。十九届四中全会明确提出要完善科技创新体制机制。为响应政策号召，执行政府的领导，要高质量地建设新型科技人才的培养输入，建立产学研纵向高度融合的创新体系，促进科技成果转化，科技创新驱动着经济社会面向高质量的发展。区块链、大数据等新兴技术，成为我国核心指导力量，为国家治理创新了治理方式，提高了治理效能。在这一科技技术背景和国家政策指导下新商科的出现被赋予了时代的责任与使命，新商科创新结合新一轮的科技革命和产业革命走向一条企业化的合作共享道路，在政策扶持和行业引导下，不断培育出适应新时代发展的新思维型的创新人才，践行出应用价值，展现了实践趋势，促进商科教育愈加市场化，国际化和智能化的特点也愈加明显。许涛和严骊（2017）通过借鉴 MIT 的发展过程和基本组成，创建出有利于我国发展的具有特色的创新创业教育生态系统。熊英和张俊杰（2018）研究了 MIT 创新创业生态系统的构成与演化规律，发现该系统呈现出以大学为主导，麻省理工学院、企业、政府和校友四大主体为功能互补的结构。它们之间交互作用形成了边界不断扩展的可持续发展创业网络。新商科创新聚焦的高校、政府、企业，构成了一个复杂的生态系统网络，将新商科高校视为网络中的核心节点，高校主体与网络中其他部分的交互作用可视为连边。张铭慎（2012）基于知识流动考察技术联盟对中国汽车产业技术创新带来的直接效应和间接效应，得出了联盟确实能促进创新，且主联盟的企业获得的正净效应来自其他组成联盟的正向间接效应。马涛、郭进利（2018）以上海信息通信技术（ICT）产业为例，在产学研合作模式界定基础上对产学研合作申请专利模型进行刻画，证实了在超网络中处于少数核心的关键节点对于提升整个 ICT 产业的专利确实有作用。对于此，从网络结构的视角去探究深陷复杂网络的新商科高校与外界进行知识流动与信息共享的问题显得尤为重要。本书从网络密度角度去探究在不同阶段下网络密度如何演化，从而去分析对高校创新的影响关系，去寻找理想状态下网络能达到非冗余密度网络的条件，这样才更有利于得出结论去促进新商科高校的创新。

第二节　文献回顾

一、MIT 创新网络密度

"创新"这一概念自被美国管理大师熊彼特提出后，就有许多专家学者开始着手研究。张运生认为一个共存共生、知识异化的创新生态系统具有合作共赢性、系统复杂性等本质特征，而且能够整体提升创新力，在资源共享的基础上共同实现技术与知识高度融合，实现联动效应。创新生态系统理论认为，企业需要投入多种要素才能产生创新的结果，其中资源投入和知识投入是重要因素，资源投入为其提供物质保障，知识投入是其持续提升的基础。知识累积与共享也能够提高企业创新能力。知识积累能够为新成果积累奠定基础，而共享则能够在原有存量上创造出 1+1>2 的价值趋向，促成知识流动，为企业共生更多的新知识，进一步增强创新能力，同时也达到提升创新质量与效率的效果，进而促进绩效（祝琴等，2015）。同时提升后的创新能力又能促进新知识产生，继而影响企业知识存量，并且新获得的绩效再重新投放到新一轮的资源分配中去，进而又提高知识积累水平。这种交互反馈作用驱动着企业不断地进行创新，产生出更多的绩效（张海燕等，2017）。创新生态系统刻画了创新资源分配、创新能力、可持续竞争力和企业绩效之间的影响关系。宋砚秋、王倩（2018）等人从创新生态系统理论的角度，提出来知识共享和知识创造协同发展对企业绩效起到持续的正反馈作用。沈蕾娜（2019）研究了哈佛大学和麻省理工学院的跨校合作，发现在社会关系网络中大学之间通过"结构洞"方式建立密切合作，推进前沿知识的创新，提高信息密集化，而且在这个网络下整合各种资源和互补劣势，突破了孤立状态下的约束条件和制约环境。刘文澜和聂风华（2019）以 MIT 创业生态系统为研究对象，通过分析 MIT 的生态系统特征和特点，总结归纳出许多产学研成功经验，为构建创新生态系统提供了科学依据。郑娟和孔钢城（2017）从利益相关者的角度分析了 MIT 创业生态系统，生态系统的有效运转得益于系统主体间的有效合作和系统的正向反馈与良性循环。

二、新商科与创新网络

"新商科"是近几年来引起商科领域高度关注的一个新概念。近年来世界范围内正在进行新一轮技术革命，大数据、区块链等新兴高科技技术全面爆发，在这一背景之下，我国也颁布了一系列文件去支持新商科建设。2019年政府工作报告中指出要加快建设科技创新资源开放共享平台和加快在各行业各领域推进"互联网+"，同年为促进教育创新在北京召开了新商科数字化人才培养创新论坛。齐佳音等人（2019）通过对比分析传统商科和在人工智能背景下的新商科，他们提出一些硬性要求与目标去推动商科教育改革，在社会技术改革的浪潮中构建新商科。毛青（2018）通过研读骆东奇和邓德敏主编的《商科人才培养探索与创新——重庆工商大学商务策划学院实践》（2015）揭示了新商科的实质，并提出要注重产教融合，注重于校企合作，培育理论与实践于一身的新型人才。刘译阳和边恕（2019）分别从政府、高校、学生、社会四个层面分析了存在的问题，对于这些问题结合实际去实施有针对性的解决方案，发挥政府与高校的主导作用，协同企业去创造良好的氛围，实现人才高质量培养。

常青和王凌玉（2019）提出建设以高校为主体单位、政府发挥主导作用、企业表现出强力支持并且以创新为内核的高校创新创业生态系统能够实现 1+1+1>3 的效果，三方协同能够打破制度壁垒，实现共赢。原长弘和张树满（2018）通过分析西安光机所这一对象，认为创业主体与创业环境的融合交互与知识传递过程中可实现科技成果转化，有利于全面提升创新创业系统的水平。叶正飞（2019）认为通过产教融合而形成的"三螺旋"多元主体育人机制可实现教育高质量发展。杜辉和何勤（2019）基于生态学理论，以留学回国人员为案例分析，认为系统中的各要素之间形成一种良性互动关系，揭示了系统的其他要素对核心要素具有支持作用，它们之间相互融合、共享、联动，保障了创新创业生态的良性运转。阿布·沃达和谢琳·哈米德（Abu-Warda & Sherein Hamed，2016）采用定性和定量研究方法构建了新的教育模式，并对大学内部技术创业教育制定了框架，有利于促进高层次人才的培养，实现可持续发展，增加毕业生的就业机会，满足社会化与企业化的需求。熊英和张俊杰（2018）通过研究麻省理工学院，发现该院校的创新创业生态系统呈现出以大学为主导、为轴心，并与企业、政府和校友功能互补、协调联动的结构。新商科内生系统与创业环境，亦即外生系统彼此影响、彼此作用共同促进了该创业生态系统的演变，内外系统的相互交互形成了边界不断扩展的可持续发展创业网络。刘成立和娄雪（2019）运用复杂网络理论分析了由政府、高校图书馆以及创新科研机构组成的高校创新创业知识保障复杂网络，旨在促进三者在创新知识体系中协同发展，有助于推动大数据技术与创新创业教育的深度融合。姚梅芳和宁宇（2019）也从复杂网络相关理论的角度出发，探讨了以上三个要素的关联耦合关系，区别在于他们提出通过优化各要素之间的关系，有利于良好的生态系统体系构建。

三、创新网络密度的影响

科技的发展以及社会复杂性的需求使得高校之间通过建立合作关系以谋求发展，相互之间的关联就构成了网络。针对密度网络对于创新效能是否造成影响以及影响程度，学者们各抒己见。张振华和李昂（2019）认为社会关系网络确实能提升企业的绩效，网络密度对于企业绩效的改善发挥着重要作用。列夫·阿里、希里（Lev-Ari & Shiri，2017）从社会网络的角度进行了研究，认为网络密度影响着群体交流。弗里亚、艾门（Frija & Aymenl，2017）提出高密度的社交网络更能提高管理的绩效。但贾维（Jarvie D，2018）通过分析美国棒球大联盟球队的网络，他认为网络密度与团队等级呈负相关，长期的队员关系并不能提高团队的绩效。黄海艳（2019）认为网络密度能够促进团队的绩效与职能多样性，使得团队集体信任度高，但高管团队外部网络密度的调节作用却不显著。王海花等人（2019）却有不同的看法，他们认为整体网络密度对绩效起到一个反向调节的作用：在低密度下，网络间未形成固定的合作关系，会促进资源流动，关键位置独享资源优势；而在高密度下，规模扩大带来的增速放缓，中心节点非对称资源优势减弱，不利于创新。张晶晶、关建成（Zhang JingJing & Guan Jiancheng，2019）基于社会网络理论对 2005 年至 2014 年之间的风能专利数据进行了研究，发现专利演变趋势呈现先增加后减少模式，竞争网络中的竞争密度提高企业的技术竞争力和创新绩效。

第三节　创新网络演化理论

针对创新网络密度对于创新绩效是否产生影响以及影响的程度，学者们各抒己见。争议性的学术观点是本书形成研究假设的基础。

奥尔提戈·桑帕约·席勒（Ortigão Sampaio Schiller, et al, 2015）等提出创新网络有利于促进合作伙伴之间知识交换与新知识增长，特定的路线减少了复杂的手续与工作的误差，缩短了信息传递时间，促进了知识转移，进而促进创新。张振华和李昂（2019）发现社会关系网络确实能提升企业的绩效，网络密度对于企业绩效的改善发挥着重要作用。随着社区网络中主体增加，网络密度也随之扩大，网络中成员互动频繁，较之初始状态，关键路径信息与知识流动速度加快，促进了联动与创新。丰超（2019）等人从社会网络的视角研究了渠道网络结构，认为网络密度增大，经销商主体间联系越密切，越有益于出现"抱团"行为；网络密度能正向影响群体交流。对于高度嵌入的中央网络，创新网络特征将对企业的产品和流程创新产生积极影响，高密度的社交网络更能提高绩效。根据以上研究，在创新网络建设初期，网络内主体少，仅与少数企业交流，网络密度比较低，网络结构疏松，在网络结构中占据结构洞位置的主体发挥优先优势，利用信息控制高地更快获取信息资源和网络异质信息，在网络间建立起关键性通道获取和传播知识，有益于创新主体与外界间产生知识流动与信息交互，进而对创新力与绩效具有正向的影响结果。根据以上分析可知，初级化的网络密度与创新呈现正向关系。

米格、基隆等人（Meagher & Kieron, et al, 2004）通过建模方式验证了创新溢出的性质取决于网络密度，并提出网络密度对溢出创新的边际影响是非单调的。伴随网络密度的进一步提高，过于密集的网络出现了对网络主体创新增长的负效应。相较于初级化的网络密度，中级化的高密集网络密度为了维持现有的关系网，无形中会导致网络主体过度嵌入，使得主体在接受联盟伙伴信息共享时也增加了对于自身的约束，使得创新活力降低。刘蕴（2018）认为过度嵌入会对企业创新产生负影响，并且对于组织行为也会产生约束和限制，网络结构中的企业要保持一个适度的社会网络关系嵌入。张晶晶等人（2019）基于社会网络理论对 2005 年至 2014 年之间的风能专利数据进行了研究，发现专利演变趋势呈现先增加后减少模式，竞争网络密度会影响企业的技术竞争力和创新绩效。禹献云（2013）等人研究网络密度对技术创新网络的影响机理，发现网络密度对创新网络并不是起到正向促进作用，而是整体呈现出倒 U 形关系，这说明网络密度具有阈值特性，过高或过低都不利于技术创新网络的知识增长。王海花等人（2019）认为整体网络密度对绩效起到一个反向调节的作用：在低密度下，网络间未形成固定的合作关系，会促进资源流动，关键位置独享资源优势；而在高密度下，规模扩大带来的增速放缓，中心节点非对称资源优势减弱，不利于创新。根据以上研究，可知随着新企业的加入，网络密度达到中级化。这一时期知识转译的宽度和深度增加，信息流动速度加快。相较于初级化，中级化的网络主体与外界联系程度加深，建立起更多的关键信息传输路径，提高了知识流动的速度，也提升了信息共享的频次，促进整个网络的知识扩散。但这种信息交互与互动频率的增加，减少了网络成员信息的异质化，不利于创新。中级化的网络密度与创新呈现倒 U 形关系。

丰（Feng J, 2017）认为创新网络密度会导致网络的功能下降。贾维（Jarvie D, 2018）通过分析美国棒球大联盟球队的网络，认为网络密度与团队等级呈负相关，长期合作的队员关系并不能提高团队的绩效。考恩（Cowanr, 2004）研究了网络结构和扩散性能之间的关系，认为在网络密度增长的演化中伴有抑制创新效果的负效应现象，过于密集的网络密度会产生信息与知识冗余，而这种冗余加重组织的负担使网络结构嵌入深度加深，消息冗余造成网络可达性变低，节点消耗高，不利于创新绩效。随着网络内新知识的增加，吸引更多的企业"入团"，网络主体与外部环境进行更大范围和更高层次的交流，逐渐演化成高级化的网络密度。网络密度高的网络成员之间合作关系更趋稳定，成员之间建立起高度信任的合作共享机制，减少了机会主义带来的风险，更利于复杂缄默知识转移和集中。本书认为这种高级化的网络密度相对于初级化和中级化的网络密度演化程度来说，更大程度上减少了因网络异质性增加带来的协作问题，使得网络成员间吸收、联动、创新的流程更加顺畅。但是随着网络架构的进一步扩大构建，主体间产生负担性的过度依赖，整个创新网络为了维持庞大的网络间正常运转和"日常交流"，势必造成资源分配不合理与浪费以及加大网络间信息重复率，使过度嵌入的不良反应在网络中发挥效应，限制节点间的创新发展。若再增加网络之间的联系度，数据过载造成信息冗余，增加了网络主体与成员之间交流的障碍，这势必会影响网络创新性，其嵌入创新网络程度也进一步加深，进而对创新产生抑制作用，故而整体创新程度呈现出负增长的态势。高级化的网络密度与创新呈现负相关关系。

综上分析，在复杂的创新网络结构中，非冗余网络密度使得主体间建起更加关键性的知识共享和知识流动通道，为关键技术的产生与创新提供了土壤与发展空间，直接促进创新结果在品质与数量上得到质的提升，同时也提高了工作的效率与质量，减少了因知识重复造成的信息复杂错乱而增加网络成员的时间成本与管理成本。创新组织要剔除冗余联系，可使自身的创新网络将重心与精力放到核心的联系链上，减少不必要的信息管理成本与时间成本，同时非冗余网络密度将令网络保持最佳的交互能力，在资源分配、各类信息共享平台上实现效益最大化。

第四节　创新网络密度演化与启示

创新网络密度是体现各个节点间亲密程度的指标，越大说明网络内的交互关系越频繁密集，反之越稀疏零散。在生态网络中，网络密度的大小是用一切联结数目以及包含的节点数目两个数之商来进行衡量。设其大小为 ρ，节点数为 n，边数为 m，则创新网络的网络密度为：

$$\rho = \frac{2m}{n(n-1)} \qquad \text{（公式 6-1）}$$

ρ 越大，说明网络间的关联关系越多，组织间的连接程度以及信息交流的速度及效率越高，相互影响也越大，同时还表明网络中任意点之间的依赖关系程度更强。ρ 的取值在 0~1 之间，ρ 为 0，表明复杂网络的节点之间不联系，整体处于零散状态；ρ 为 1 表明形成一种完全耦合网络，说明网络中的每个主体相互都认识，且节点间直接相连，这是两种极端情形。

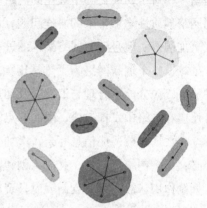

为说明创新网络密度的演化，本书以因创新闻名世界的麻省理工学院为研究对象描述创新网络密度的演化情况。本书选取了麻省理工学院在 1998 年、2008 年、2018 年三个时间窗口代表创新网络密度演化三个阶段，对其创新网络进行可视化，得到网络密度图如图 6-1 至 6-3 所示。

图 6-1　第一阶段

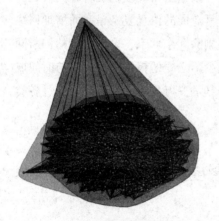

图 6-2　第二阶段

图 6-3　第三阶段

创新网络的密集程度可通过图示与分模块化情况较为直观地进行初步观察。由上图可知，网络密度的演化在总体上经历了先疏再密后变疏的过程。在第一阶段，模块化分散且保持疏远，创新密度呈现疏松状态。在第二阶段，节点与节点、模块与模块之间的融合程度达到极高的程度，可见创新网络密度已经趋向于极值。在第三阶段，模块出现分化，节点与节点之间的密集程度降低，创新网络密度呈现下降趋势。由直观的观察可以预知，麻省理工学院创新网络密度的演化已经历了一个从疏到密再到疏的完整周期。在创新网络发展初期，绩效与网络密度呈正向作用关系，绩效正效应来自网络密度增加，使创新合作增加，对创新绩效起到了正向调节作用。随着创新密度的增加，创新的协同效应继续增加，创新增长加速，并在一定时间点上达到极值状态。创新网络密度存在阈值效应，不宜太低也不宜太高，它有一个界限范围，在此范围内网络密度能最大限度地发挥网络活性，刺激知识流动，知识异质性程度降低，内部成员间加强合作与协调，组织间交往广泛而繁多，共同建立起高水平的信任机制的良好关系，整个网络存在高度凝聚性及团结力，资源整合效率更高，沟通及知识交流更加通畅，以更好地促进创新成果的产生与转化，进而提升创新绩效。超出范围则对作用对象效果不明显。在达到阈值后，创新密度减少，创新绩效增加的速度放缓，进入缓慢增长期。

案例研究对新商科创新网络启示如下：在区块链、大数据时代，信息交互、资源共享、协同合作是当前最明显的特征，创新网络成为利益协调、追求合作共赢的重要资源，同时也是带动各方经济发展与促进创新成果显现的重要媒介。创新网络密度是衡量创新网络是否陷于冗余性的重要标志。在微观组织创新网络构建起始与发展阶段，组织成员借由创新合作与协同，增加信息渠道，以组织交流学习的方式，不断加强协作创新，以达到提升全局创新水平和绩效水平的目的。但创新网络密度并不是越高越好，当超过一定阈值后，微观组织要意识到创新冗余性的负面效应，要有意识地优化创新网络格局，有选择地重新配置创新资源与投入比例，对网络实行断链或重组并适当减少网络密度，增强创新过程的可控程度，降低不确定性创新合作风险，以更快、更高效地去应对不断变化的创新环境，更快、更经济地保持创新绩效的增长率。

第七章

大数据重构新商科生态系统

　　"新商科"是近两年来引起商科领域高度关注的一个新概念。新商科是受"新工科"这一概念的启发而产生的。近年来在世界范围内正在进行新一轮技术革命，美国提出"先进制造业国家战略计划"，德国提出"工业4.0"，法国提出"工业新法国"，英国提出"工业2050计划"。伴之而来的是大数据、云计算、区块链、人工智能等新技术，在这一背景下，我国从2016年以来提出了"'新工科'建设"，并形成了"复旦共识""天大行动""北京指南"等新工科建设文件。与新工科相对应，商科领域围绕新商科的建设也展开了相应的探讨。2019年6月，全国高校人工智能与大数据创新联盟"新商科专业委员会"宣布成立，交流探讨了"新商科"的概念、内涵、实现路径等内容，本书作者作为新商科专委会常务理事参加了交流探讨活动；2019年7月，首届"新商科"教学改革与专业建设高峰论坛会议举行，达成了以下共识：新商科强调把数据科学引入，并区别于通识教育和融合式教育。本书认为"新商科教育"是在发生新一轮技术革命、受教育主体变成"2000年以后出生者"（简称00后）的背景下，传统商科利用新技术进行变革以适应社会需求、满足受教育主体要求的教育新体系；新商科教育用公式可表示为：新商科教育=面向00后教育主体+新应用技术+商科新知识+创新创业教育。新技术革命带来持续不断的新机遇和无穷的创业机会，在此条件下创新创业教育成为新商科教育中最为重要的组成部分。为此，如何在新技术革命背景下构建新商科的创新创业教育生态系统，是本书主要探讨的问题。

第一节 文献回顾

生态系统理论研究引起了众多学者的关注，近年来的研究角度正由构成要素研究向相互作用研究转化。正如莫尔（Moore J F，1993）认为生态系统这一概念的提出体现了研究范式的转变，即由关注系统中要素的构成向关注要素之间、系统与环境间的动态过程转变。生态系统理论在创新创业教育领域的研究近年来发展较为迅速，相关文献的主要内容如下。

一是关于技术进步对创新创业教育生态系统的影响研究。世界经济论坛（WEF）在 2017 年发表的白皮书《在第四次工业革命中实现人类的潜力》中指出，技术革命使人力资源市场发生根本变化，教育系统将转变为生态系统，教师在新技能获取上扮演重要角色。弗拉基米罗夫纳等（Vladimirovna，et al，2018）指出，大学应创建区域性创新科技生态系统，发展与数字性相关的技术，为技术创新与社会创业、启动加速器奠定基础。恩卡琳达等（Encalada，et al，2017）认为近年来电子学习、云计算、社交网络、虚拟实验室、虚拟现实、虚拟世界、大规模开放式在线课程（MOOC）、自带设备（BYOD）、沉浸式、全球化教育等新技术组合模式不断涌现，促进了知识的传播、师生之间的互动与协作，使学生获得宝贵的经验。

二是关于创新创业教育生态系统的多样性研究。帕特森（Patterson，2004）认为高等教育环境被视为一个生态系统，存在多样性与和谐性的平衡，两者不是对立的力量，可以共存和相互作用，通过多样性实现和谐。克罗斯曼等（Crosman M，et al，2010）认为同生物系统类似，创新创业教育生态系统是多个要素不断演变形成的结构化社群，任何一个创新创业组织都是生态系统的一部分，横跨多个产业，与其他组织合作、竞争、创新以满足客户的需求。卓泽林等（2016）认为协会、基金会等中间组织是创新创业教育生态系统多样性的重要组成部分，在大学与外界的合作过程中，中间组织对创新创业网络起着非常重要的对接作用。如加州大学洛杉矶分校（UCLA）的创业者协会形成了丰富的校友网络、创业家资源，每年的活动多达 150 多场，涉及风险投资、赴企业参观、实践与实习、与创业者举行聚餐交流、创业计划大赛、年终创业会议等，形成了强大的创新创业网络。布兰登·奥尔肯等（Alcorn Brandon, et al, 2015）认为 MOOCs 成为创新创业教育的重要组成部分，主要用于专业培训教育，在线、私人、公共教育组合构成可供市场选择的多样性的教育生态系统。

三是关于创新创业教育生态系统的有机组合研究。赵坤等（2012）认为创新创业教育系统是由种子、水分和营养系统、其他支持系统和环境等有机组合而成的，而不是线性组装而成的。水分和营养来自不同学科与研究领域，其他支持系统包括提供创意、资金、人才等组织，环境包括政府、社会、科技不同部门的刺激与促进，各个系统相互作用、相互影响，使种子不断适应环境，不断选择环境，形成创新改革的有机系统，使整个系统的竞争力不断增强。许涛等（2017）认为解决重大社会问题、科研上的突破、知识上的创新经常需要跨学科组织，以麻省理工学院为例，其跨学科机构多达 70 余个，多学科、跨学科的融合交叉成为麻省理工学院构建创新创业教育的重要模式，会聚了来自不同背景、不同学科的各类世界级水平的科学家或研究者。

综合国外、国内文献研究可知，近年来的相关研究主要关注到了技术革命对创新创业教育生态系统影响的复杂性、生态的多样性、组成的有机性等。但已有研究在以下方面有待加强：一是新技术革命对创新创业教育生态系统的影响研究有限，尽管有新闻报道了云计算、大数据、人工智能等对创新创业的影响，但理论研究尚待深入；二是各因素之间在新技术革命背景下如何相互作用研究不足，相互作用模型及其运作机理理论均有待探索；三是高等教育对象目前已经变成 00 后，新对象具有明显的、不同于以往的个性化特征，这些特征的不同决定了创新创业教育生态系统的不同，亟须基于新目标群体对创新创业教育生态系统构建进行研究。本书主要针对以上三方面研究的不足，通过麻省理工学院的案例研究对新技术革命背景下如何构建创新创业教育生态系统提出理论模型与建议。

第二节　研究设计与案例简介

一、研究思路、案例选择、数据采集

在研究维度上，根据国外、国内文献梳理发现，创新创业教育生态系统的研究重点主要围绕影响因素、多样性与有机性展开。在技术革命背景下，技术对其带来的影响作用凸显，新技术的影响成为最关键的影响变量，本论文将这一维度定义为新技术适应性，并将适应性、多样性、有机性作为评价创新创业教育生态系统可持续性发展的三个研究重点。

在研究方法上，利用质性研究较为常用的方法即扎根理论，它是指在对问题与现象进行界定的基础上，通过文献资料的收集，经过标签、初步概念化、概念化、范畴、主轴编码、可选择性编码得到故事主线的理论。对资料的分解、提炼与升华是扎根理论的核心，非常适合本案例研究。本书为了处理大量的文献资料，借助于 NVivo11 软件，再根据扎根理论的三层次编码分析得出关键要素与变量。

在案例样本的选择上，本书从创新创业教育领域中表现最为出色并得到公认的高校中选取。备选的案例主要包括 5 家：一是因创业课程、创新文化闻名的麻省理工学院、斯坦福大学，两家高校齐名；二是创业活动突出的加州工学院、加州大学洛杉矶分校；三是创业教育突出的哈佛大学，这些案例分析均可给我国的创新创业教育带来深刻的启示。其中，地处美国马萨诸塞州的麻省理工学院还以技术创新和技术成果转化闻名于世，同时该州因坚实的技术基础结构被视为美国工业革命的发源地、美国电子技术的发源地，麻省理工学院的创新创业教育生态系统与该地区有千丝万缕的联系。基于本书研究的主题为新技术革命背景下的创新创业教育研究，故选取麻省理工学院作为单案例研究对象，这与本书的研究目的高度吻合。

为提高单案例的效度与信度，本书采用了三角洲测量方法来收集数据。一是从国内外权威期刊上收集"技术+创新创业教育"或"生态系统+创新创业教育"的文章；二是从国内外各大主流网页、媒体的新闻、报道以及微信朋友圈等收集相关信息与文字；三是从麻省理工学院网站上的网页、链接以及可下载的调研报告中选取资料。经过严格的筛选与反复比对，剔除重复或不严谨的，最终留下 221 篇外文文献与报道、256 篇中文文献与报道用于数据分析。

二、案例基本情况和主要发展历程

截至目前，麻省理工学院拥有创投指导服务中心、德什潘德技术创新中心、莱梅尔逊-麻省理工计划等至少 18 家单位，它们是与技术许可办公室类似的机构，一起促进科技成果转化；建有 36 个学生创新创业团体，15% 的毕业生加入创业公司；31% 的校友拥有发明专利，首次创业的平均年龄降到了 29 岁；麻省理工学院的校友企业数量超过 30000 家，这些校友企业雇佣员工超过 460 万，每年营业额超过 1.9 万亿美元，被称为世界的第十大经济体；拥有的虚拟孵化器每年孵化 20~30 家新公司，建有波士顿区域工作坊、实验中心、孵化器等设施与机构，与周边的企业家、风险投资商、产业集群、政府、大学科研机构等共同构成创新创业教育生态系统；近年来在原先校内共有 50 台高速激光打印机免费使用的基础上，又设立了 45 家创客空间，配备了有条件免费使用的 3D 打印等先进设施。

麻省理工学院的创新创业成果闻名于世得益于其创新的历史积淀传承和不断引领时代发展的新技术研究与应用举措。在 1861 年创立时，该校即确立了"手脑并用、创造世界"的校训，为该校植入了创新创业基因。20 世纪 20 年代，麻省理工学院设立了工业合作与研究部，专门负责与工业企业合作开展技术计划。1958 年，该校工程学教授鲍曼（Dwight Baumann）开设创业学课程，属于全美第一个。1969 年麻省理工学院开始举办系列校友论坛，通过校友论坛使研究人员、教师、学生进一步了解到如何利用创新技术与研究成果去创办或协助创办公司。同一时期，麻省理工学院的校友在校内成立了"麻省理工企业论坛"，在纽约成立了麻省理工创业服务中心。1986 年为了进一步把麻省理工学院的科研成果转移应用到社会，改组成立技术许可办公室（Technology License Organization，TLO）。1990 年正式成立"麻省理工创业中心"，把麻省理工学院长期以来所坚持的创新创业教育活动以及实践活动从幕后推到前台，进一步引燃了学校师生与研究人员从事创新创业研究与实践的热情。1990 年创立"麻省理工 ＄ 100K"创业大赛，设立资金 10 万美元，每年能催生 5~6 家新公司。1994 年创立莱梅尔逊-麻省理工计划，每年奖励 1 人，奖励资金高达 50 万美元，是美国资金最高的发明奖。1998 年"麻省理工 ＄ 100K"决定资助世界各地的学生在本校内创业，形成了麻省理工全球创业工作坊。同时借助 edX 在线平台开设"创业 101"，为世界各地超过 10 万名创业者提供课程，并选拔其中最优秀者参加校园举办的现场训练营。2004 年麻省理工学院为纪念"麻省理工 ＄ 100K"创业大赛举办 15 周年，决定将 5 月 12 日这一天确定为麻省理工创业日并每年举行一次。2013 年设立"麻省理工创新行动计划"项目，进一步完善了麻省理工创新创业教育生态系统。2018 年 10 月，麻省理工学院启动 10 亿美元建设新的人工智能学院——麻省理工施瓦茨曼计算机学院，致力于将人工智能技术用于该校的所有研究领域，包括创新创业教育领域。2019 年该学院计划开始招生。麻省理工学院的未来战略之一是致力于学术、探究和批判精神，并擅长把工业、政府和学术界联合起来，共同探索、解决世界面临的主要问题。这一战略是麻省理工学院创新创业教育未来在技术指引下发展的指导性法则。

第三节　案例发现

一、开放性编码与概念化形成

对收集的资料进行三级编码是扎根理论的基础工作，主要涉及开放性编码、主轴编码、选择性编码三个级别的编码。本书将收集到的资料输入 NVivo11 进行分析，并围绕"新技术""创新创业教育生态系统"等重要影响参数进行三级编码。在开放性编码中，本书利用原始资料寻找与本书主题相关的范畴，把原始语句汇总并抽象形成概念，并采用手工编码进行标签，建立概念与概念之间的联系，把同类的标签进行聚拢，最后聚焦提炼形成初始概念。在分析过程中产生了大量的表格，为节约篇幅，本书仅截取代表性表格来说明研究过程，在后面的论述中只呈现主要研究结果。如表 7-1 所示，以麻省理工学院"迎接新技术的挑战"资料开放性译码分析为例，通过对麻省理工学院有关新技术挑战的资料记录，进行开放性译码分析，抽象出 34 个概念用于后面的主轴编码分析。

表 7-1　麻省理工学院"迎接新技术的挑战"资料开放性译码分析举例

记录与贴标签（a_i）（部分）	初步概念（a_ja_k）	概念 A_m
原型车间的设施多样化，可以利用先进技术进行，体现了"创新创业精神+创造"这一黄金规则（a_1黄金规则）。麻省理工新的机构不断成立（a_2校级新机构）。2014 年成立了"麻省理工比特币俱乐部"，旨在传播比特币技术（a_3比特币技术），帮助基于比特币技术创业的创业者（a_4校级俱乐部）	aa_1 商业经营理念（a_1 黄金规则，a_7 合法化经营）； aa_2 新兴技术（a_3 比特币技术，a_{16} 新技术）； aa_3 新技术计划（a_5 学校技术计划，a_{10} 国家创新计划）； aa_4 新知识产权（a_8 专著，a_{21} 专利）； aa_5 地方政策（a_{13} 地方政府优惠政策）； aa_6 国家政策（a_{19} 国家政府资金资助）	A_1 创业理念（aa_1）； A_2 新兴技术与计划（aa_2，aa_3，aa_{10}）； A_3 新知识产权（aa_4）； A_4 新创新创业政策（aa_5，aa_6）； A_5 新兴组织（aa_7）； A_6 综合实力（aa_8）
1916 年制定的"麻省理工学院技术计划"，（a_5学校技术计划）极大地促进了 20 世纪中期的技术转让（a_6技术转让）以及商业合法化经营理念（a_7合法化经营）		
麻省理工出版了《创新经济时代的生产》和《美国制造：从创新到市场》（a_8专著），这两本书是论述创新与市场关系的专著，但对国家层面产生了影响，引导政府成立了先进制造国家计划办公室（a_9国家新组织），并且制订了美国先进制造技术创新行动计划（a_{10}国家创新计划）		

记录与贴标签（a_i）（部分）	初步概念（$a_j a_k$）	概念 A_m
20 世纪 50 年代末期—60 年代初期，麻省理工学院所在的马萨诸塞州沿 128 公路建立电子工业园，成为美国电子技术的发源地（a_{11} 基础设施）。128 公路吸引高科技公司的原因是这些公司仰慕麻省理工学院的基础科技实力和培养的人才（a_{12} 科技实力）。马萨诸塞州政府给电子工业园区给予了诸多的税收、金融等优惠政策和支持（a_{13} 地方政府优惠政策）。1988—1991 年冷战结束后的国家国防预算拮据，马萨诸塞州的发展停滞（a_{14} 危机）也影响着麻省理工学院。造成这种产业僵化的原因在于一是老产业公司带有老式的企业文化（a_{15} 企业文化过时），二是地区产业结构必须根据新技术（a_{16} 新技术）与市场新动向（a_{17} 市场新动向）进行调整。这些麻省理工学院校友创办或依靠麻省理工学院一起发展的科技公司，能否渡过难关取决于是否有能力由军事转向民用以及国际市场（a_{18} 产业结构调整）	aa_7 新兴组织（a_2 校级新机构，a_4 校级俱乐部，a_9 国家新组织）； aa_8 综合实力（a_{11} 基础设备，a_{12} 科技实力）； aa_9 面临的挑战（a_{14} 危机，a_{15} 企业文化过时，a_{17} 市场新动向）； aa_{10} 新措施（a_{18} 产业结构调整）； aa_{11} 科技人才（a_{20} 科学家） ……	A_7 新技术的挑战（aa_9）； A_8 科技人才（aa_{11}） ……
麻省理工学院所在的马萨诸塞州拥有的新生物技术科研机构属于世界一流的，大部分是由美国国立卫生研究院资助的。2003 年，接受的资助额高达 21 亿多美元，占国家总额的 10%（a_{19} 国家政府资金资助），培养了大批科学家（a_{20} 科学家），并涌现了很多新发现，产生了大量的专利（a_{21} 专利） ……		
共 325 个标签	共 103 个初步概念	共 34 个概念

二、主轴编码与案例发现

对概念进一步范畴化，得到可用于主轴编码的范畴。在主轴编码中，本书采用"因果关系—现象—情境—中介条件—行动—结果"这一典型模式寻找各初始概念之间的关系与关联，其中情境在此处指增强相互交织、相互作用的因素，中介条件是起到调节、干扰作用的因素，再对初始概念归纳，梳理提炼出主范畴。

（一）新兴技术自我迭代的机制

由麻省理工学院"迎接新技术挑战"资料中经过标签化分析共得到34个概念，进一步范畴化得到10个范畴，即新技术带来挑战、技术转移、市场交易、政府支持、新技术人才、新实践人才、对新技术的社会需求、创新创业教育改革、设施引进与更新、新兴技术迭代。在主轴编码过程中，将这10个范畴联系起来。本书运用上述典型模式来分析它们之间的联结，得到10个范畴之间关系如图7-1。

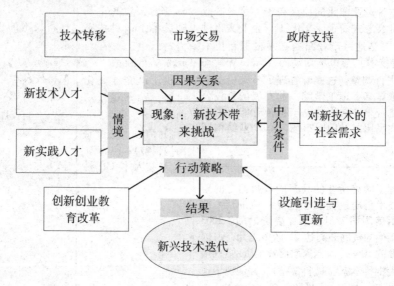

图7-1　麻省理工学院"应对新技术挑战"主范畴

由图7-1可知，麻省理工学院对于新技术带来的挑战，其应对机制主要包括两个方面。

一方面是内在机制即自身的改革与投入机制。早在20世纪30年代时，麻省理工学院即确定了"五分之一"法则，即让教授每周有一天可以进行校外的咨询。近年来麻省理工学院加大创新创业教育改革，比如，在2017—2018学年期间已经提供了多达60多种创业课程（见麻省理工学院官方网页）；不断进行大手笔的设施引进与更新，比如，为了应对人工智能的挑战，麻省理工学院在 2018 年投资高达 10 亿美元兴建人工智能学院，其成果也用于支持创新创业教育。

另一方面是外在机制即麻省理工学院在实践上与具有国际领先水平的最顶尖单位合作的机制。麻省理工学院近年来在人工智能、区块链技术等方面的合作案例：2019 年与黑瞳科技共建智能反欺诈实验室；2018 年麻省理工学院启动 Intelligence Quest 计划，与全世界机构合作研究人类智能；2018 年，麻省理工学院与波音合作建设无人驾驶飞机研发中心；2017 年 IBM 投资 2.4 亿美元与麻省理工学院合作共建 AI 实验室；2017 年与丰田合作将区块链技术引进无人驾驶领域。麻省理工学院在官方网页上介绍："麻省理工学院在创业领域卓越的地位来源于实践教育，强调从实践中学习，把实践注入创业课程中"；"麻省理工学院的历史提供了许多例子，说明一个主要学术机构如何在其最初的 155 年中取得重大的创业影响，特别是自 1916 年迁入剑桥/肯德尔广场校园以来的 100 年，强调我们的文化是与实践接触，以拥抱真实迎接世界挑战"；"目前有超过 85 个部门专门用于促进创新创业的实践"。

"实践教育导向+内部加大改革与投入+外部与顶尖组织合作"机制构成了麻省理工学院对新技术自我迭代的独特机制。技术转移、市场交易、政府支持是促进新兴技术迭代的直接原因；社会对新技术的需求，如对新技术人才的需求等，它们作为中介条件起到了增强调节作用；而新技术人才、新实践人才是内外机制相互交互、相互作用的纽带。麻省理工学院实现新技术合作的主要路径有三种：一是通过自设机构和行业领袖合作；二是通过教师研究项目；三是通过校友网络，使各种新技术创新中心在美国和世界各地扎根，促使麻省理工学院不断完成新技术的自我迭代，保持在新技术领域的领先地位。

（二）创新创业资源多样性的机制

由麻省理工学院"成为创新创业资源集聚地"资料中共得到 83 个初始化概念、29 个概念，进一步范畴化得到 11 个范畴。在主轴编码过程中，将这 11 个范畴联系起来，再运用典型模式分析得到它们之间的关系，如图 7-2 所示。其中新技术设施、新技术园区、新技术知识产权交易对创新创业资源集聚起到直接作用，而法律保障、高校职能调整起到了加速作用，资源共享、知识共享起到了将创新网络关系连接的作用，再加上麻省理工学院有独特的创新创业资源会聚机制，上述多种因素共同作用形成了创新创业资源多样性。

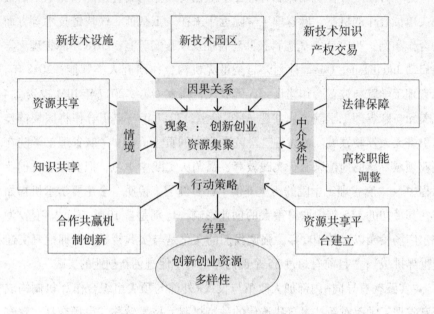

图7-2　麻省理工学院"创新创业资源集聚"主范畴

由图7-2可知，麻省理工学院成为创新创业资源集聚地的主要机制是"平台共建+资源共享+成果共赢"机制。资源共享平台共建是麻省理工学院建校以来一直的做法。比如，1970年麻省理工学院与哈佛合作共建了哈佛—麻省理工卫生科学与技术部；与哈佛大学、波士顿大学共建藏书楼等。近年来共建平台案例包括：2003年与西班牙阿拉贡政府、萨拉戈萨大学共建麻省理工学院-萨拉戈萨物流研究院；2007年与阿拉伯联合酋长国共建马斯达尔科学技术研究院；2009年与中国浙江大学、新加坡共建新加坡科技设计大学；2009年共建清华大学-剑桥大学-麻省理工学院低碳能源大学联盟；2010年共建清华大学-麻省理工学院-香港中文大学"理论计算机科学研究中心"；2011年与俄罗斯斯科尔科沃基金会共建斯科尔科沃技术大学；2011年与马来西亚政府共建麻省理工学院-马来西亚供应链创新学院；2015年与中国东南大学共建大数据与互联网金融研究中心；等等。在资源共享上，麻省理工学院强调不以营利为目的，清楚告知使用者可自由使用共享资源，但不能变为自有财产或用来商业交易，因为资源是共享的。麻省理工学院早在 2002 年时就公布了 500 门开放式课程，2006 年时公布开放的课程达到 2000 门，让全世界用户利用网络共享专业知识与资讯。为了促进共享，麻省理工学院专门设立了包容性创新竞赛奖，旨在激励学生在数字化时代为全球创建包容性强的创新创业组织，让全球共享技术创新产生的社会福利。在成果共赢上，麻省理工学院著名的技术许可办公室成立于 1932 年，其官网上宣称该机构"作为一个积极主动和支持创业计划的办公室，为研究实验室的技术转让做出了巨大贡献"，至今平均每年基于麻省理工学院技术转让成立的新企业达 21 家。如其官方网站介绍，类似技术许可办公室促进技术转移的组织目前已经达 80 多种。

（三）创新创业要素有机融合的机制

由麻省理工学院"丰富的创新创业活动"资料经标签化分析后共得到 126 个初始概念、31 个概念，进一步范畴化得到 11 个范畴。再经主轴编码、典型模式分析，得到它们之间的关系如图 7-3 所示。新技术人才集聚、科研机构集聚、金融资本集聚是造成丰富的创新创业活动的直接原因，中介组织服务、创客空间与孵化器加强了创新创业活动各主体之间的相互联系，创新创业政策、创新创业氛围加速了各类活动的开展，再加上麻省理工学院采取全方位协同、全过程融合策略，促进了创新创业要素的协同融合。

由图 7-3 可知，麻省理工学院采取全方位协同、全过程融合的策略，形成了创新创业教育的双全机制——"全方位+全过程"。

全方位是指麻省理工学院创新创业教育由课程体系、促进与管理平台体系、俱乐部体系、创业论坛体系、创业计划竞赛体系、创新创业奖励体系等组成；创新创业课程包括新创企业融资策略等 60 余种课程；促进与管理体系包括麻省理工创业中心、创新创业加速器、虚拟孵化器、创客空间（如原型车间）、创新研究院、创业咨询服务中心等 80 余个组织；俱乐部体系包括斯隆创业者国际发展俱乐部等，是由学生自发组织的俱乐部；创业论坛体系包括麻省企业论坛、麻省理工全球创业论坛等；创业计划竞赛体系包括麻省

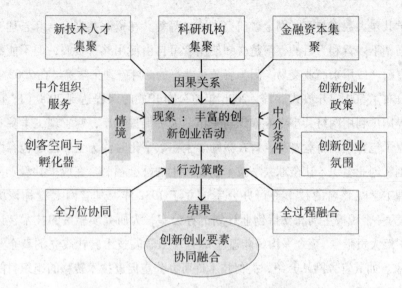

图 7-3　麻省理工学院"丰富的创新创业活动"范畴

理工＄100K 创业大赛、黑客技术大赛、全球创意挑战赛等知名比赛；创新创业奖体系包括麦戈尔奖、海勒奖、勒梅森卓越发明奖、桑德堡创新基金奖、列格坦中心种子基金奖、德什潘德技术创新中心创意创新奖等。类似的体系形成生态性有机丛林，不同行业、不同兴趣、不同创意、不同技术均可以找到相应的平台与群落，创新创业教育生态实现有机融合。

在全过程上，在创新创业学习阶段，有 60 种创业课程供选修；在创业之初，有《麻省理工学院创业方案大赛指南》参考书，汇集了各种资源与政策；在创意产生之后，有麻省理工学院＄100K 创业大赛等系列商业计划大赛等活动给予指导与新闻关注；在遇到技术问题时，有德什潘德科技创新中心提供技术开发和拨款方面的建议；在执行过程中，有麻省理工学院企业家马丁信托中心（前身为 1990 年创立的麻省理工学院创业中心）、麻省理工学院创新计划、学生创业俱乐部等各种组织提供企业家所需的专业知识、网络支持；在缺少资金时，有麻省理工学院沙盒等机构为学生发起的创业提供种子资金；还有创业论坛、创业孵化园区、创客空间等广泛的合作伙伴与创新网络提供量身定制的创业指导。麻省理工学院已经形成了课内教育与课外实践链条融合、校内校外平台聚合、创新启蒙与创业执行配合、创新创业资金多渠道结合、技术与法律支持体系多方位耦合的机制。

三、选择性编码与案例发现

在选择性编码中，要选择界定核心范畴，对核心范畴与其他主范畴之间的关系作进一步梳理、整合、验证，把已有的关系进一步补充完整，再在此基础上借助软件分析建构理论模型。本书发现新兴技术迭代、创新创业资源多样性、创新创业要素协同融合等主范畴均围绕着一核心范畴即构建麻省理工学院创新创业教育生态系统来进行，三个主范畴实际上对应着创新创业教育生态系统的三个特性即自我迭代性、多样性、有机性，用这一体系可以分析麻省理工学院创新创业教育活动中所有的现象与概念。较早提出创业生态系统的是凯瑟琳娜·杜恩（Katharine Dunn），她在 2005 年发表了《创业生态系统》一文。本书以麻省理工学院为例，指出该校的创业培训与教育已经不再由斯隆管理学院来主导，而是形成了创新创业教育生态系统，由校内的几十个项目组织和中心共同培育创业精神。截至目前这些组织与中心更加繁多，对新技术的自我迭代机制更加完善，构成创新创业教育生态系统的种群更加丰富化，而且各个组织之间的协同融合更加有机化。本书构建的麻省理工学院创新创业教育生态系统模型如图 7-4 所示。

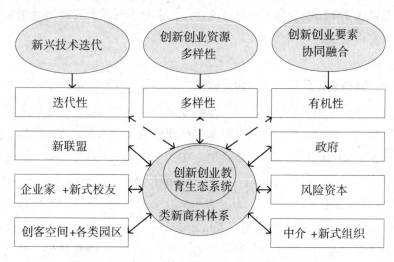

图 7-4　麻省理工学院创新创业教育生态系统模型

根据创新创业教育生态系统理论，创新创业教育生态系统会对该区域的创新创业能力起到决定性的作用，在当地产生网络效应、集聚效应。如麻省理工学院肯德尔广场周围所生成的生物医学技术集群，即创新生态系统生成的典型性成果。麻省理工学院创新创业教育生态系统镶嵌在当地所在的区域创新生态系统中，在一定地理范围内由麻省理工学院、企业家、大型企业、风险资本、政府等利益相关者演化成创新创业网络。尽管"新商科"这一概念在我国于近两年提出，但在麻省理工学院创新创业教育网络中，"类新商科体系"已经孕育形成，它嵌入在麻省理工学院创新创业教育生态系统中，共同组成麻省理工学院创新创业教育生态网络。

第四节　案例启示

根据公式：新商科教育＝面向00后教育主体＋新应用技术＋商科新知识＋创新创业教育，可知麻省理工学院内部已经孕育生成了"类新商科体系"。在新技术变革背景下，对麻省理工学院创新创业教育生态系统模型进行分析，研究其背后的机制，并对机制形成的构建路径进行探析，再结合我国新商科发展的实际情况给出实施路径的建议，这对于我国新商科促进创新创业教育具有重要意义。

一、构建自我迭代机制的实施路径

新技术变革是推动新商科变革的最重要力量，为新商科创造了无穷的创新创业机会，同时也给传统商科带来了严峻挑战。大数据、人工智能、区块链、人工计算等新兴技术的广泛应用，在云平台层、平台层、基础层使用数据即服务（Data as a Service，DaaS）、后端即服务（Backend as a service，BaaS）、软件即服务（Software as a service，SaaS）、平台即服务（Platform as a service，PaaS）、基础即服务（Infrastructure as a service，IaaS）等服务模式，产业链被赋能，其中人工智能管理软件、客户精准画像软件、辅助设计软件、辅助工程软件、企业资源管理软件、供应链管理软件、客户关系管理软件、无人机、机器人、服务 APP 等各种软件、工具与平台的广泛使用，给传统商科教育的内容、模式、效果带来颠覆式影响。面对新技术变革，我国传统商科表现出变革动力不足，创新创业教育远远滞后于实践发展水平，对新兴技术自我迭代性较慢，无法满足新技术应用要求等种种不适应症状。而麻省理工学院在应对新技术挑战时，已经演化成一整套自我迭代的先进机制，即"实践教育导向+内部加大改革与投入+外部与顶尖组织合作"机制。在这套机制作用下，麻省理工学院对新技术的应对是自主自发的，在近三年以来先后围绕智能反欺诈、人工智能、无人驾驶、AI 实验室、区块链技术等先后与黑瞳科技、波音、IBM、丰田等进行合作研究并培养创新创业人才，表现出极强的适应能力与自我迭代能力，这正是我国新商科需要借鉴学习的地方。

纵观麻省理工学院近年来的合作渠道，其实现新技术迭代的主要渠道有三种：一是学校本身与行业领袖合作；二是通过教师研究项目；三是通过校友网络使各种新技术创新中心在美国和世界各地扎根，麻省理工学院校友创办了 30000 多家公司，促使麻省理工学院不断完成新技术的自我迭代，保持在新技术领域的领先地位。从渠道上看我国新商科应当以这三个渠道为切入点加大技术迭代的力度，即通过本单位与先进企业合作、通过教师研究项目、通过校友渠道等来突破发力，对这三个渠道需要三管齐下，缺一不可。

除了借鉴麻省理工学院实现技术迭代的渠道外，我国新商科还要重点借鉴麻省理工学院的实施路径。根据麻省理工学院"应对新技术挑战"主范畴图（图 7-1）可知，麻省理工学院应对新技术挑战采取的是由外到内、由上到下的变革路径。即新兴技术迭代的直接推动力来自技术转移、市场交易与政府支持。三方面的力量分别来自技术、市场、政府，前两方面是技术市场与交易市场的自我调节，属市场行为；最后一个环节即在赢得政府支持方面，麻省理工学院有自己独到的做法。比如，麻省理工学院曾经出版了《重塑制造业：从创新到市场》和《美国制造：从创新到市场》专著后，引导政府成立了先进制造国家计划办公室，制订了美国先进制造技术创新行动计划，这是高校主动赢得政府支持的典型范式。有了技术、市场、政府的合力，麻省理工学院还善于借力于新技术人才、新实践人才的作用力，一边向新实践学习新技术，一边组织开展创新创业教育改革，在理论与实践都达到预期条件时，再完成设施的引进与更新，最后才组织对新学生的招生，从而彻底完成新一轮技术的自我更迭。这种实施路径从 2018 年建立人工智能学院进一步得到验证，在其正式建设该学院以前，麻省理工学院做好了向顶尖企业实践学习、人才储备、课程改革等一系列行为，并且整个运作由学校负责，是典型的由高层组织基层分步实施的路径。这种操作路径与我国部分商科的操作路径正好相反。现有商科往往是把引进新设施置于前，然后才考虑市场、技术、人才、政策、课程改革等诸多问题，因此造成很多不良后果。为此，面对新一轮技术变革，新商科高层应当充分介入，自上而下地进行组织，而不是依靠自下而上地变革。自下而上方式常常带来变革动力不足、整体规划设计互不衔接等诸多问题。新商科应当充分借鉴麻省理工学院在面对技术变革时采用的由外到内、由上到下的实施路径，面对新应用技术的颠覆式冲击，有计划地主动完成创新创业教育中新应用技术的迭代性变革。

二、创新创业资源多样性机制构建路径

麻省理工学院以创新创业资源多样性为目标，采取"平台共建+资源共享+成果共赢"机制。根据麻省理工学院"创新创业资源集聚"主范畴图（图7-2）可知，汇集创新创业资源是建立多样性机制的核心所在。在实施路径上，麻省理工学院注重两类资源的集聚：第一类是适合当地环境的区域性资源；第二类是适合国际化的创新创业网络资源。在新技术变革背景下，新商科要集聚多样性的生态物种，并把这些物种分别嵌入区域性的创新环境、国际化的创新生态网络中。前者需要第一类资源，后者需要第二类资源。因此，麻省理工学院如何对这两类资源进行集聚的路径值得新商科借鉴。

对区域性资源集聚路径的借鉴。麻省理工学院集聚区域性创新创业资源与新技术设施、新技术园区、知识产权交易有直接作用关系。麻省理工学院拥有麻省理工媒体实验室、林肯实验室、麻省理工人工智能实验室等诸多实验室以及300多个研究中心；麻省理工邻近著名的128公路产业园区；知识产权量与交易一直居高不下，比如，2018年麻省理工学院以216件专利申请数位居全球高校排名第二。这些要素吸引了区域性创新创业资源的汇集。为此，我国新商科要不遗余力地加大研究中心和实验室建设，对邻近的产业园区提高影响力，提高每年的知识产权申报数量与交易数量，这些举措均可吸引区域性创新创业资源的汇集。

对国际化资源集聚路径的借鉴。麻省理工学院主要通过知识共享、资源共享网络汇集国际化的创新创业资源。比如，麻省理工学院网络公开课，全球目前有 7200 万人在学习，各门课的视频、笔记与课程大纲均在线上共享使用；麻省理工学院与微软合作的仿真实验室——I lab 项目，使全球大学共享仿真实验室；"麻省理工学院世界"网络平台则向全球展示麻省理工学院的演讲、典礼、学术讲座等视频资料，成为共享的视频型学术论坛。在大数据、云计算、虚拟化技术的背景下，国际化创新网络已无处不在，新商科汇集国际化创新创业资源的门槛大大降低。在新技术变革背景下，新商科天生带有数字化教育特征，更有优势利用知识共享平台与资源共享网络会聚国际化的创新创业资源。

三、生态有机性机制构建路径

在生态有机性构建上，麻省理工学院采用"全方位＋全过程"机制。以创新创业的法律援助体系为例，麻省理工学院在本科学习课程设计上设计了专门的选修课程"创业者和经理人法律基础""法律和尖端技术"；在工商管理硕士学位课程设计上，设置了创新创业相关法律、制度及其他问题等内容；在创业实践阶段，有技术和网络法律事务咨询中心、创业和知识产权法律咨询事务中心等进行协助；在创业出现纠纷阶段，有合作单位、业务单元（Business Unit BU）法律事务所等介入。以小见大，麻省理工学院在创新创业的任何一个环节，均实现了全方位、全过程机制，保证了创新创业教育从理论到实践的落地。

由麻省理工学院"丰富的创新创业活动"范畴图（图7-3）可知，为了确保达到"双全"机制，麻省理工学院实施路径有两条：一是全链条路径，即任何一个环节不能断链，如果麻省理工学院自身力量无法达到，则将最优秀的中介组织纳入有机链条中，形成一批以服务麻省理工学院创新创业生态丛林为业务的依附性种群；二是闭环路径，即麻省理工学院创新创业教育服务的主体是学生，当这批学生享受资源、政策与各种便利在创业有所成就后，麻省理工学院的校友种群将发挥优势，将其纳入校友序列中，将这批校友转化成创业导师、指导专家、比赛评委与种子基金提供者，继续为下一批学生提供指导与各种服务，从而形成闭路的良性生态循环。

在新技术革命背景下，新商科要借鉴的正是麻省理工学院这种以有机性生态种群为建设导向的全链条、闭路式构建路径。鉴于掌握新技术资源的稀缺性，新商科需要更多地借助新型中介组织，比如，各种新技术协会和联盟来完成全链条构建；同时，区块链技术、微信朋友圈等手段使校友激励与组织更加容易和便捷，应着手培育"受益于新商科、感恩于新商科、回报于新商科"的创新创业文化氛围，建立类似麻省理工学院的校友互助式生态圈，使新商科的全方位、全过程机制建立在有机融合、和谐共生的创新创业生态丛林之上。

四、整体规划路线

通过麻省理工学院案例分析，可得新商科构建创新创业教育生态系统的整体规划路线，如图 7-5 所示。由图 7-5 可知，新商科创新创业教育生态系统要根植于当地的创新创业土壤中，扩张于全球化的创新创业网络中。新系统要得到创新创业阳光、雨露与空气的滋养才能欣欣向荣。在新技术变革背景下，做好整体规划路线尤其要关注以下两点。

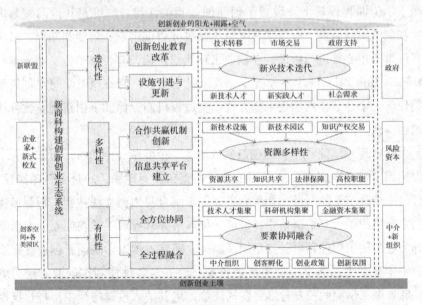

图 7-5　新商科构建创新创业教育生态系统整体规划路线图

一是关注整体生态环境。如麻省理工学院创新创业教育生态系统模型图（图7-4）所示，麻省理工学院创新创业教育系统本身是一个极具生命力和竞争力的生态系统，其典型的特征是对新技术的自我迭代性、物种的多样性、要素的有机性，这是构成创新创业教育生态环境的三项基本要素，三者互相依赖，互相交织，缺一不可。在新技术革命背景下，我国新商科要建立类似的生态系统需要重点学习借鉴麻省理工学院的新技术自我迭代机制与路径。在新技术革命颠覆式影响下，如果新系统不能完成新技术的自我迭代，则多样性、有机性将遭灭顶之灾。区块链、云计算、人工智能等新技术加速了洗牌过程，帮助新物种引进，加速旧事物出局，最后促进整个系统演化，实现自我更新。新商科构建的创新创业教育生态系统要嵌入当地的环境中，嵌入国际化的创新网络中，必须坚持开放性、创新性、包容性等生态系统进化法则。对于麻省理工学院依据自身特点所演化生成的整体性机制与所实施的整体规划路线，我国新商科在构建创新创业教育生态系统时要重点加以借鉴。

二是关注新物种。在麻省理工学院案例研究编码时，本书发现麻省理工学院涌现着大量的新业态、新组织与新技术。比如，尖端技术俱乐部、黑客艺术、可回收资源联盟、虚拟型创新孵化器、原型车间、4D打印、植入式记忆（该词源自麻省理工学院校长致辞），这些自发生成的新组织、新产品、新发现、新能力都很有可能成为诞生新产业的源泉。稻田里一株与众不同的"野草"在传统商科教育的面前，其命运是被迅速铲除；但在新技术革命背景下，它极可能代表未来的发展方向。麻省理工学院创新创业教育生态系统的价值正在于它是一片能把有价值的"野草"识别出来并有能力将其培育成栋梁之材的生态森林，这也是我国新商科在构建创新创业教育生态系统时要加以学习的地方。

第五节　案例结论与展望

总结上述分析，本书利用扎根理论剖析了麻省理工学院创新创业教育生态系统，结合新技术革命背景，对新商科如何构建创新创业教育生态系统共探讨了四个命题，提出以下主要结论与展望。

一、主要结论

一是关于迭代性命题。在新兴技术自我迭代性上，建议以构建"实践教育导向+内部加大改革与投入+外部与顶尖组织合作"机制为目标，注重组织利用学校层面、教师层面、校友层面三个渠道，实施由外到内、由上到下的路径，避免当前存在的由内到外、由下到上的误区，完成新兴技术的自我迭代。

二是关于多样性命题。建议在新技术革命背景下，要更加重视保持物种的多样性，以构建"平台共建+资源共享+成果共赢"机制为导向，在实施路径上根据资源的不同属性采用不同的路径：对于区域性资源，要加大研究中心和实验室建设，对邻近的产业园区提高影响力，提高每年的知识产权申报数量与交易数量来吸引区域性创新创业资源的汇集；对于国际化资源，充分发挥新商科在数字化的先天性优势，利用知识共享平台与资源共享网络来进行会聚。

三是关于有机性命题。建议在新技术革命背景下，以构建"全方位+全过程"的有机性机制为导向，在实施路径上借助新型中介组织来完成全链条构建；利用区块链技术、微信朋友圈等手段建立类似麻省理工学院校友互助式、闭路式的生态圈，使新商科的全方位、全过程机制建立在有机融合、和谐共生的创新创业生态丛林之上。

四是关于整体性命题，在新技术革命背景下，以构建"技术自我迭代+物种多样性+要素有机性的创新创业教育生态系统"为导向，参照麻省理工学院构建创新创业教育生态系统整体规划路线，关注整体环境、关注新物种，建设能识别新物种并能培育新物种的有机化、多样性、能自我迭代的生态森林。

二、未来展望

本书以扎根理论为基础展开的实质性研究，对于"新技术"这一重要影响参数，还需要利用量化研究的相关方法，以创新网络理论为基础对有关概念之间的关联性再做进一步数理统计与分析；同时要以麻省理工学院创新创业教育生态系统为研究对象，通过建立数据模型来完成模拟与仿真，得出结论与建议。

第八章

新商科重构人才培养体系

第一节　问题的提出

党的十九大报告中提出了"推动互联网、大数据、人工智能和实体经济深度融合"，建设"数字中国"的战略规划。在政策助推下，大数据、人工智能、区块链等迅猛发展，引发了新一轮技术革命，并对高校的创新创业能力培养提出了新的更高的要求。率先发起改革的是工科类专业，他们提出了"新工科"的概念。2016年以来，从"'新工科'建设"出发，在工科专业形成了一系列的纲领性文件，比如，大众所熟知的"天大行动""复旦共识""北京指南"等。2019年4月，大数据人工智能创新人才培养论坛举办，该次论坛由国家人力资源和社会保障部教育培训中心指导、由全国高校人工智能与大数据创新联盟主办，主要围绕"新工科"背景下的大数据、人工智能等专业建设进行讨论，对人才需求状况与行业快速发展状况进行了探讨。

随着"新工科"概念的提出，"新商科"引起了国内众多商科类院校的高度关注。2019年6月，全国高校人工智能与大数据创新联盟"新商科专业委员会"成立，并对"新商科"的概念、内涵、实现路径进行了深入讨论，笔者作为新商科专委会常务理事受邀参加了探讨。2019年7月，首届"新商科"教学改革与专业建设高峰论坛会议举行，会议对"新商科"的专业建设进行了专家层面与实践层面的探讨与交流。在大数据人工智能等引发的新一轮技术革命的背景下，本书认为"新商科"是传统商科基于新技术革命而变革的新型人才培养体系。"新商科"首要研究的课题是人才创新创业能力的培养体系问题。

世界各个国家对创新创业人才培养采取了各具特色的措施。美国推出 STEM 课程，即以科学（Science）、技术（Technology）、工程（Engineering）、数学（Mathematics）为主，后来又加入艺术课程；实施项目引路（Project Lead The Way，PLTW）计划，设立了专门组织机构，推动实施项目培养创新创业人才的措施。德国实施跨地区特别领域研究（Sonder fors chungsbereich）项目组织，以项目为主培养创新创业人才。日本实行科学重点高中措施（Super Science School），培养有创新精神的人才。近年来美国实施创客教育，除了原有的课程，还引入了技术操作性课程，如激光切割技术、3D 打印操作等，为培养创新创业人才的动手能力与创造能力提供先进设施，创客教育极大地深化了 STEM 课程。

商科是高等教育所有学科中最为热门的学科之一，世界各地针对商科提出了不同的能力培养体系。其中最为典型的是欧洲新学位制度下商科的三级学位能力体系。该体系体现了以学生和能力为导向，提出了关键性一般能力与商科特有能力两类要求。其中涉及创新创业能力的表述，比如，在第一级（本科）学位阶段，要培养具有运用基本商业软件的能力、持续学习的能力、寻找信息并分析的关键性一般能力；培养胜任特定工作并在某种程度上成为专家、能对运营环境进行分析、能寻求解决问题方案并对已有方案进行评估的商科特有能力；在第二级（硕士）学位阶段，要培养团队合作能力、设计和研究能力、能从模糊的信息中获取有效信息并使用特殊软件的关键性一般能力，要能够解构与分析复杂商业问题等的商科特有能力；在第三级（博士）学位阶段，提出要培养企业家的创新精神、预测多样性和多元文化对商业活动产生影响的关键性一般能力，在相关商业领域内能独立地、原创地分析、选择和研究的商科特有能力。欧洲商科的课程结构体现了"以学生为中心、以能力为基础"的导向。他们关于创新创业能力的课程，其中在核心课程模块中设计了商业伦理道德、管理信息系统、策略管理、操作管理等课程；在专业化模块中设计了前沿或国际化专题、跨文化管理、电子商务、创业等课程；在支持性模块中纳入了沟通、协商、数据分析、竞赛理论、商业竞赛、电子学习等课程。该课程体系强调了创新创业能力与技术的培养，凸显了对创新创业的重视，为本书新商科创新创业能力培养体系构建提供了重要借鉴。

国内商科非常重视创新创业能力培养。国内商科的大部分教育者意识到创新创业教育不是企业家的速成教育，它不是盲目发动与鼓励在校生或毕业生去创办公司，而是要设立科学合理的创新创业培养体系，开设大学生创业基础、创新思维训练、创业实践、创新创业等系列课程，帮助大学生掌握创新创业的专业知识，把握其发展的内在规律，全面培养创新创业意识、精神与品德，使所培养的大学生成为合格的创新创业人才。

由上述实践发展现状可知，国际国内商科虽然均非常重视创新创业人才培养，对培养体系不断进行改进，提出了大量改革措施，但在大数据、人工智能、区块链等技术变革背景下，社会对创新创业教育提出了新的要求，即在新技术革命背景下要培养既懂新技术又懂新商科的复合型、综合型人才。在巨大的人才需求推动下，新商科需要重构适合新时代发展需求的创新创业能力培养体系，进一步从理论上探讨新形势下创新创业能力生成机理，以理论指导实践，并有预见性地提出未来发展的路径框架，这对促进新商科创新创业教育快速、科学发展具有极其重要的研究意义。本书将对上述问题，结合我国新商科创新创业教育的实际发展情况进行深入探讨。

第二节　文献研究

针对传统商科与新商科的创新创业能力培养体系，国内外研究文献的研究重点可分为以下六方面。

一、创新创业能力培养的社会背景与需求研究

祁占勇等（2018）认为，《关于深化产教融合的若干意见》提出校企协同育人，促进教育链、人才链和产业链、创新链的有机衔接，从政策层面上引导各高校建立协同育人模式。达瑞尔·诺曼·布鲁尔（Burrell Darrell Norman，2008）认为重大的组织变革不可避免地涉及创新能力的适应性挑战，打破历史和固定的组织范式和价值观。高校应当成为创新的孵化器，克服在组织系统中停滞不前的障碍，加速并实现深刻变革，增强人才创新能力的适

应性，以便在复杂、竞争和具有挑战性的环境中能有创造力。詹姆斯·C.海顿（Hayton James C，2005）认为随着环境变得越来越复杂和动态，企业必须变得更具创业精神，以便找到持续创新绩效的新机会。创新创业要由组织学习、协作、创造和个人承诺驱动，这些实践是创新成功的重要驱动力。拉斯—埃里克·加德（Gadde Lars-Erik，2013）认为最近一个世纪已经经历了商业格局的两次重大转变，第一次是在 20 世纪初建立大型综合等级制度，如福特汽车公司。第二次是 20 世纪末这些等级制度的解体。创新之间的相互作用需要重新设计和改变公司的界限。企业的界限是多方面的，除了所有权界限之外，影响力、意识的边界也是核心要素。企业界限是动态的，有时在与其他公司之间起缓冲作用，而有时它们起着桥梁作用。对于个别公司的界限设置，要在专业化和整合之间平衡，在公司内部与商业伙伴之间平衡。托马利·多安等（Doan Tomalee，2009）认为当今快节奏的全球环境，要求专业人士要成为能跟上用户需求的领导者。

二、创新创业能力培养的目标与作用研究

严玉萍（2014）认为商科大学生创新创业能力培养目标分为三部分：在创新创业意识上，包括基本意识与心理特质；在能力结构上，包括创新能力、决策能力、领导能力、抗风险能力；在知识结构上，包括商科创新创业知识结构。巴克斯-盖尔纳·乌奇等（Backes-Gellner Uschi，et al，2007）认为创新教育大学学位、受教育历史、实际创新学习长度可以用作银行对创新型初创企业的信贷评估依据，以解决创新型企业因缺乏生产历史及累计声誉而无法进行的信贷评估问题。埃琳娜·L.格里戈连科等（Grigorenko Elena L，et al，1999）认为在重大社会变革的影响下，创新型学校比传统学校显著提高了学生的创造性技能，能更好地培养学生的创新分析能力、创造性和实践性。托尔斯滕·林伯格等（Ringberg Torsten，et al，2019）认为创新是现代商业重大转型的重要组成部分。里贾纳·佩凡尼斯·施利等（Schlee Regina Pefanis，et al，2014）针对随着社会需求的要求提高，商学院能否对培养学生的创造性思维和开发创新产品和服务的能力起到作用这一问题，通过以 442 名本科商科学生为样本发现，相关学生在商业会计学、金融学、经济学和信息系统等学科里所培养的创造性思维要优于在企业里所培养的水平。

三、创新创业能力培养的影响因素研究

梁宏等（2019）认为科研参与、培养条件、导师指导、服务与管理等各个培养过程要素均对毕业生提升创新能力产生显著影响。弗兰克·克劳利（Crowley Frank，2017）认为最大限度地发挥创新潜力是经济增长的基础，在创新能力的影响因素中，知识共享、授权均与创新水平呈相关性。鲍悦等（Bao Yue，et al，2016）认为影响企业家精神的因素包括对经济机会的看法、教育水平、国际工作经验、新业务、政策透明度等。瑞贝卡·卡恩兹格等（Kaenzig Rebecca，et al，2007）认为性别对商务专业学生的学习与创新有显著的影响。

四、创新创业能力培养的手段研究

宁芳（2018）认为创新意识的培养应从观念创新、技术创新、文化创新、战略创新四个方面入手。劳伦斯·B. 卓克（Chonko Lawrence B，et al，1996）认为创新要学到创新知识与创新技能，商务学生入门要引导学生了解要掌握哪些专业知识以及哪些创新技能。伊恩·A. 麦克劳德（MacLeod Iain A，et al，2010）认为，传统的课程倾向于培养学生的学术思维而不是学生创新所需的实践性思维，这些传统课程几乎不支持培养创新性能力；认为创新能力的可衡量维度包括教育、经验、信息等，并经研究提出创新能力对新技术的采用有重要作用，但对创新扩散是否有作用还有待进一步研究。钱森（Chanson H，et al，2000）认为过多地利用公式和方程训练出来的学生缺乏批判能力，对培养创新能力没有帮助。阿兰·R·丹尼斯等（Dennis Alan R，et al，1993）认为创新方法和技术支持工具的引入可以有效地用于重新设计业务流程，但对团队式创新的作用效果有限。

五、创新创业能力培养与新技术研究

谢志远（2016）认为新技术实际应用周期越来越短，但高校的人才培养模式、教材、课程等更新较慢，新技术纳入人才培养体系中需要花费过长的时间，导致人才培养与社会需求之间矛盾非常突出。罗纳德·昆兹等（Kuntze Ronald，et al，2019）认为创新的在线视频教学模块，能显著地提高

商科类学生对金融等专业知识的接受程度，在效果上新颖的教学创新比普通的课程更为有效。托尔斯滕·林伯格等（Ringberg Torsten, et al, 2019）认为创新是现代商业重大转型的重要组成部分，创新技术和思维方式应该结合起来进行分析，放在同一个二维模型中考虑，Y 轴代表创新技术水平，X 轴代表创新思维水平，不同象限可代表不同的创新结果，分别为渐进式创新、激进技术创新、激进思维创新和革命性创新。

六、创新创业能力培养的课程

万芳（2019）认为新商科教师必须依据学生、时间与空间不同，具有不断动态调整专业的能力，不断改变培养手段、更新课程，以开发学生的创造性思维，适应新商科需求。林健（2018）以新工科的专业课程体系为例，提出新工科课程要由不同学科交叉复合，组成通识基础课、学科专业基础课、专业核心课、专业拓展课，体现创新性、交叉性、综合性、模块化。王守宏等（WangShouhong, et al, 2015）认为大学或商科为小企业提供了业务或经营管理学习方面的计划，但很少为这些小企业提供信息技术课程，应把虚拟性、适用于小企业的信息技术型课程纳入教学设计中。罗伯特·B. 葛瑞迪（Grady Robert B 1993）认为软件与技术课程不仅仅是为了开发新产品，还应提出更经济有效的方法，这些方法对于高效创建产品和长期业务生存至关重要。伊莲娜·柯蒂斯等（Curtis Elana, et al, 2017）认为创新课程针对不同学生要有所区别，对于第一学年的少数民族学生，应增加对跨学科认知、科学类课程的介绍，增强教学活动创新与评估，以支持这类学生能成功起步。

综合国外、国内文献研究，从研究内容上看，已有文献主要研究创新创业能力培养体系的社会背景与需求、培养目标与作用、影响因素、培养手段、技术手段、课程设计等。对已有文献的梳理，对本书的主要价值有三点。一是为确定新商科创新创业能力培养体系框架提供了指引，由文献综合分析可知新商科创新创业能力培养体系主要是按"兴趣—商科知识—实践—思维—精神"的主线来设，这为本书构建新体系、新模型提供了思路。二是为新商科创新创业能力培养体系的影响因素界定提供借鉴，本书在设置相关变量与维度时可予以参考。三是部分学术观点可以为新商科的机理研究提供理论依据。当然，现有文献研究存在的主要不足在于，鉴于新商科是在新技术革命背景下的新兴事物，关于新商科的研究刚刚起步，已经见刊的文献目前非常有限，理论体系有待形成，与新技术革命带来的颠覆式影响相比，理论研究水平远远跟不上实践发展的速度，亟须根据新时代需求加强对商科创新创业能力培养体系的理论研究，探讨其内在机理，用模式机理等理论指导实践，以更有效地促进新商科创新创业能力培养体系的建立与完善。

第三节 模型构建与机理分析

一、模型构建

近年来不少学者对创新能力培养体系提出了不同的模式。胡卓玮等（2017）针对实践创新能力培养体系，提出了由知识学习与实践应用互融、校内校外培养互动、内外部资源互补、科研与实训互通、能力与综合素质培养互联的"五互"模式。杨明等（2017）针对创意人才培养体系，提出要从更新观念入手，建设创客空间实验室，培养创客师资，形成竞赛与课程连贯制，协作研讨制定创意课程等。类似这些模式或体系，基本上还是依托传统商科构建，与新商科的要求还有差距，需要考虑近年来大数据、云计算、区块链、人工智能等新技术革命对新商科所带来的颠覆式影响。

新技术革命对新商科创新创业人才提出了新的岗位要求。这些要求首先体现在新技术应用的实践层面上。随着数据即服务（DaaS）、后端即服务（BaaS）、软件即服务（SaaS）、平台即服务（PaaS）、基础即服务（IaaS）的应用，各行各业对商科创新创业人才的需求发生了根本改变，原先只需要懂商科、具有创新创业能力的人才，但在新技术革命背景下，还需要其懂新应用技术。新应用技术带来全新的岗位技术要求，需要新商科人才熟练使用协同、共享、智能化等软件，在供应链管理、交易、运营、控制、办公、财务、资源配置、服务等各个环节，能按新技术平台要求，利用各种 App 软件、大数据处理软件或智慧管理软件来完成数据采集分析、订单处理、即时配送、事件管控、投诉解决、实时反馈等事宜，胜任新技术对新商科人才提出的岗位职责要求。新技术应用的岗位要求同时带来对合格新商科人才的巨大需求，而且会在较长时间内存在着巨大的人才缺口，亟须大学通过培养体系变革来满足社会需求。

新技术革命对新商科人才创新创业能力培养路径也产生深刻影响。其中不同学者已经做了一定研究可予以借鉴。孙桂生等（2016）认为创新人才的培养路径包括社团比赛、课堂教学、项目实训、园区孵化、企业合作。严玉萍（2014）认为虚拟实践教学平台（Virtual Practice Teaching Platform, VPTP）虚拟化模拟和仿真了社会实际工作，背后是真实的情景与数据，有助于解决大学教学与现实相脱节的问题，有利于提高商科大学生的创新创业能力。袁剑波等（2008）提出创新创业能力提高可以通过各种竞赛得到锻炼，包括数学建模比赛、科技创新大赛、实践技能大赛、英语比赛、设计大赛等。

借鉴上述观点，再根据前文文献研究中关于商科创新创业人才培养体系的框架，本书尝试将"新应用技术"作为单独的一个环节嵌入新商科创新能力培养体系中，提出以"兴趣—新应用技术—新商科知识—新实践—新思维—新精神"为主线来构建新培养体系。在新技术革命背景下，本书认为还应更加突出实践模块，再参照本书前期所做的调查，提出培养新体系的渠道共17个，这些渠道分为5大模块：实践实习模块，包括创业园区孵化、实践基地实习、实践平台演练、现场考察活动、学徒活动；实践竞赛活动模块，包括商科竞赛、社团活动；实践讲座交流模块，包括创新创业前沿讲座、企业家讲座、创业者交流；课堂教学模块，包括传统课堂教学、案例讨论、翻转课堂、企业家进课堂；实践教学模块，包括实务模拟、情景模拟、虚拟商科平台演练。需要说明的是，此处所提的传统课堂教学是指按既定教材授课的方式，与目前流行的案例讨论、翻转课堂、企业家进课堂等形式差别较大，所以专门做了区分；实务模拟与情景模拟，两者的差别在于模拟手段存在明显差异，前者如沙盘模拟，后者如模拟法庭辩论。渠道与模块的分类如图 8-1。

由图 8-1 可知，新技术革命对新商科人才创新创业能力培养体系所带来的影响主要表现在实践模块。在五大模块中，即实践实习模块、实践竞赛活动模块、实践讲座交流模块、课堂教学模块、实践教学模块，课堂教学模块只占了五分之一，并且课堂教学模块中的授课方式也广泛引入了案例讨论、翻转课堂、企业家进课堂等新形式。可见，与最传统的按出版教材进行授课的方式相比，新的培养体系中增加了大约 16 种渠道，即创新创业能力培养渠道中的 94% 是近些年来随着技术发展而被重视推广的。

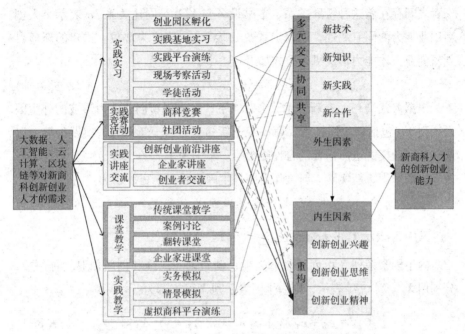

图 8-1 新商科创新创业人才培养体系重构模型

二、机理分析

借鉴卢艳青等人（2014）的研究方法，在新商科创新创业能力培养体系模型中，本书根据创新创业能力本质属性的不同，将其分为外生因素、内生因素两大系列，其中外生因素包括新技术、新知识、新实践、新合作；内生因素包括创新创业的兴趣、思维、精神等（如图 8-1 所示）。假设创新创业能力设为 Z，内生因素设为 X，外生因素设为 Y。

其中 Z 表示新商科人才的创新创业能力，X 表示影响 Z 的内生因素，Y 表示影响 Z 的外生因素；设定内生因素 X 是决定性因素，可以直接发挥作用形成创新创业能力 Z；外生因素 Y 通过外部环境的学习培训或实践锻炼，可以转化为内生因素形成创新创业能力，也可以借助内生因素作用转化为创新创业能力。内生因素 X 可以部分转化为创新创业能力 Z，两者之间虽然不是线性关系，但可设 X^β 与 Z 呈同比关系；再考虑 X 只能部分进行转化的实际情况，故取 $\beta \in (0, 1)$；Y 既可以转化为 X，也可以借助 X 转化为 Z，基于三者之间存在着这种特殊关系，本书设 Z 与 $Y^{1-\beta}$ 呈同比关系；α 表示个人创新创业能力的固有属性，用固定系数 α 表示，α 取值为常数。构建的新商科创新创业人才能力形成机理公式如下：

$$Z = \alpha\, Y^{1-\beta}\, X^\beta \qquad\qquad (公式\ 8\text{-}1)$$

根据公式（1），在新技术革命背景下，影响创新创业能力形成的外生因素系列 Y，包括新应用技术、商科专业新知识、基于新平台的实践经验，以及在新商业模式下所需要的合作能力等。本书用 Y_1、Y_2、Y_3、Y_4 分别代表新技术、新知识、新实践、新合作，则外生因素系列 Y 可表示为：

$$Y = \delta_1 Y_1 + \delta_2 Y_2 + \delta_3 Y_3 + \delta_4 Y_4 \qquad\qquad (公式\ 8\text{-}2)$$

其中 δ_i 表示 Y_i 的系数，且 $\sum_{i=1}^{4} \delta_i = 1$。

内生因素系列 X 由创新创业兴趣、创新创业思维和创新创业精神组成，分别用 X_1、X_2、X_3 表示，则内生因素系列 X 可表示为：

$$X = \varepsilon_0 + \varepsilon_1 X_1 + \varepsilon_2 X_2 + \varepsilon_3 X_3 + \sum_{i=1}^{4} \Delta\delta_i Y_i \qquad (公式\ 8\text{-}3)$$

其中 ε_0 为创新创业人才原有素质，$\sum_{i=1}^{4} \Delta\delta_i Y_i$ 为由外生因素转化而来的总和。根据公式 8-2 可知，$\Delta\delta_i$ 系数为各个外生因素的变化率，可由 Y 求偏导得到，即：

$$\Delta\delta_i = \frac{\partial Y}{\partial Y_i} \qquad\qquad (公式\ 8\text{-}4)$$

故公式 8-3 可以变为：

$$X = \varepsilon_0 + \varepsilon_1 X_1 + \varepsilon_2 X_2 + \varepsilon_3 X_3 + \sum_{i=1}^{4} \left(\frac{\partial Y}{\partial Y_i}\right) Y_i \qquad (公式\ 8\text{-}5)$$

将公式 8-2、公式 8-5 代入公式 8-1，可得最终的机理公式为：

$$Z = \alpha\, (\delta_1 Y_1 + \delta_2 Y_2 + \delta_3 Y_3 + \delta_4 Y_4)^{1-\beta} \left[\varepsilon_0 + \varepsilon_1 X_1 + \varepsilon_2 X_2 + \varepsilon_3 X_3 + \sum_{i=1}^{4} \left(\frac{\partial Y}{\partial Y_i}\right) Y_i \right]^\beta$$

$$(公式\ 8\text{-}6)$$

新商科人才的创新创业能力形成机理公式8-6，为高校如何在新技术革命背景下培养新型创新创业人才提供了理论上的导向。由机理公式可知，新型创新创业人才应具备以下七个能力特征：要懂大数据、云计算、区块链、人工智能等新应用技术；要掌握大数据分析、资源计划、供应链管理、管理智能化等各种商科专业新知识；要有基于基础层、平台层、云平台层等平台管理的最新实践经验；要有基于App、线上、线下等开展各种合作所需要的合作能力；要对新技术、新产业带来的巨大机遇保持浓厚兴趣并具有准确捕捉机会的能力；要具备借用大数据软件、智能软件等进行管理的新思维模式；要具备适应新时代需求的、具有国际化运营视野的企业家精神。

第四节　建设框架建议

创新创业能力培养体系模型与机理公式为新商科人才培养提供了路径导向。本书认为培养新商科创新创业人才应集合新应用技术平台、高校、孵化园区以及其他各类社会资源，以创新创业能力培养为主线，抓好七个环节：帮助创新创业人才掌握创新创业新应用技术、学习创新创业新商科知识、锻炼创新创业实践能力、提高利用各种新型平台的合作能力、培养创新创业兴趣、养成创新创业思维、激发创新创业精神（企业家精神），综合构建新商科人才创新创业能力培养体系，具体的建设路径框架包括如下内容。

一、多元：组建复合型师资力量开展新应用技术教育

根据新商科创新创业人才培养体系模型以及机理公式8-2，可知社会急需懂新应用技术的创新创业型新商科人才，且新应用技术是外生因素中的第一因素。新商科面临最大的挑战是新应用技术的挑战，同时也是最大的机遇。针对创新创业人才加强新应用技术教育的最大短板是师资力量的短缺。当前创新创业教育的教师存在师资结构单一、经历单一等问题，有的"半路出家"转行而来，有的由辅导员兼任，加强新应用技术教育存在着巨大的师资力量缺口。快速弥补这一缺口的办法是通过师资力量的多元化，打造复合型师资队伍。在教师的专任与兼职上，建议由专业队伍、专职队伍、兼职队

伍共同构成；在教师来源结构上，建议由企业、专家、高校教师共同构成；在知识结构上，建议由大数据、人工智能、区块链、商科等不同专业的教师共同组成，形成典型的复合型师资力量。对于新应用技术的普及教育，尤其需要来自技术一线的企业人员或专家来担任。当前，如果完全依靠高校培养与引进师资，显然不能满足快速发展的新应用技术的需要。以作为首招人工智能方向研究生的北京航空航天大学为例，尽管该校在人工智能领域起步较早，但在新技术传授与指导导师的使用上，其中30%来自企业，30%来自一线专家，只有40%出自高校，并保证让学生至少一年时间是在企业里实习与训练。建设多元化、复合型的师资队伍是新商科普及新应用技术教育的有效办法，预计将引发一系列高校的人事制度、用工制度改革。从未来师资来源结构来看，3∶3∶4应是比较理想的比例，即企业、科研机构、高校各占相应比例，此举将有利于学生接触到最前沿的应用技术，保证学生所学的应用技术是最新的，所得到的指导是接地气、能跟得上时代的。掌握了新应用技术的创新创业新商科人才无疑是最受市场欢迎的，这部分人才中的出类拔萃者在毕业以后，也应有通畅的渠道与机制再回流到高校，让他们在新商科创新创业教育中能担任角色，比如，新技术应用课程兼职讲师、新商科社团活动指导人、实践平台指导教师、竞赛指导教师或毕业设计导师等，从而形成由"学生—专家—导师—指导学生"的闭路式良性循环。

二、交叉：构建适应新形势的专业课程新体系

根据新商科创新创业人才培养体系模型及机理公式8-2可知外生因素中的新知识因素是重要变量之一。帮助新商科创新创业人才学习新商科知识，构建适应新形势的专业课程体系是当务之急。新商科创新创业人才专业课程体系应由通识基础课、学科专业基础课、专业核心课、专业拓展课组成，体现综合性、交叉性、模块化。在通识基础课，要引入创新思维、创业入门等课。虽然这些课在传统商科课程中也有设置，但新技术背景下，应当更多地使用案例讨论、情景模拟、翻转课堂等新课堂组织形式，以激发学生的创新创业兴趣，培养其批判、独立思考的能力。面对新技术革命，新商科可引进的新课程主要集中在新应用技术课程上，包括云计算、区块链、大数据、人工智能等领域，涉及计算机网络与云计算、数据分析与可视化、大数据采集

与实践、区块链理论与应用、商业智能、物联网、智能化管理等大约 26 门新课。这些新课程的引进可以通过"交叉"方式得以实现：一是课程交叉，通过加大公共选修课学分的设置，让学生跨学科进行选修能完成学分；二是学科交叉，建议新商科与新工科交叉共建，在引进、培养人才时共享资源，将大数据、人工智能等学科领域知识与新商科专业知识交叉融合，形成交叉型学科结构。

三、协同：对接先进技术资源共建新实践平台

新技术革命对新商科创新创业教育实践能力的训练与培养提出了前所未有的挑战。由新商科创新创业人才培养体系模型可知，"实践"两字出现频率最高，搭建各种渠道的新实践平台最有利于帮助新商科创新创业人才完成实践经验的积累。如模型所示，创业园区孵化、实践基地实习、实践平台演练、现场考察活动、学徒活动，以及实务模拟、情景模拟、虚拟平台等实践教学活动均可以有效地提高新实践经验。新技术革命带来的挑战大部分来自技术平台。当前与未来，越来越多的企业与企业间、企业内部各部门之间的协同将建立在云平台层，使用 DaaS、BaaS、SaaS（指数据即服务、后端即服务、软件即服务）服务模式；对于微服务平台、集成平台、业务平台、物联网、数据平台，采用 PaaS（平台即服务）服务模式；对于云计算、云存储、云安全、物流仓储、控制系统等基础层则采用 IaaS（基础即服务）服务模式。可见，协同计算、信息融合、集成处理等均建立在基于大数据、云计算等新应用技术的新实践平台上。但高校仅凭现有的设备条件、实践平台与技术水平，很难适应新技术平台对培养创新创业人才的要求，同时也很少有企业具有针对学生的实践需求设计、定制的实践平台。为此，高校必须将新实践平台向先进型、开放型、创新型、协同型转变，主动与具有技术先进性资源的企业对接，协同攻关技术难题，协同共建新实践平台，协同开发新课程与新教材，协同创新实践教学模式，才能顺应新技术发展趋势，既能解决创新创业人才实践训练下企业难的问题，还能拓展高校创新创业的服务水平。

四、共享：基于新商业模式拓展合作能力训练渠道

根据新商科创新创业人才培养体系模型与机理公式 8-2、8-3，可知

"新合作"是新商科人才创新创业能力生成的外生因素之一。合作原指通过人与人或群体与群体之间完成共同目标的配合活动。在新技术革命背景下，众筹、众研、众包等新商业模式盛行，众筹是指通过大数据平台仅凭商业模式就可以把所需要的资金筹集到手，或仅凭创意就可以吸引消费者提前把产品销售掉；众研是指科研开发不再只靠企业内部人员，还可以依靠社会化力量；众包是指产品从设计到成品到配送，不必再由企业亲力亲为，可以按产业链最优化分工分包到其他企业。众筹、众研、众包等新商业模式对于新商科创新创业人才培养是最大的利好消息。基于社会资源共享平台，创新创业人才凭借产品创意、商业模式或服务模式设计，就可以吸引社会资金投入，吸引供应链分工，吸引众多合作伙伴加盟，这大大降低了创新创业的门槛。但前提是新商科人才要具有适应这种新商业模式的合作能力和共享管理经验。在新商业模式下，新合作是指在共享、互信的前提下，新商科创新创业人才在合作确立项目、合作调动资源、合作推进进度、合作保证质量中具有胜任新角色、履行新分工的合作能力。在新技术革命背景下，各类新商科竞赛与新社团活动层出不穷，它们大部分是基于共享平台与合作平台展开的，可以有效地帮助新商科人才提高在共享创意、共享平台、共享资源、共享经验、共享成果、共享收益中的合作能力，积累共享管理经验，这是新商科创新创业教育中应大力拓展的渠道。

五、重构：以内生因素为导向调整培养体系

根据新商科创新创业人才培养体系模型及机理公式 8-3、8-6，可知新商科人才的内生因素对于创新创业能力起到决定性作用。故本书建议以内生因素的激发、培养与转化为导向，重构培养体系，把对创新创业兴趣、思维、精神起作用的方式方法作为核心要素引入培养体系，由以前的学术训练或知识灌输为主，转为以兴趣激发、思维训练、企业家精神培育为主。根据培养体系模型图可知创新创业兴趣的激发主要手段包括社团活动、创新前沿讲座、企业家讲座、现场考察活动、学科比赛、学徒计划、实践基地实习；创新创业思维的训练主要手段包括课堂教学、实践教学、课外活动、创业者交流、社会实践；创新创业精神或企业家精神的培育主要手段包括学科竞赛、企业家进课堂、创业者交流、精英校友收徒计划、实践基地实习。从这

些新渠道可以看出，传统的课堂教学只对创新创业思维训练起到一定作用，创新创业兴趣的激发真正有效的手段是各种社团活动、竞赛活动、实习活动、考察活动等；仅在课堂上教学是培育不出企业家精神的，要通过实践、实习、交流、竞赛等渠道去实现。通过机理公式与模型，可知新商科人才创新创业能力培养体系的重构路线要落脚到以培养创新创业兴趣、养成创新创业思维、激发创新创业精神（企业家精神）这条主线上来，再通过多元、交叉、协同、共享等手段促进外生因素向内生因素转化，最终提升新商科人才的创新创业能力。

总之，在大数据、云计算、人工智能化、区域链等新技术革命背景下，本书基于国内外比较、新老模式比较，尝试构建了新商科人才创新创业能力培养体系模型，并探讨了新商科人才创新创业能力形成机理公式，建议以强化内生因素为构建导向，以多元、交叉、协同、共享、重构为建设路径，为促进新商科创新创业教育如何快速、高效、科学发展提供部分理论依据。上述一系列探讨均是新商科领域内较新的研究成果，部分研究结论应属国内首批次发布的成果。本书的主要不足之处在于，鉴于新商科是新生事物，对新商科人才创新创业能力形成机理公式还有待通过数据积累后完成实证检验。

第九章

新商科生态系统的健康因子评价

第一节　研究背景与问题提出

根据科技部官方网页公布的数据，在创业的人员中，青年、高级知识分子是主体，其中大学生占到了 30%。高校的创新创业教育对于实现保就业具有重要意义。国家出台了一系列措施支持创新创业教育。2019 年，教育部发布关于做好深化创新创业教育改革示范高校 2019 年度建设工作的通知。2018 年，教育部发布关于做好 2019 届全国普通高等学校毕业生就业创业工作的通知。2016 年，教育部规定从 2016 年起所有高校都要设置创新创业教育课程，对全体学生开设创新创业教育必修课和选修课，纳入学分管理。从 2016 年起，各高校面向全体学生普遍开设了创新创业教育专门课程并纳入学分管理，有的大学设置了 8 学分的创新创业教育必修课。2016 年年底时全国高校开设相关课程达 2.3 万余门，"学堂在线"等主要在线课程平台遴选上线了 65 门在线开放课程。在教师队伍方面，2016 年年底全国高校创新创业教育专职教师超过 2.6 万人。教育部还专门建立了全国万名优秀创新创业导师人才库，首批遴选 4000 余名导师入库。2016 年时在全国各地各高校成立大学生创新创业协会、创业俱乐部超过 1 万个；实施"国家级大学生创新创业训练计划"，强化创新创业实践，千所高校的 50 万名大学生参与；建设了 200 个全国创新创业教育改革示范高校和 19 个国家级"双创"示范基地。2015 年，《国务院办公厅关于深化高等学校创新创业教育改革的实施意见》发布。2010 年，发布《教育部关于大力推进高等学校创新创业教育和大学生自主创业工作的意见》。这些文件与政策的出台，促进了我国创新创业教育的快速发展。

从全球来看，创新创业教育的发展经历了起步阶段，仍处于快速发展之中。据全球商学院认证系统 AACSB 的统计数据显示，全球商学院在 1990 年只有 28 家有创业教育课程。但到 2008 年，就有约 1600 家商学院开设了创业教育课程。创业导师或创业教授的教职数量在 1990 年时仅有 26 个，在 2008 年时已经达到 366 个。时至今天几乎所有的大学商学院都已经开设了创新创业教育课程，创新创业师资力量对比以前已呈现几何式增加，仍然处于紧缺之中。

第二节 文献研究

创新创业教育评价理论。评价生态系统指标用到的理论与方法包括生态位理论等。根据生态位理论，世界上的每一个物种都拥有属于自己的地位和角色。若是类似同质的服务，在同一时空内竞争则难以同时存在。生态位理论是研究生态因子的生态位关系，并试图通过生态位分离、扩展以及共同进化的策略研究生态系统各要素之间的相互作用机制，从而使创新生态要素具有互补优势和共同进化。拿已经实现创业教育，促进动态平衡创新和创业教育生态系统的高校来说，高校的创新创业教育生态位与生物生态位一样，从发掘创新创业项目再到培育、孵化整个过程中都能看到生态位重叠的现象，即高校教育资源侵占、服务内容同质等现象。举例来说，现有创新创业教育师资的来源主要有校内的老师、学生以及具有非常丰富创新创业实践经验的校外企业家、创业者们和来自外校的专家教授，对于校外聘请人员，往往具有聘请经费较高以及难以解决编制等问题，但学校老师则往往不存在这样的问题，他们具有编制且不需要昂贵的聘请费，所以高校大量的创新创业教育师资生态位就被缺乏经验和实战的校内人员所"占领"。根据生态学理论，在充斥着同类资源的生态资源环境中，如果不能够进行合理的生态位分离，那么前期的弱势群体势必会在激烈的竞争中被影响甚至消亡，带来整个创新创业教育生态系统的生态破坏（张超等，2019）。

创业教育绩效评价指标研究。创业教育绩效是指创业教育的有效性。布洛克和沃尔特（Block & Walter）从教育引导学生进行自主创业、教育激励学生取得创新成果两个方面评价创业教育的价值；尼古拉斯（Niklas）把开展创业活动的时间及创业收入作为创新创业的评价指标，通过长期观察以及对接受过创业教育的创业者进行实验研究，来探索创业教育的成效（Elert N, 2015）。国内学者也从不同角度和层面，研究了创业教育有效性的评价指标体系的构建。陈浩凯等（2008）提出了创业教育师资、创业教育课程、创业教育环境以及学生四位一体的创业教育质量评价指标体系。王华锋等（2012）从创业课程、创业竞赛、创业实践和创业环境四个角度入手，构建了创业教育评价指标体系。舒福灵等（2012）基于创业教育氛围、基础平台建设、创业教学、创业实践、创业培养效果五个方面，构建了创业教育评价指标体系。汪鑫等（2016）从系统论的角度着手，从创新创业的教育投入、教育环境、教育产出三个方面构建创业教育评价指标体系。徐玉国等（2017）基于 CIPP 模型，构建出高校创业型人才的质量评价指标体系。还有学者以政府、高校、社会、学生为四个一级指标，构建出绩效评价指标体系。也有一些学者从创业教育绩效的影响因素方面进行分析研究，徐小洲等认为大学生的创业意向与创业能力，不仅是个人自主选择、学习的结果，也和周围的社会环境、所受教育、家庭等外在因素有关；他们认为，创业教育的政策、创业教育的环境、家庭创业的背景、创业教育的内容等显著影响高校大学生创业教育的满意度。学者一直关注有关大学生创业教育的有效性问题，而且对其存在一定争议。探究争议的主要原因，在于学者从创业教育的不同侧重面进行研究，创业教育的对象不同，其教育目标、创业教育有效性的评价标准也会随之不同。研究成人高校大学生这一目标群体时，其成人和在职大学生的特点，决定了创业课程的小部分教育内容是了解创业教育，创业课程的大部分教育内容是准备创业和正在创业的教育。构建成人高校生创业教育，不仅要关注创业意识的培养，还应该关注学生们在接受创业教育过程中的各项创业教育要素，如创业教育课程、创业教育方法、创业教育师资、创业教育管理等。通过创业教育，培养创业意向，提升创业品质素养、掌握创业综合知识、提高创业实践本领，努力进行创业，并能够实现创业。由此，我们不仅要研究创业教育的各项要素对创业意向、创业行为的影响，还应关注创业意向在创业教育诸要素与创业行为之间所具备的中介作用，以及创业环境、创业教育对象的群体特征在整个过程中所起的调节作用。谢言杰等（XieYanjie, et al, 2019）建立生态多样性、协同共生、网络互动与自我发展等 33 个指标的大学创业生态系统评价指标体系。通过层次分析法，获得了各个级别的指标权重，结论认为专家们把自我进化和网络互动看作大学创业生态系统两个最重要的衡量指标。同时，该研究把浙江大学作为研究案例，对提出的评价指标体系进行了验证。结果表明，浙江大学在创业生态系统的整体发展中处于良好状态，尤其是在自我进化和网络互动方面。

对创业教育评价研究的评价方法。目前对创新创业生态系统的研究主要集中在概念上，而对其的评价还处于起步阶段（谢言杰等，2019）。主要研究方法包括层次分析法、能值分析法、模糊评价法、神经网络法、主成分分析法等，各种方法有其自己的优点以及适用条件（苗红等，2008），具体包括：一是基于 CIPP 的模型和方法，搭建了"概念—模型—功能"三位一体的我国高校创业教育能力评价理论框架（葛莉，2014）；二是基于平衡计分卡这一方法，提出目标层、客户层、流程层、资源层的高校创业教育质量评估的结构维度（李玥等，2014）；三是基于改进 BP 神经网络评价的模型和方法，对研究型大学创新创业教育质量进行了政府、高校、学生、社会这四个方面的评价分析，并在社会信度与效度方面取得了评价结果。这些研究具有一定的理论与实践价值，但研究还主要停留在概念和模型上，缺乏实践指导，可操作性有待提高（冯艳飞等，2013）。

此外，现有文献有关创业活动的衡量指标，通常包括中国创业活动指数（Chinese Professionals and Entrepreneurs Association，CPEA）、世界银行集团创业调查（WBGES）、全球发展与创业指数（GEDI）、全员早期创业活动指数（TEA）、考夫曼创业活动指数（Kauffman Index of Entrepreneurial Activity, KIEA）、营商环境便利指数（EDBI）等。这些编纂的指数都有很强的社会影响力，但是没有对大学生创业和社会人员创业进行区分，不能直接用来对高校创业教育现状进行衡量（冯霞等，2020）。根据文献分析，近年来把多种理论与多种方法整合在一起进行生态系统指标的研究成为研究新热点。

第三节　健康因子评价模型的构建

一、系统构建

本书将生态系统理论模型与生态位理论结合起来，制定创新创业教育的评价指标体系。生态系统理论将生态系统分为微、中、外三个圈层。微系统是最内层，是直接影响因素；中系统是间接影响的因素；外部系统是高校的外部资源（顾然等，2017）。生态位理论是指不同的物种选择的生态位置不同，在同一区域内的资源数量合理分割并占取，从而使多个种群共存并能有效地利用资源环境（王子迎等，2000）。马金虎（2010）认为生态位最理想的状态是部分重叠，可有效促进高校生态系统的动态发展与平衡。创新创业生态系统强调的是系统性，遵循大自然生态系统的法则，分为不同的角色。金等（KIM, et al, 2010）认为生态系统是由多个个体组成的，发育成共生关系，各个个体通过合作创造出个体不能创造的价值。高校的创新创业生态系统与社区紧密相连，除了包括创业学院、创业中心、创新实验室、各种创业组织、科技园外，还包括区域内社区的成员（Nabil Ghobril 等，2020）。创新创业教育的生态系统包括学生组织、创业者孵化协会、创业者协会、面向行业的社团（何郁冰等，2015）。

本书依据上述理论，将高校创新创业生态系统按圈层分类分成内圈、中圈、外圈，按角色分类分为生产者、消费者、分解者、治理者、相关利益者、催化剂之间的综合作用，如图9-1、表9-1所示。

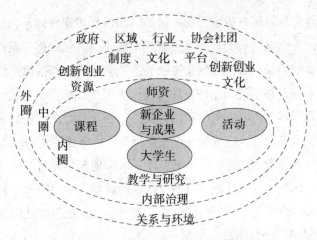

图 9-1　创新创业教育生态系统构成

表 9-1　创新创业教育生态系统

分类	生态角色	生态单位	生态作用
内圈	创新创业生产者	师资、课程、大学生	熏陶培养创新创业思想，掌握创新创业技能，形成创业意愿与实践
	催化剂	创新创业竞赛与活动	加速创新创业由想法变成行动，建立新企业
中圈	生态治理者	创新创业政策、创新创业文化	培育支持创新创业的良好氛围
	创新创业分解者	各种创新创业支持机构与组织	完善创新创业理论教育，评估创意可行性，提供技术与资金支持
外圈	相关利益者	政府、区域、行业、协会或社团、校友	与外部环境进行创新资源和创新能量交换
	消费者	企业	吸收并转化创新创业成果

二、评价指标设计

在指标选取上，参照的主要文献包括如下：徐小洲（2019）等提出了创业绩效可以用创业率、杰出校友与竞赛获奖等指标来表示；而创新绩效可以用著作论文与专利发明来衡量。黄兆信等（2019）用课程体系、创业实践等指标来衡量。涂继亮（2020）用是否有相应的学科、创新创业课程门数、提供技术培训次数、是否有创新创业实践平台、学生数量等指标来评价创业绩效。陈立建等（2019）提出用创业环境来作为评价指标。创业教育的核心是让创业学生具有如何生存下去的意识的能力，创业教师在创新创业教育生态系统中占据着重要位置，应成为一个重要指标，卓泽林等（2016）。

为体现创新创业的国际化，本书引入了国际创新创业留学生与国际论坛两个指标；为体现社区、社团等对创新创业的影响，本书引入了社团多样性这一指标。再结合文献研究部分的分析，本书共确立创新创业理念等二级指标 22 项，代码编为 S1—S22。

在权重选取上，本书借鉴参考成希等（2020）的研究方法与相关算法。通过对创新创业教师 10 人、创新创业大学生 105 人、校友企业家 20 人等共 135 份样本，采用按 1—10 进行量值打分法，汇总结果取保留小数点后的两位数，得到不同数值作为各指标所占的权重。创新创业教育生态系统健康因子评价表如表 9-2 所示。

表 9-2　创新创业教育生态系统健康因子评价表

一级指标	二级指标	衡量标准	代码	权重
内圈：课堂教学与研究 H1	创新创业理念	在网页等上有无相关理念的展示	S1	0.05
	创新创业课程	相关学分的多少	S2	0.06
	创新创业学科	有无相关学科支持	S3	0.04
	创新创业方法	相关培训活动多少	S4	0.04
	创新创业专业师资	专业师资数量	S5	0.06
	创新创业实践指导	校外指导教师数量	S6	0.06
	创新创业研究	相关 CSSCI 论文发表数量或专利	S7	0.05
	创新创业活动	相关竞赛活动的获奖数量	S8	0.05
	创新创业成效	相关学生的毕业率或创业率	S9	0.06

一级指标	二级指标	衡量标准	代码	权重
中圈：内部治理 H2	创新创业制度规范化	有无相关制度	S10	0.04
	创新创业文化塑造	有无创新创业环境育人等条件	S11	0.04
	创新创业平台	有无创业园或孵化园区或其他平台	S12	0.06
	创新创业资源	相关学生数量多少来衡量资源分配	S13	0.04
	创新创业经费	奖学金多少	S14	0.05
	创新创业融资	融资数额多少	S15	0.05
外圈：关系与环境 H3	政校关系	相关活动多少	S16	0.03
	校企关系	校企合作数量	S17	0.06
	社团多样性	创新创业团队与协会多少	S18	0.04
	校友	杰出校友数量	S19	0.03
	国际创新创业留学生	创新创业留学生	S20	0.02
	国际创新创业学术交流	创新创业相关的国际论坛	S21	0.02
	区域创新创业环境	所在区域的创业活力指数	S22	0.05

三、健康生态因子测算公式

创新创业教育是复杂生态系统，与健康生态评价相关的研究如下。哈提格等（Hartigh, et al, 2004）提出健康的复杂生态系统围绕核心形成互相依赖的合作网络。兰思利和勒文（Lansili & Levein, et, al, 2004）认为健康生态系统的评价因变量有稳健性、生产率、利基创造力。而且哈提格等（Hartigh, et al, 2006）又提出了网络健康、伙伴健康。安格拉恩等（Anggraen, et al, 2007）认为商业生态系统的健康评价可以由特征、网络结构、角色、网络动态性、网络治理、网络绩效等组成。南比桑·扎哈拉（Zahara Nambisan，2012）则认为健康的生态系统各个个体之间要演化形成长期、互动关系。再根据生态系统和生态位理论，本书提出创新创业教育生态系统健康生态因子概念，用这一指标评价不同系统的健康性程度。对健康生态因子进行数学量化，可得到创新创业教育生态系统的 n 维超体积生态位模型（商华等，2014）。

根据生态系统和生态位理论，对其中的生态因子进行数学量化，得到创新创业教育生态系统的 n 维超体积生态位模型：

$$S = f(s_1, s_2, s_3 \cdots, s_i), \quad i = 1, 2, 3, \cdots, 22 \qquad （公式9-1）$$

创新创业教育生态系统具有连续演化性，经过 m 年的演化，不同年度的生态因子构成 n 维 m 列生态因子矩阵：

$$E^n = \left[S_i(t_j) \right]_{n \times m} = \begin{bmatrix} s_1(t_1) & s_2(t_1) & \cdots & s_n(t_1) \\ s_1(t_2) & s_2(t_2) & \cdots & s_n(t_2) \\ \cdots & \cdots & \cdots & \cdots \\ s_1(t_m) & s_2(t_m) & \cdots & s_n(t_m) \end{bmatrix} \qquad （公式9-2）$$

其中，$i = 1, 2, \cdots, n$；$j = 1, 2, \cdots, m$；$E = S_t = (s_1(t_j), s_2(t_j), \cdots, s_n(t_j))$ 为 n 维生态因子空间 E^n 在 t_j 时刻的一个子集。非负 n 元函数：

$$f(E) = f(S_t) = f[s_1(t_j), s_2(t_j), \cdots, s_n(t_j)]$$

表示 t_j 时刻创新生态系统的生态位。

创新生态系统的生态位适宜度即 n 维超体积生态位中生态因子实际值 S_t 与最适值 S_0 之间的贴近程度，能够较好地反映不同创新种群对其生境条件的适宜程度，其数学模型为：

$$F = \varphi(S_0, S_t), \quad S_0, S_t \in E^n$$

其中，$\varphi(S_0, S_t)$ 为创新生态系统的生态因子最适值 $X_0 = x_1(a), x_2(a), \cdots, x_n(a)$ 与生态因子实际值 $S_t = [s_1(tj), s_2(tj), \cdots, s_n(tj)]$ 贴近程度的公式，$\varphi(s_0, s_t)$ 常采用如下模型：

$$F(t_j) = \sum_{i=1}^n w_i \frac{\delta_{\min} + \alpha\delta_{\max}}{\delta_{it} + \alpha\delta_{\max}}$$

$$= \sum_{i=1}^n w_i \frac{\min\{\mid s_i(t_j) - s_i(a) \mid\} + \alpha\max\{\mid s(t_j) - s_i(a) \mid\}}{\mid s_i(t_j) - s_i(a) \mid + \alpha\max\{\mid s_i(t_j) - s_i(a) \mid\}}$$

$$（公式9-3）$$

其中，$F(t_j)$ 为第 t_j 时刻创新生态系统的适宜度，$s_i(t_j)$ 和 $s_i(a)$（i =1, 2, $\cdots$, n; j=1, 2, $\cdots$, m）分别为第 t_j 时刻下第 i 个创新生态因子的实际值和最适值的无量纲化数值，w_i（i= 1, 2, $\cdots$, n）为生态因子的权重系数，α（$0 \leqslant \alpha \leqslant 1$）为模型参数，一般取 0.5。一般情况下，$F(t_j)$ 处于 0 与 1 之间，$F(t_j)$ 越接近 1，表明各生态因子满足需求程度越高，相应的创新生态系统越适应环境发展要求。

创新生态系统在生长进化过程中，受其内部和外部资源环境的影响。本书在上述传统生态位适宜度模型的基础上，引入灰色系统理论中的弱加权化缓冲算子，淡化外部资源环境和时间因素对创新系统行为数据序列的干扰，进而确定生态因子的最适值；基于生态位优先模型确定系统内部资源在生态因子间的分配以确定各生态因子对系统生长的影响权重。

加权弱化缓冲（*WWBO*）算子的最适值确定：一般而言，弱化缓冲算子能有效地弱化创新生态系统外部资源对生态因子数据序列的冲击扰动，避免数据序列因干扰而失真，保证评价结果的正确性。

若 $S_t = [s(t_1), s(t_2), \cdots, s(t_m)]$ 为系统行为数据系列，则：

$$S_t D_1 = [s(t_1)d_1, s(t_2)d_1, \cdots, s(t_m)d_1]$$

$$s(t_k)d_1 = \frac{w_k s(t_k) + w_{k+1}s(t_k+1) + \cdots + w_m s(t_m)}{w_k + w_{k+1} + \cdots + w_m}$$

$$= \frac{1}{\sum\limits_{j=k}^{m} w_j} \sum_{j=k}^{m} w_j s(t_j), \quad (k = 1, 2, \cdots, m) \qquad \text{（公式9-4）}$$

其中，$W = (w_1, w_2, \cdots, w_m)^T$ 是时间权向量，$w_j \in [0, 1]$，且 $\sum\limits_{j=1}^{m} w_j =$ 1，则当 S 为单调增长序列、单调衰减序列或震荡序列时，称函数 D_1 为加权算术平均弱化缓冲算子，也称 *WAWBO* 算子。

设 $S_t = [s(t_1), s(t_2), \cdots, s(t_m)]$ 为非负的系统行为数据系列，则：

$$S_t D_2 = [s(t_1)d_2, s(t_2)d_2, \cdots, s(t_m)d_2] \qquad \text{（公式9-5）}$$

$$s(t_k)d_2 =$$

$$[s(t_k)^{w_k}s(t_{k+1})^{w_{k+1}}\cdots s(t_m)^{w_m}]\frac{1}{w_k + w_{k+1} + \cdots + w_m}\left|\prod_{j=k}^{m}s(t_j)^{w_j}\right|\frac{1}{\sum\limits_{j=k}^{m}w_j},$$

$(k = 1, 2, \cdots, m)$ （公式9-6）

其中，$W = (w_1, w_2, \cdots, w_m)^T$ 是时间权向量，$w_j \in [0, 1]$，且 $\sum_{j=1}^{m} w_j = 1$，则当 X 为单调增长序列、单调衰减序列或震荡序列时，称函数 D_2 为加权算术平均弱化缓冲算子，也称 WGAWBO 算子。

对 $s(t_j) d_1$ [或 $s(t_j) d_2$] 进行无量纲化处理得到数据系列 $s(t_j) d_1$ [或 $s(t_j) d_2$]，若生态因子为极大型指标，即取值越大越好，则其最适值为：

$s(a) = max [s(t_j) d_1]$ 或 $s(a) = max [s(t_j) d_2]$

$(j = 1, 2, \cdots, m)$ （公式9-7）

若生态因子为极小型指标，即取值越小越好，则其最适值为：

$s(a) = min [s(t_j) d_1]$ 或 $s(a) = max [s(t_j) d_2]$

$(j = 1, 2, \cdots, m)$ （公式9-8）

WAWBO 算子与 WGAWBO 算子统称为加权弱化缓冲算子 WWBO。WAWBO 算子允许各时期系统行为数据有较强的互补性；WGAWBO 算子突出系统行为发展的均衡性，即强调各时期系统行为数据的协调性。具体采用哪种算子可视情况而定。

生态位优先模型的健康生态因子权重向量确定。创新生态系统内部资源是有限的，各创新生态因子为占有和利用系统资源进行相互竞争，占有资源数多的因子处于优势，其在模型中的权重也就越大；反之就小。本书设置22个生态因子，有限的资源为1，按生态因子的优劣排序，最优势的生态因子占了资源的份额 L，剩下资源份额为 $(1-L)$；第二个优势因子又占了剩下资源的份额 L，所以它占了 $L(1-L)$；而剩下资源份额为 $(1-L) - L(1-L) = (1-L)^2$。本书考虑了22个生态因子，其第 i 个因子所占的因子权重为：

$$w_i = \frac{L(1-L)^{i-1}}{1 - (1-L)^n}, \quad (i = 1, 2, \cdots, 22)$$ （公式9-9）

四、健康生态因子测算步骤

对新商科生态系统的健康因子评价，本书分为三个一级指标，即内圈课堂教学与研究指标、中圈内部治理指标、外圈关系与环境指标，以及22个二级指标；同时提出了健康因子测算的系列公式。我们可根据实际情况按以下五步法完成。

步骤一：生态因子指标数据预处理，利用 $WWBO$ 算子消除系统外部资源环境和时间因素对数据的冲击扰动，将初始数据 $S_i(t_j)$（$i = 1, 2, \cdots, n$; $j = 1, 2\cdots, m$）代入本章公式 9-4 或 9-5 计算得出缓冲数据 $s_i(t_j) d_1$ 或 $s_i(t_j) d_2$，然后对其无量纲化处理得到数据 $s_i(t_j) d_1$，或 $s_i(t_j) d_2$；

步骤二：利用本章公式 9-6、9-7 确定创新生态系统的最适值 $s(a)$；

步骤三：依据创新生态系统内部生态因子对环境资源的利用和占有情况确定生态因子权重向量，按生态因子优势性排序后，利用本章公式 9-8 计算各因子权重 w_i（$i = 1, 2, \cdots, n$）；

步骤四：将无量纲化后的数据 $s_i(t_j) d_1$ 或 $s_i(t_j) d_2$、系统最适值 $s_i(a)$ 和因子权重 w_i 代入本章公式 9-3 求出最终的创新生态系统各时刻的生态位适宜度 $F(t_j)$（$j = 1, 2, \cdots, m$）；

步骤五：依据 $F(t_j)$（$j = 1, 2, \cdots, m$）的大小对评价创新生态系统进行分析，以反映系统对系统环境适宜情况的发展变化。

第十章

新商科加强创新创业的路径选择

第一节 创新创业教育人才培养路径选择

一、人才培养传统路径

创新创业教育在传统商科背景下，其培养模式在国内国外的表现存在明显差异。国内是"厚基础、宽口径"，把相关学科进行整合，实行多学科专业融合培养机制。从实践模式上看，这种厚基础、宽口径的交叉融通培养模式，是对传统商科的升级改造和商科人才培养模式的初步探讨。国外常见模式为 STEM 模式，即科学、技术、工程、数学（Science，Technology，Engineering，Mathematics）。STEMA 模式是在 STEM 基础上发展起来的，即在原来四项的基础上又增加了艺术学（Arts）。

"厚基础、宽口径"模式与 STEM 模式都是加进了更广泛的学科，主要目标是强调了技能。当前发展的一个争议是，有人建议把更多学科交叉进来，如语言、社会研究、形体、美学、音乐、表演等，通过商科的交叉学科，培养创新能力、创业视野以及批判性思维，突破原先模式的局限。

这种模式尽管在各个专业表面上都设有独立的人才培养方案或课程组合，但这种配置是根据课时而设置的，模块与模块之间几乎没有沟通与论证，知识体系不是根据最佳匹配度设置的。相关研究提出这种培养模式所面临的两大难题一直没有得到解决：一是知识结构与学科专业之间科学衔接与有机组合的难题；二是社会化需求与个性化要求如何得到有效性满足的难题。

在大数据重构新商科生态系统建设中，社会对新技术、新技能的需求强烈，对学科交叉与融合如何突破传统商科科学的限制，如何使专业在信息学科、理科、工科、文科等之间进行科学的跨专业交叉，如何提升大学生的创业新思维、新素质和新能力，这将成为大数据重构新商科背景下创新创业生态系统要优先考虑解决的问题。

二、人才培养指导原则

新商科下的创新创业教育，要对接新的社会需求，适应社会发展的新形势，创新创业教育构建生态系统要遵循以下指导原则。

（一）继承与创新

大数据重构新商科背景下创新创业教育生态系统构建要继续传统的优势。大数据重构新商科背景下创新创业教育生态系统构建必须通过升华人才培养理念、改革人才培养模式等适应新技术带来的挑战以及社会带来的新需求。

（二）协调与共享

大数据重构新商科背景下创新创业教育生态系统构建专业结构要坚持协调共享的原则。协调是指处理好创新创业教育各参与主体之间的关系。目前条件下，高校为创新创业教育的实施主体，政府为创新创业教育提供政策保障，还要由行业进行指导、企业积极参与。这种协同育人模式，要协同好多方参与主体的利益关系，不断突破制约发展的政策障碍、区域障碍、资源局限等。共享是指在大数据重构新商科背景下创新创业教育生态系统构建要共享资源、共享成果、共享平台。在大数据时代，创新要素流动加快，要合作互补、共建共享，这是所有参与主体的选择。

（三）改造与再造

大数据重构新商科背景下创新创业教育生态系统构建要把质量发展与内涵发展作为重要路径。大数据重构新商科背景下创新创业教育生态系统构建需要从改造与再造上来实现。

传统商科改造路径。改造是对传统商科条件下的创新创业教育人才培养模式、课程建设内容等进行改造升级，引导传统商科的原有教师与新进入教师更新改变观念、不断提升能力，发挥好教师的指导引导作用，在大数据重构新商科背景下的创新创业教育中培养卓越拔尖人才。

再造新专业路径。大数据重构新商科背景下，新时代推动新兴领域的产生，要对接新的需求或特定的需求，再造新兴专业。大数据重构新商科背景下的创新创业教育也要在人才培养模式上突破原有的方法与路径。要明确人才培养的新目标，在大数据重构新商科背景下创新创业教育生态系统构建要与信息学、工程学、理学、工学、文学等在更大范围内进行跨界交叉，在新专业、自定义专业、特定需求专业上寻找再造的新路径，实现人才培养模式与专业建设的突破。

三、人才培养路径选择

大数据重构新商科背景下创新创业教育生态系统构建，需要重新厘清人才培养的路径。大数据重构新商科背景下创新创业教育生态系统构建要注重大数据、专业的交叉性，把综合素质和综合能力培养贯穿在人才培养的全过程中，满足时代需求与个性化要求。

（一）立德树人

大数据重构新商科背景下创新创业教育生态系统构建，新是取向，商科是本质，要把握好新，但又不能脱离商科。大数据重构新商科背景下创新创业教育生态系统构建要以立德树人为引领，以应对变化、塑造未来为理念，通过继承、创新、交叉、融合、协调、共享，培养未来德才兼备的多元化、创新、卓越型大数据重构新商科背景下创新创业教育生态系统构建人才。

（二）平台建设

平台建设是指大数据重构新商科背景下创新创业教育生态系统构建要建设基于大数据等新技术的教学平台，依托人工智能搭建的平台是大数据重构新商科背景下创新创业教育生态系统构建的重要路径。在新技术范式下，大数据重构新商科背景下创新创业教育生态系统构建要与新产业发展相适应。在大数据等新技术影响下，数据成为重要生产要素，企业之间需要依赖实时的信息交换产生互动协同、创造协同，构建起物物互联和产业互联网络。创新创业教育生态体系要与资源配置、产业链配置的新环境相匹配，做好新平台的开发与建设，适应外部环境的需求。在平台建设中，大数据来源于平台运行。平台运行中需要深度挖掘运行产生的大数据，找到新价值，创造新的知识。

（三）龙头共建

与行业中的骨干企业、龙头企业共建是大数据重构新商科背景下创新创业教育生态系统构建的最佳实现路径。龙头骨干企业代表行业的最高水平，无论是技术还是人才，都具有领先性，还是就业的最佳渠道。强强联合共建大数据重构新商科背景下的创新创业教育，是为这些行业龙头培养掌握最新科技工具、创新型、复合型商科人才的最佳途径。新技术革命带来企业的转型升级，对新型人才的需求极为强烈。只有通过共建，才能发挥合作优势，使培养人才符合新时代需求。龙头骨干企业的共建，除了满足龙头企业自身的人才需求，还可以为行业培养新型人才，为行业的发展进行技术赋能，从而加速行业中其他中小企业的管理升级与技术改造升级，形成中小企业围绕龙头骨干企业进行配套，行业分工有序，生成产业链共同繁荣的格局，最终为新商科的创新创业教育营造良好的外部生态环境（胡俊等，2020）。

（四）多重结合

促进大数据重构新商科背景下创新创业教育生态系统的要素结构优化需要多重要素结合。多重要素结合是指创业实习与创业实践结合、校与企结合、专职与兼职教师队伍结合等内容。多重结合，引导人才培养向精英转变，培养出对社会有所贡献的工商业精英，是突破大数据重构新商科背景下创新创业教育生态系统构建人才培养内涵的根本。周云峰（2005）认为为创新创业人才培养创造良好的成长环境，突破口是将社会实践与学校培养融合为一体，通过社会实践促进复合型创新商业人才的进一步成长。为此，借助校与企结合，推动专职教师与社会优秀兼职教师结合，可以带来高校所缺乏的资源、能力与经验，使人才培养从创新认知跨越到创业实习，从创业实习再跨越到创业实践，以此提高大数据重构新商科背景下创新创业教育生态系统的动力和能力，在实践中积累，在积累中实践，形成良性的循环机制。

（五）交叉一体

交叉一体，是指创新创业教育需要多个学科交叉与融合。在创新创业教育内容设计上，传统商科与信息科学、工程科学、文科等其他学科交叉，以满足社会对综合能力、新技术能力的需求。在创新创业教育的指导思想上，要由知识讲授导向转向能力提升导向，将多种校内校外数据平台、资源平台、多种创新创业活动相融合，启发大学生创新创业思维，增加对新技术的理解，开拓新的创业视野。在创新创业教育的教学设计上，改变静态的、封闭的传统教学设计，转变为动态的、开放的设计，最大限度满足大学生个性化的创新创业需求。在创新创业师资力量上，要将校内专任教师、校外专家资源融合，使理论与实践并重，使创意设计、市场渠道、融资资源、销售技巧、物流配送等真实运作经验融入创新创业教育的全过程中，促进大学生把创新创业的兴趣转化为能力与行动。

（六）阶梯推进

大数据重构新商科背景下创新创业教育生态系统类人才培养的层级规律和大数据重构新商科背景下创新创业教育生态系统构建类人才的成长规律，决定了创新创业教育也要按阶梯式推进。新商科人才培养要遵循这一规律，体现出从易到难、从观念到能力、从计划到执行的转化。为了实现创新创业教育按阶梯式推进，要构建新的质量评价标准与评价体系进行及时评估、反馈与纠偏。

（七）评价体系

大数据重构新商科背景下创新创业教育生态系统构建的质量评价体系亟须改革与创新。大数据重构新商科背景下创新创业教育生态系统构建需要按新的形势任务要求建立评价体系，使评价体系能更加符合大数据重构新商科背景下创新创业教育生态系统构建特性。大数据重构新商科背景下创新创业教育生态系统构建教育要以培养高质量的新商科复合型、创新型、应用型人才为总目标，对创新创业教育的专业、师资、课程、平台和成果均设计适合的高质量标准。例如，成果质量标准要关注成果的层次、影响度与转化率；再如，教师职称聘任要改变传统的理论水平和学术水平为导向的评价，转向以综合性的评价体系。创新创业教育的评价体系是阶段推进的指南针。要以评价体系的应用为导向，精准化实施对策，在实施时要兼顾三方面的评价，即内外评价、结果性评价与过程性评价、数量评价与质量评价，保证评价体系的公平公正，兼顾好不同主体的利益需求，激发各主体的内在动力。

第二节 创新创业教育平台建设路径选择

与美国每3—5个大学生中就有1个自主创业的现实相比，我国每60个大学生中才有1个创业，造成这种差距的原因之一是创新创业教育平台建设。本书在研究借鉴美国大学生创新创业教育平台的理论与实践经验的基础上，从流程管理的全新视角，提出大学创业从有创业意识到创业成功，需要经历从参与到体验、从尝试再到独立的流程，并且在这一流程中离不开两大要素，即需要创业导师的指导与创业资金的支持。为此，基于流程的视角，本书构建了由六个子平台共同组成的大学生创新创业教育平台，指出我国高校只有在构建创新创业实践教育平台上不断创新和突破，才能提高大学生的创业率与成功率。

近年来，大学生毕业的就业形势非常严峻。2020年，在暴发疫情的背景下，2020年中国高校毕业生达到874万人，比上一年增加40万人，被称为"史上最难就业年"。2021年硕士研究生扩招18.9万人。预计2023年的高校毕业生将超过1158万人，将成为"史上更难就业年"。从"最难"到"更难"，在这种背景之下，搭建创业教育的实践平台，引导大学生靠能力实现自主创业，就更具社会意义。本书从流程管理的全新视角，对创新创业教育平台的构建进行探讨。

一、美国构建大学生创新创业教育平台的相关背景与基本情况

创新创业教育的产生有其社会经济背景。当大学生面临就业难、失业多的形势时，传统的就业指导教育就面临着严峻挑战。为了应对挑战，"创业教育"这一概念应运而生，并被联合国教科文组织1999年在面向21世纪国际教育发展趋势研讨会上正式提出。会议提出高校要把创业教育与职业教育、学术研究放在同等地位来对待，把创业精神与创业技能的培养作为大学

的培养目标之一。经过多年发展，在美国创业教育证书已经与文化知识证书（毕业证）、职业技能证书并列为三个教育证书。美国的大学生创业率高达20%~30%，也就是说每3到5个学生中，就有1个自主进行创业。与美国相比，根据近三年的我国大学生就业报告统计，我国大学生自主创业率仅为1.2%~1.5%，即60名毕业大学生中，能自主创业的才有1个。造成这种差别的原因有很多，其中创新创业教育平台的差距是一个重要原因。

大学生创新创业教育平台是大学生创业教育系统工程的一个重要组成部分。美国的创新创业教育平台的研究从20世纪70年代就开始了，近年来对与实践相关的创新创业研究更加深入。美国大学一直非常重视实践方面的研究。典型的大学是美国斯坦福大学，包括伯格尔曼（Burgelman）、汉南（Hanann）、巴罗（Baron）等教授，曾针对英特尔（Intel）公司等高新技术创业型公司开展多年跟踪性研究，开发了系列实践教学成果。其他教授与学者如所罗门（Solomon, 2002）、卡茨（Katz, 2003）、克拉普（Klapper, 2004）、马特莱（Matlay, 2005）等，也对创新创业教育的实践方面进行了政策、模式等方面的研究。综合研究文献，本书认为，基于创新创业教育平台对大学生进行创业能力培养，成为美国大学加强学生创新创业教育、创新创业能力培养的一个重要方法与途径；创新创业教育平台的服务对象是立志于创业的大学生，主要目标是通过利用各种可利用的实践平台，来培养大学生创业者的创新、创意、创业思维和各种创业实战技能，以提高创新创业成功的概率。

美国大学对创新创业教育平台的建设已经形成规模与特色。约1800所美国大学开设了创业学课程，成立了100多处创业中心。美国为大学生创办企业提供咨询服务，为创新创业教育实习提供实践场所。在美国创办公司程序极为简单，只需要四个步骤、等待七天时间，以很低的费用即可注册成功。即使这样，美国很多大学都为大学生提供代办注册手续的服务，让创办公司更加简便。美国大学拥有丰富的创新创业校内导师及创新创业课程。比如，美国的伯克利学院，拥有校内导师20名，创业课程23门；仁斯里尔理工大学，拥有校内导师22名，创业课程20门；百森商学院，拥有校内导师35名，创业课程30余门。美国很多大学成立了支持大学生创业的孵化园区，专门用来帮助大学生创新创业。除了提供注册服务、创业咨询、知识服务、场地之外，美国大学支持大学生创新创业的优势还体现在资金支持上，它们拥有许多基金专门用来支持大学生创新创业，额度足以支撑初办企业度过初创期。比如，美国的国家独立企业联合会、科尔曼基金会等，以及其他各类投资信托公司、创业研究中心等，每年都会举办商业计划大赛等活动，通过评比，选出优秀的大学生创业团队给予大量的扶持资金。美国创新创业教育的支持资金已经超过 44 亿美元。

二、美国构建大学生创业教育平台对我国的启示

在理论研究方面，与美国相比，我国在创新创业教育的实践方面的研究起步较晚。其中主要的相关研究包括：丁蕙（2004）、熊华军（2011）等研究了美国大学创新创业教育的实践与经验；张德江（2006）、许朗（2011）、蔡春驰（2012）等研究了我国大学生创新创业教育的长效机制与发展趋势，总结了创新创业教育的实践模式；张臣等（2013）提出了创新创业一体化实践平台模型。

在实践方面，对比美国在大学生创新创业教育平台建设方面的情况，我国在大学生创新创业教育的实践平台建设上也具有以下差距。

一是我国用于支持大学生创业实践的孵化平台较少。比如，用于大学生创业的孵化园和创业园区很少。虽然一些知名大学成立了创业园，但它们扶持的主要对象并不是应届毕业大学生或在校大学生，而是已经初具规模、能付得起一定租金的社会公司。对于那些更需要大批大学生马上创业或马上就业的，但不太知名的大学，鉴于资金限制或高校土地资源的限制，有条件能设立创业园区或孵化园区的比例更低。其他创业实践平台，比如，校企合作的创业实践基地、校友提供创业实习的企业实践平台等，目前也都是凤毛麟角。

二是支持大学生创业资金规模太小。与美国高达 44 亿美元的支持资金相比，我国对大学生的资金支持力度很小。虽然政府每年都有创业的资金支持，但无论是在额度上，还是在大学生受惠的比例上都很低，不足以有效支持大学生创业。目前，我国大学生创业资金大部分还是来自父母，或来自其他家庭成员与亲戚朋友的资助，这种境况导致大学生创业的起步就很困难，风险又很高，以致大部分家庭成员不看好大学生创业，也不支持大学生创

业。根据我们的调查，在很多家长看来，考公务员、考研、去大企业工作才是大学生的"正路"，而大学生创业会让家里人感到不体面。支持大学生创业的社会氛围有待形成。

三是创业导师队伍还满足不了大学生的创业需求。大学生创业成功，需要大量的校内创业导师与校外创业导师的引导与帮助，但我国大学的传统师资力量中，具有创业指导经验的教师很少；能担当校外创业导师的人也不多，即使有也较难真正对大学生提供贴身式指导。

四是大学生创业竞赛、创业交流的平台较少。目前较为知名的竞赛是大学生创新创业训练大赛，但是它的资助金额较小，主要目标是用于训练创业思维或培养创业意识，无法满足真实创办企业的资金需求；其他用于大学生创业交流的有效平台与渠道也较少，满足不了大学生交流的需求。

总之，我国大学生在创业教育方面与美国相比存在一定差距，重理论教育轻动手实践的倾向还在，大学生毕业最好的出路还是考公务员、去大企业、读研或出国留学，支持大学生创业的校园氛围、环境还有待培育，制约着我国大学生创业者的成长与成功的障碍因素有待探讨新的思路去解决。

三、基于流程视角的大学生创业教育平台构建

借鉴美国大学生创业实践平台的经验，要解决我国在上述方面所存在的问题，本书认为可以用流程管理的视角来构建新平台。流程管理理论重视过程梳理与症结研究。大学生从具有创业意向到成功创业，是一个相对漫长的流程，不能一步到位，要经历从浅到深的尝试，需要经历创业意识的引导、创业技能的培养，再到具体的创业实践训练，或者进入高校孵化器平台，这一流程始终都离不开创业导师的指导，以及创业资金的支持，适合运用流程的视角来进行搭建。基于流程视角构建的大学生创业教育平台，是一个融合培训、仿真、融资、实战于一体的多功能平台，如图 10-1 所示。其中创业仿真平台、创业竞赛平台、孵化器平台、校外创业实践平台、创业导师平台、创业融资服务平台，为创业教育平台的六个子平台，具体如图 10-1：

（一）创业仿真平台

将创业的实践平台，搭建成仿真式平台或虚拟化平台，是构建大学生创

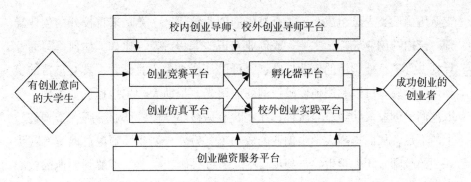

图 10-1　基于流程视角的高校创业教育平台示意图

业教育平台的有效形式。比如，把企业注册与开办、创业计划书的撰写、创业管理、开发市场、创业谈判等实践活动，建设成一个仿真实践平台，或开发成应用创业模拟软件或沙盘，不失为一种较理想的初级创业教育实践创业平台，它可以把创业教育的教学、操作、实践融为一体，以无成本的方式让大学生体验创业的真实环境，从而形成创业思维，提高创业能力。

（二）创业竞赛与社团活动平台

美国的大学很重视大学生的创业比赛。比如，美国麻省理工学院举办的创业比赛模型中包括了团队、导师、教育、网络、资本等创业不可缺少的因素。我国也应当不断完善创业竞赛的活动，引入具有实际创业经验的各类专业的导师来评价指导比赛活动，比如，风险投资、法律、市场营销、生产运营、资本运作等各种企业家导师，把运营、管理、投资、营销、财务、法律等知识，融入竞赛之中，寓教于赛，可有效地提高大学生创业能力。

与创业竞赛一起举办的还可包括其他各种社团类活动，比如，经常性举办企业家论坛、创业沙龙、创业经验交流酒会、创业演讲与辩论、创业工作室等活动，聘请知名企业家担任嘉宾，与大学生围绕真实创业开展交流与探讨，为大学生提供与企业家直接面对面的交流机会，均可以化教于乐，营造创业商业氛围，使大学生得到良好的创业熏陶，有利于激发大学生的创业热情，培养良好的创业意识，了解创业的基本要求，感悟创业成功的关键要求，为未来真刀实枪的创业实战做好准备。

（三）创业导师平台

美国大学生创业比例高的一个重要原因是配备丰富的创业导师队伍。这支队伍由两类人员组成，一类是校内的创业导师，一类是来自校外的创业导师。校内的创业导师，主要完成创业知识的课程讲授，比如，如何撰写商业计划书等；校外聘请的创业导师，则可以是校友等企业高管，具有丰富的实际创业经验，可以利用他们敏锐的商业眼光，帮助大学生把握创业方向，吸取他们的创业成功经验与教训，在实践上弥补部分校内创业导师在实践经验上的不足，从而提高大学生创业的成功率。另外，创业导师也可以是有各类课题的教师，让大学生参与到项目中，通过科研让大学生了解到创业的核心要素即专利与知识产权的产生过程，从而有利于未来通过技术创新来创业。

（四）创业孵化平台

从美国大学的经验可知，设立高校孵化园、大学创业园或大学科技园这种孵化平台是一种更高级的平台形式，是大学生创业教育专门化和常态化的标志，是创业教育的基本形式和载体。在孵化园内，高校可以设立专门的创业与实践的场地，将现在的人才、技术、科研成果、实验室、设备、信息、资金等要素有机地融合在一起，让有意向创业的大学生申请入园，提供一站式服务，设置创业基金，提供小额创业贷款，等等。让大学生直接注册企业，并在税收上提供优惠，在最大限度上帮助大学生创业企业成长。有条件的大学，都应当设立属于自己的高校创业孵化平台，把本校大学生的创业直接引入园区内，支持本校大学生的创业。

（五）创业体验与实战平台

高校在校外建立产学研基地，让大学生在校外创业实践平台上，采用挂职锻炼、参观访问、实习、传帮带等多种方式，甚至实践基地采取承包制或出订单制，出让服务产品或项目，让大学生真正融合到创业实体中，体验全真的创业环境，在这一平台上独立自主地提供产品或服务，进行产品设计、融资、市场定位与开拓、成本核算、运营管理、资源整合等活动，有利于大学生找到创业理想与现实的差距，感悟创业的艰辛，铸造创业的品质，培养创业精神，改变好高骛远的心态，脚踏实地地艰苦创业，从而能成功过渡到初创企业的成长阶段。

（六）创业融资服务平台

大学生的实践平台，离不开各类服务。这些服务包含创业辅导、项目申请、投融资、工商、税收、管理、物业等内容的一系列创业服务体系。提供这些服务的可以是大学本身或大学科技园区本身，但根据专业分工的原理，更要依靠各类中介。所以，大学应当建立以创业融资为中心的服务平台，从而为大学生创业提供全方位的一站式服务。

综上所述，基于流程视角而建设的创业教育平台，是一种引导大学生从参与到体验、从尝试再到有能力独立运作的流程，是一种提高大学生创业率与成功率的新模式，它本身是一项系统性工程，需要大学生创业者、高校本身、行业、中介、政府等多方共同努力才能有效运转。

第三节　高校创新创业成果转化路径选择

科技成果转化，是指为提高生产力水平而对科学研究与技术开发所产生的具有实用价值的科技成果所进行的后续试验、开发、应用、推广直至形成新产品、新工艺、新材料，发展新产业等活动（注：1996 年实施的《中华人民共和国促进科技成果转化法》的第二条规定）。知识型、网络型、虚拟型企业，很多是从高校中培育或萌芽，甚至直接从高校成果转化获得的。研究高校的成果转化经验，对于如何筛选项目、培育项目、促进成果转化具有借鉴意义。对于大学来说，在大数据背景下，成果转化需要设计更为完善的促进体系与机制。香港理工大学作为应用型大学，在科研成果转化方面所取得的经验备受同行关注。本书作者通过对香港理工大学为期两周的实地考察与分析，提出应用型大学如何建立完善科研成果转化体系的如下建议。

一、香港理工大学科研成果转化的机构设置分析

科研成果转化常常被认为是大学的使命之一。香港理工大学虽然在它的"五大使命"中并没有专门提到科研成果转化，但在第二条与第四条使命论述中，提出了"进行切合工商界及社会需要的应用研究"，以及"与工商界及专业团体发展密切的伙伴关系"，其中都涉及成果转化（香港理工大学的使命：提供以应用为本的课程，让毕业生能学以致用；进行切合工商界及社会需要的应用研究；提供理想的学习环境，让学生发展全学术以及个人的才

能；与工商界及专业团体发展密切的伙伴关系；为在职人士提供进修课程，以利终身学习。)

香港理工大学认为，知识转移与科研成果转化会涉及产品生产与市场策划，这些属于专业的市场行为，是香港理工大学大部分师生与研究人员所不擅长的。同时，香港理工大学认为，在传统上院校评估专注于教学及科研，知识转移尚未被视为主要指标，因此学术人员一般对知识转移不感兴趣；一般大学研究太学术化，太多的研究结果与业界及行业无关或实际价值不大，故难于吸引行业注意力；在政策、奖励、管理系统、知识产权保护及市场拓展等方面，高等教育机构一般并无一个良好的管理系统，以促进知识转移；工商业团体对高等教育机构认识也有限，并感到在大学体制下建立合作并不会容易，中小企业尤其如此。

基于这种考虑，按照专业化分工原则和市场化的要求，香港理工大学认为应当设立一个专门的部门，去归口服务并统一完成科研成果转化的使命。为此，香港理工大学专门设立了企业发展研究院。它于 1999 年成立，主要任务包括：促进香港理工大学的专业范畴、科研成果和技术转移；增强本地企业在全球市场之竞争优势；服务包括科技及产品开发、企业经管人才发展，及企业策略和业务发展。下设的部门有：企业经管人才发展中心，香港理工大学科技及顾问有限公司，香港理工大学企业有限公司。

香港理工大学在网页上的"学院与学系"部分共分为五大模块，即分别为"学院与学系、行政及支持部门、高级管理深造学院、企业发展研究院、专业及持续教育学院"，其中"学院与学系"包括八大学院，而"企业发展研究院"和"学院与学系""行政及支持部门"等并列，是作为单独一个模块来设立的。如图 10-2 所示，可见它在香港理工大学中的地位非常高。

香港理工大学有 8 个学院，包括 26 个学系、2 个学术中心。8 个学院是应用科学及纺织学院、工商管理学院、人文学院、建设及环境学院、工程学院、医疗及社会科学院、酒店与旅游业管理学院、设计学院。香港理工大学的特色学系是设计、纺织及制衣、酒店与旅游业管理、房地产管理、地理信息、物流管理、眼科视光、医疗科技、康复治疗、工业中心等。香港理工大学现有超过 1200 位学术及专业教职员。香港理工大学的五大主要科技范畴是产品设计及光机电科技，土木、建筑及环保科技，生化、医疗及新材料科

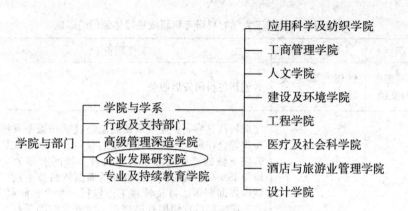

图 10-2　企业发展研究院在香港理工大学的地位示意图

技，电讯、信息及多媒体科技，企业策略及管理系统。

　　企业发展研究院之所以地位很高，是因为香港理工大学认为大学科研的目的是寻求新知识，培养科研及创新人才，完成知识转移，即以大学的专业知识、设备及科研成果，为社会、工商业及经济发展服务做出贡献。

　　企业发展研究院，作为一个支持大学于拓展知识转移（产学研）及科研成果转化的重要体制，其主要功能包括：推动大学的应用研究开发文化，保护知识产权，与工商界发展伙伴关系，为企业及管理人员培训，设立及不断优化有关知识转移机制，市场推广和宣传。

　　如表 10-1 所示，香港理工大学的科研与科研成果转化部门及其职能如下。

表 10-1　香港理工大学的科研与科研成果转化部门的职能

职能	相关部门	工作职责
科研服务与支援	创新与科研发展处	为创新与科研发展服务
科技转移、事务拓展、开拓工商界网络、创业培育、培训发展	企业发展研究院：包括企业经营人才发展中心、专业及商业英语中心、企业合作处、理工科技及顾问有限公司（下设创新产品快速开发处）等	完成科技转移：企业发展研究院透过顾问服务及技术授权等合作模式，进行知识及科技转移。企业发展研究院下辖的"香港理工大学科技及顾问有限公司"，取得 ISO9001 认证，可提供灵活而高效的技术授权及顾问咨询服务。科技转移工作包括：专业顾问服务、合作研究、特许使用香港理工大学开发的新科技，以及成立衍生公司
		事务拓展：为推广香港理工大学的专业知识及科研成果至相关市场，企业发展研究院通过精心的事务策划、与合作伙伴联合举办宣传活动，以及筹办相关的事务活动，借此推动香港理工大学科研成果商品化
		开拓工商界网络：为促进知识及科技转移，企业发展研究院透过不同的协作平台，如会聚精英的"总裁协会"，与业界保持紧密关系，借此拓展学术界与工商界联系网络
		创业培育：企业发展研究院致力于在校内及社会发扬"有利且有善"的创业文化，彰显香港理工大学在学术界及工商界有关企业培育的重大贡献；种子基金以支持学生和校友创业；课堂外的创业学习活动；相关的创业培育团体合作
		培训发展：企业发展研究院为企业提供多项专业服务，包括企业管理顾问服务、度身订造培训服务、行政管理培训课程及创业培育计划等。汲取及总结专业培训经验，矢志令大学生及行政人员经本院悉心策划、度身订造的培训，达致创业目标

　　将香港理工大学科研转化部门与应用型大学职能部门进行对比，根据职能对比可以看出，我国应用型大学一般设有科研处，这相当于香港理工大学的创新与科研发展处，担任着科研的支持与服务功能。但香港理工大学还专

门设立了企业发展研究院，来承担科技转移、业务拓展、创业培育、培训发展等任务。应用型大学宜设立与企业发展研究院相似的促进机构。

二、香港理工大学推进科研成果转化的体制分析

通过访谈香港理工大学的前副校长吕新荣博士与相关部门，本书发现香港理工大学非常重视培育服务地方经济、促进成果转化的文化，并重视建立推动大学应用研究开发的文化与机制。

（一）建立重视科研的文化，建设成果转化的模式

香港理工大学认为，科研始终是大学的核心和生命力。要把培育人才与科研作为核心，把科学研究紧密地与当地经济发展结合，为当地经济发展提供服务，强化与企业、行业协会、政府科研及教育部门的联系，致力提供切合企业需要的科研产品，孵化、应用要以研发为基础，培训高素质的专业人才也要基于高校研究的最新成果。为此，香港理工大学建立了促进科研成果转化的科研模式。一是成立了专项资助应用科研的计划，支持开发产品原型，把科研成果转化为有实际应用的示范项目。二是设立奖励计划，鼓励知识转移，同时建立知识产权政策，与科研人员分享报酬，包括版权费及专利授权费，确认对社会服务之贡献；还设立了专利申请支持计划，鼓励申请专利。三是透过参加国际或国家的发明及新产品科技活动，获得国际认可。香港理工大学每年参加 2~4 次国家及国际性发明、创新等相关活动；定期举行新闻发布会及研讨会，向公众展示应用科研开发的有关成果，获得当地公众认可；成立国际应用科技开发协作网，以促进与其他院校的技术合作；与内地、美国和英国的 22 家大学组成的大学网络以及澳洲科技协作网（包括澳洲的五家大学）合作，共同促进应用研究开发及科研产业化。

（二）与工商界发展伙伴关系，为企业提供服务

与工商界和专业组织发展伙伴关系，如香港工业专业评审局、香港商业专业评审中心、持续专业发展联盟、香港青年工业家协会等；与香港和内地的企业及企业家建立紧密联系，如总裁协会（有 200 多名成员）、紫荆花杯杰出企业家协会等。这些公司为大学提供意见，为学生提供实习和就业机会，并支持合作项目（如香港特区政府创新科技基金项目），还支持香港理

工大学的各种捐赠活动等。

为了更好地为企业服务，香港理工大学建立了企业经管人才发展中心，以提供管理顾问服务，为香港的高层领导及企业提供度身订造的培训课程；与香港理工大学学术部门、专业进修学院和香港的专业及商业领袖合作；与工业和专业组织合作，为其成员及公司提供专业课程，比如，为香港工业专业评审局、香港商业专业评审中心、注册财务规划师等服务；在内地成立了多个培训中心，比如，位于杭州的国际企业培训中心（与浙江大学合作）、香港青年工业家协会深圳培训中心（与香港青年工业家协会和深圳清华研究院合作）、位于武汉的卓越制造企业中心（与湖北省华中科技大学合作）、西安国际深造培训学院（与西安交通大学合作）；香港理工大学在内地提供多元化的硕士及博士课程。

（三）设立科技转移模式，加强科技成果的推广

香港理工大学设立了科技转移机制。相关的措施包括：简化行政程序，改善质量，提高反应速度；由专业人员处理跟进事宜，减少教授们的行政工作；通过审批程序和行政系统的标准化和计算机化，提高行政效率；通过标准合同及 ISO9001 质量认证等专业服务标准，建立客户信心；采用集中规划，有针对性地加强市场推广。

香港理工大学实现科技转移，主要通过以下途径。一是顾问项目服务，由香港理工大学科技及顾问有限公司管理及支持，以减少香港理工大学及其教职员面对的风险和责任，并控制成本，在要求的时间内完成有关项目；根据企业的需求，承接咨询项目，协助企业发展；以项目形式将知识和科技转移给工商企业；致力于开发高层次的顾问项目。二是合作科研，与工商业界开展合作应用研究开发项目；企业可利用香港理工大学的专长和崭新的设备获得支持；与中小企业及大型公司合作以争取政府的资助计划，如厂校合作研究计划等额补助金、创新及科技支持计划、粤港科技合作资助计划、科研开发中心等。三是专利科技授权，使科研成果及创新意念受国际和全球专利保护；企业可就该等专利进行投资，以提高产品技术；企业可以用非常灵活的方式得到专利科技授权。四是成立合资科技创新企业，通过成立新的科技及创新合资公司，使科研成果产业化；让合作伙伴成为主导，利用他们成熟

的业务经验推动合资公司发展；成立香港理工大学企业有限公司，以促进产业合作及业务发展。虽然新成立的科技公司的风险和失败率都很高，有的难以产生短期财务效益，但一旦业务成功，就可获取高额的回报。

此外，香港理工大学与多达 75 个商会保持着密切关系；邀请企业领袖及商会参观香港理工大学创新馆以了解香港理工大学的创新产品及专长；参加 20 多个大型本地和国际发明与创新展览及活动，如瑞士日内瓦国际发明及创新技术与产品展览、比利时布鲁塞尔世界创新科技博览会、德国纽伦堡"国际创意、发明及新产品展"及中国全国或国际发明展国际奖项。

三、应用型大学应构建科研成果转化的"四位一体"机制

考查并借鉴香港理工大学科研成果方面的标准与经验，本书认为应建立"四位一体"的科研成果转化机制，如图 10-3 所示：

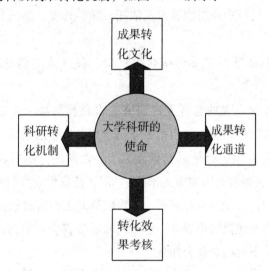

图 10-3 大学科研成果转化的"四位一体"机制

（一）文化环节：培育应用研究的文化，完成"三个转变"

正如香港理工大学中国商业中心主任陈文鸿博士所说：香港经济发展不是靠大楼，交通不靠警察，靠守规矩，靠文化基础，文化基础从小事情体现出来；在香港考察，建议不看表面的东西，看人的文化基础，看守规矩；发展不是钱的问题，而是人的问题。

本书认为，应用研究文化的培育是最难的，不是短期内明显见效的，需要从根本改变上入手，而且在持之以恒上下功夫。切入点建议重点实现三个转变：

一是由以前主要依靠国家基金、依靠北京市政府、依靠教育部，逐步转变到更加重视企业。需求型模式的主体是科研与生产部门或服务部门，这就要求大学科研人员走出校园，走出实验室，深入社会和企业，主动寻找合作伙伴。让企业来唱主角，确立企业技术投入、研究、开发、生产和市场销售的中心和主体地位，形成利益驱动和风险驱动机制。

二是把科研成果由重书面形式转变到市场效果上。应用型大学要促进科技成果商品化、市场化，形成以市场需求推动技术创新的市场导向机制。

三是由原来相对封闭式的研发，转变为开放式的研发。科学研究要进行跨单位、跨部门、跨地区的合作研究，所以开放协作是科研的重点，最终形成大学与企业、科技中介组织等相互依托、联手开发、协同共进的技术创新机制。

（二）机制环节：完善科研转化机制，设立成果转化基金与相应的融资部门

香港理工大学设立的企业发展研究院将科技转移、业务拓展、创业培育、培训发展都归口到这一部门来服务与管理。从长远来说，这一架构对物流产业研究院完善相应职能具有借鉴意义。近期内，本书认为重点是解决"钱"的问题。成果转化需要有人来投"钱"，建议设立类似香港理工大学企业合作处的机构，来专门负责融资。因为融资的工作需要较强的资源整合能力和专业性，本书建议应当成立一个专门联系融资企业的部门，香港理工大学是企业发展院下设的企业合作处。

香港理工大学设立的科研成果转化专项基金是应用科研基金（来自大学研究开发拨备之预留基金），把科研成果转化为有实际的应用及示范项目，支持开发产品原型。应用型大学设立类似基金，对具有重大前景但又暂时没有企业投钱的项目进行资助，这是解决这类项目"钱"的问题的另一通道。

（三）分成环节：设立成果转化分成的参考标准，完善科研成果转化的四类通道

香港理工大学四种基本的科技转移模式包括：顾问项目服务；合作科

研；专利科技授权；成立合资的科技创新企业。顾问项目服务这一模式主要针对可提供咨询服务的学院，香港理工大学这部分收入每年有 8000 万～9000 万港元。三分之二的合同数目为 50 万港元以上。可见，香港理工大学并不鼓励数额较小的项目。但鉴于企业对香港理工大学的认可需要一个过程，对有合作前景的小项目也给予支持。具体办法是先定个 10 万港元以下的合约，等完成合作彼此产生信任以后，再逐步提高合同的数额。这一做法所带来的启发是，短期内宜支持小额度的合同，甚至可以对团队给予适当的补贴，以完成建立互相信任的过程。

香港理工大学在成果转化的分成参考标准是：高校：院系：团队 = 55：10：35。当然这一标准是弹性的，当团队付出较多时，也可以变成：高校：院系：团队 = 35：10：55。香港理工大学分成比例较高，有其前提性，一是他们认为教师的收入较高，教授月薪平均达到 12 万港元，在服务社会时占用了本应投入教学科研的时间；二是他们认为，教师之所以能服务社会，香港理工大学的品牌起到了重要作用，所以他们认为香港理工大学应当提较高的分成。大学不管团队内部成员之间如何分配，只提供相应教师投入每个小时工作的价值，由团队负责人来决定每个成员的作用和投入工作量，并由负责人来进行分成。

这一分成体系的设计带来的借鉴是，在未来对成果应当考虑由三个组成部分来分成，即要给院系这一中间层级一定额度的分成。当推行二级管理时，这对于保障二级学院的利益、调动他们的积极性有所借鉴。

本书认为，这一标准的最大启示在于：当与企业成立合资公司时，应用型大学所设子公司所占的股权中，可以按 55：10：35 这一比例来进行再次分配，其中一部分可以分配到教师个人，比如，高校所持股权的 35% 分配到教师个人。高校设计并明确这一持股安排，对教师个人和高校的未来成长具有深远的意义，教师在未来可以通过持股成为富翁。

（四）考核环节：设立"服务社会"考核专项，考核标准因部门不同而异

香港理工大学认为，作为应用型大学，只考核论文的数量，不利于推动成果转化，他们在考核时会考虑服务社会的成果。建议在考核时专门增加设立"服务社会"这一考核维度，考核其科研成果转化情况，主要包括服务社

会的内容、到账经费数目、成果转化效益等。

因为各院系差异性较大，香港理工大学对考核并不设立统一的标准，而是由各院系自己定考核的标准与要求。当教师达不到标准时，由各院系主任负责与其沟通。大学只对院系的总体绩效有明确要求。为了保障完成大学要求的总体绩效，各院系不会对考核标准降低，而是有所提高。香港理工大学的这一做法，对我们完善考核方案也有借鉴意义。

总之，应用型大学在构建科研成果转化体制时，可借鉴香港理工大学的经验，不能只偏重某一环节，而要从系统优化的角度出发，使文化体制、运行体制、利益分配、绩效考核等各个环节相互协调，成为有机的统一整体，才能有效地促进大学科研成果的转化。

结束语

本书从内涵、机制、路径与对策，对大数据重构新商科生态系统进行了论述，得出如下主要观点与结论。

一、内涵

新商科与传统商科相比，在内涵上发生了根本变化，表现在新理念、新结构、新标准、新技术、新交叉、新情况、新范式七个方面，即新商科要树立积极应变、主动塑造世界的新理念；新商科必须从构造创意、研发、设计、外包、生产、销售、服务、管理的多元化人才培养结构，去对接产业链的需求；新商科的建设质量标准也要面向未来，制定出育人质量新标准，包括能力标准、技能标准、素养标准、创新标准；新商科的新是由新科技革命带来的，它倒逼着大家去思考新问题，更新并使用新方法，开拓新的学术视野，新的数据化技术是新商科的重要内涵；新商科的普遍认识与期望是跨学科交叉、跨学科融合或跨学科融通；新商科要强调中国情意，是要在现有的基础上增强新商科对中国情境的适应性与创新性；新商科提倡开放、协作、共享的研究范式，其最大的变化是改变了小规模、单独作业的工作方式，要共享数据与共同采集数据，要利用不同的学科研究人员共同推进研究进展。大数据、人工智能等新技术、新产业革命正改变着传统商科教育模式。以会计、工商管理、市场营销、人力资源管理、物流、商务、金融、经济学八大类专业为代表的传统商科，要应对商业新伦理、新技术、新需求、新实践的挑战，需要在学科交叉、手段融合、上接产业、下接平台上给予政策引导与支持，加快改革人才培养模式，培养适合市场需求的新商科人才。

二、机制

新商科创新创业教育系统本身是一个极具生命力和竞争力的生态机制，其典型的特征是对新技术的自我迭代性、物种的多样性、要素的有机性，这是构成新商科创新创业教育生态机制的三项基本要素，三者互相依赖，互相交织，缺一不可。在新技术革命背景下，我国新商科要建立类似的生态系统需要重点学习借鉴麻省理工学院的新技术自我迭代机制与路径。在新技术革命颠覆式影响下，如果新系统不能完成新技术的自我迭代，则多样性、有机性将遭灭顶之灾。区块链、云计算、人工智能等新技术加速了洗牌过程，帮助新物种引进，加速旧事物出局，最后促进整个系统演化，实现自我更新。新商科构建的创新创业教育机制要嵌入当地的环境中，嵌入国际化的创新网络中，必须坚持开放性、创新性、包容性等生态系统进化法则。麻省理工学院依据自身特点所演化生成的整体性机制与所实施的整体性规划路线，我国新商科在构建创新创业教育生态系统时要重点加以借鉴。

要关注新物种在新商科机制的作用。在麻省理工学院案例研究编码时，本书发现麻省理工学院涌现着大量的新业态、新组织与新技术，比如，尖端技术俱乐部、黑客艺术、可回收资源联盟、虚拟型创新孵化器、原型车间、4D打印、植入式记忆（该词源自麻省理工学院校长致辞）等。这些自发生成的新组织、新产品、新发现、新能力都很有可能成为诞生新产业的源泉。稻田里的一株与众不同的"野草"在传统商科教育面前的命运是被迅速铲除，但在新技术革命背景下，它极可能是代表未来的发展方向。麻省理工学院创新创业教育生态系统的价值正在于它是一片能把有价值的"野草"识别出来并有能力将其培育成栋梁之材的生态森林，这也是我国新商科在构建创新创业教育生态系统机制时要加以学习的地方。

要不断优化创新网络机制。在区块链、大数据时代，信息交互、资源共享、协同合作是当前最明显的特征，创新网络在新商科机制中成为利益协调、追求合作共赢的重要手段，同时也是带动各方经济发展与促进创新成果显现的重要媒介。创新网络密度是衡量创新网络是否陷于冗余性的重要标志。在新商科创新网络构建起始与发展阶段，组织成员借由创新合作与协同，增加信息渠道，以组织交流学习的方式，不断加强协作创新，以达到提升全局创新水平和绩效水平的目的。但创新网络密度并不是越高越好,当超过一定阈值后,微观组织要意识到创新冗余性的负面效应,要有意识地优化创新网络格局,有选择地重新配置创新资源与投入比例,对网络实行断链或重组并适当减少网络密度,增强创新过程的可控程度,降低不确定性创新合作风险,以更快、更高效地去应对不断变化的创新环境,更快、更经济地保持创新创业效率。

三、路径与对策

新商业伦理对新商科教育的挑战与对策。大数据、人工智能为产业带来大量新商机、新投资的同时,也诱发了大量不和谐事件。有的企业采取非正常竞争手段,先"宰"对手、再"宰"客户,甚至采用造假、侵权、欺诈、挪用客户押金等,导致失信、失联甚至违法的事件时有发生。立德树人是新商科教育的灵魂所在并且任重而道远,尤其要突出价值观教育与法律素养教育。要把思想政治工作贯穿在新商科教育教学的全过程。要采用新方式、新方法加强教育,锻造人文精神。利用最新案例同步进行教学的方式,讲清在信息技术高速发展的背景下不讲信用、不守规矩所带来的严重后果,引导学生不做奸商而是做新时代的"儒商",逐步树立正确的新商业伦理观,积极承担社会责任。

新技术革命对新商科教育的挑战与对策。以大数据、人工智能、移动互联网、云计算、区块链为代表的新一轮科技革命和产业革命,驱动商业系统变得越来越复杂,演变成复杂生态系统。在短期内新商科教育应对新技术、新产业革命的挑战,需要充分利用已有学科的课程资源完成对新技术的教授与学习。既可以借用现有一级学科的课程资源,设置跨学科的公共选修课,让学生通过跨学科选修新技术课程;也可以借用人工智能新学科的课程资源来完成公共选修课的设置。在长期内新商科教育应立足于引进、培养自有教师来完成新技术教育。应从选拔人才时就注重交叉型人才的引进,大力加强现有教师培养,引导现有教师学习新技术,更新升级原有的知识结构,逐步掌握胜任新商科教育所需的大数据、人工智能、移动互联网、云计算、区块链等新技术,向交叉型、融合型转型。政府要在交叉型人才引进上制定更优惠的政策。

新社会需求对新商科教育的挑战与对策。传统商科培养的是懂管理、懂商学的专业人才。新社会需求需要的是懂管理、懂商学、懂新应用技术、懂新思维的新型复合型人才。新思维是指新商业伦理思维、哲学思维、大数据与人工智能思维、交叉思维、美学思维等融合体。要重视商业新思维的能力训练。新商科的本质不在于让学生记住多少知识与概念，而是在于让学生深入认识新商业的不确定性并能主动适应这种不确定性。训练商业新思维能力，就是在面对条件不确定或资产无形化时，学生能利用新商业规律，利用商业新思维将无形资产转化为有形财富、将不确定性转化为确定性。要重视主动自学能力与持续创新能力训练。面对社会需要的快速化与多样化，新商科教育必须以社会服务为载体，增加现场实践、现场实习等学分，训练学生的适应能力与主动自学能力。在高校建设可直接承接社会需求订单的新型服务平台给予一定政策支持。

新实践对新商科教育的挑战与对策。新实践总是优于、快于新商科教育。与快速发展的新实践相比，新商科教育存在着相当的滞后效应，两者之间存在着巨大的鸿沟。新商科要从"在学中实践"，转化为"在实践中学"。主角要由教师转变为学生，教师的作用是给予现场指导、精确解释并有效化解问题。"在实践中学"的模式对教师的专业素质提出了更高的要求，教师不再是精通书本的理论家，而是精通实践的指导者。新商科要主动对接新产业实践平台、连接新技术平台。新技术平台是指新一代 IT 技术平台，即云计算、大数据、人工智能、区块链等平台。新商科教育要上接新老产业，下接技术平台，成为新商科人才培养的核心。在新商科寻求上下游合作的过程中，需要得到政府、行业的引导、支持与帮助。

参考文献

［1］国内贸易部国际高等商科教育比较研究课题组，中国商业高等教育学会．国际高等商科教育比较研究［M］．北京：中国财政经济出版社，1998．

［2］纪宝成．国际高等商科教育比较研究［M］．北京：中国财政经济出版社，1998．

［3］虚拟化与云计算小组．虚拟化与云计算［M］．北京：电子工业出版社，2009．

［4］安丰存，王铭玉．新文科建设的本质、地位及体系［J］．学术交流，2019（11）．

［5］包水梅，杨冬．美国高校创新创业教育发展的基本特征及其启示——以麻省理工学院、斯坦福大学、百森商学院为例［J］．高教探索，2016（11）．

［6］曹武军，韩俊玲．政产学研协同创新的演化博弈稳定性分析［J］．贵州财经大学学报，2015（4）．

［7］常青，王凌玉．新时代高校创新创业生态系统构建的思考［J］．思想理论教育导刊，2019（3）．

［8］陈劲，阳银娟．协同创新的理论基础与内涵［J］．科学学研究，2012，30（2）．

［9］陈理飞，曹广喜，李晓庆．产业集群创新系统的演化分析［J］．科技管理研究，2008，28（11）．

［10］陈立建，黄美初．成人高校创业教育绩效评价及影响因素研

究——兼论智能时代创业教育体系的构建 [J]. 远程教育杂志, 2019, 37 (2).

[11] 陈晓红, 解海涛. 基于"四主体动态模型"的中小企业协同创新体系研究 [J]. 科学学与科学技术管理, 2006, 27 (8).

[12] 陈晓红, 刘国权, 胡春华, 等. 地方商科院校创新创业教育课程质量提升路径研究 [J]. 中国大学教学, 2018 (3).

[13] 成希, 李世勇. 大学创新创业教育生态系统的指标构建与权重分析 [J]. 大学教育科学, 2020 (1).

[14] 程强, 石琳娜. 基于自组织理论的产学研协同创新的协同演化机理研究 [J]. 软科学, 2016, 30 (4).

[15] 杜辉, 何勤. 基于生态学理论的创新创业生态系统的特征、结构与运行机制研究——以留学回国人员为例 [J]. 兰州学刊, 2019 (7).

[16] 樊丽明, 杨灿明, 马骁, 等. 新文科建设的内涵与发展路径 (笔谈) [J]. 中国高教研究, 2019 (10).

[17] 丰超, 庄贵军, 李思涵. 渠道网络结构对合同制定与监督的影响: 社会网络的视角 [J]. 现代财经 (天津财经大学学报), 2019, 39 (2).

[18] 冯志军. 产业创新系统演化的二象性分析 [J]. 科技管理研究, 2013 (23): 17-20, 26.

[19] 顾然, 商华. 基于生态系统理论的人才生态环境评价指标体系构建 [J]. 中国人口·资源与环境, 2017, 27 (S1).

[20] 郭莉, 苏敬勤, 徐大伟. 基于哈肯模型的产业生态系统演化机制研究 [J]. 中国软科学, 2005 (11).

[21] 何郁冰, 丁佳敏. 创业型大学如何构建创业教育生态系统? [J]. 科学学研究, 2015, 33 (7).

[22] 何郁冰, 周子琰. 慕尼黑工业大学创业教育生态系统建设及启示 [J]. 科学学与科学技术管理, 2015, 36 (10).

[23] 何郁冰. 产学研协同创新的理论模式 [J]. 科学学研究, 2012, 30 (2).

[24] 胡剑, 张妍. 麻省理工学院创新创业教育课程体系建设特点研究

[J]. 高教探索, 2019 (12).

[25] 胡俊, 杜传忠. 人工智能推动产业转型升级的机制、路径及对策 [J]. 经济纵横, 2020 (3).

[26] 胡兴志, 丁飞己, 余越. 慕尼黑工业大学一体化创业型组织的构建与运行 [J]. 教育探索, 2018 (5).

[27] 胡卓玮, 邝向雄, 马啸, 等. "五互"型大学生实践创新能力培养体系的构建与实施 [J]. 首都师范大学学报 (社会科学版), 2017 (5).

[28] 黄海艳, 张红彬, 陈效林. 新创企业高管团队职能多样性的绩效效应——基于社会网络的解释 [J]. 经济管理, 2019, 41 (11).

[29] 黄兆信, 黄扬杰. 创新创业教育质量评价探新——来自全国 1231 所高等学校的实证研究 [J]. 教育研究, 2019, 40 (7).

[30] 黄兆信, 李炎炎, 刘明阳. 中国创业教育研究 20 年: 热点、趋势与演化路径——基于 37 种教育学 CSSCI 来源期刊的文献计量分析 [J]. 教育研究, 2018, 39 (1).

[31] 蒋兴华, 万庆良, 邓飞其, 等. 区域产业技术自主创新体系构建及运行机制分析 [J]. 研究与发展管理, 2008, 20 (2).

[32] 金祝年, 赵曼. 基于"协同创新中心"的应用创新型人才培养模式探究 [J]. 黑龙江高教研究, 2017 (11).

[33] 雷雨嫣, 陈关聚, 刘启雷. 高技术产业创新生态系统的创新生态位适宜度及演化 [J]. 系统工程, 2018, 36 (2).

[34] 李恒毅, 宋娟. 新技术创新生态系统资源整合及其演化关系的案例研究 [J]. 中国软科学, 2014 (6).

[35] 李进兵. 战略性新兴产业创新系统演化进程与驱动力 [J]. 科学学研究, 2016, 34 (9).

[36] 李小涛, 高海燕, 邹佳人, 等. "互联网+"背景下的 STEAM 教育到创客教育之变迁——从基于项目的学习到创新能力的培养 [J]. 远程教育杂志, 2016, 34 (1).

[37] 梁宏, 郑华, 高久群. 博士毕业生创新能力提升的自评状况及其影响因素——基于某大学博士毕业生满意度调查的实证分析 [J]. 学位与研

究生教育，2019（2）．

　　[38] 林健．多学科交叉融合的新生工科专业建设 [J]．高等工程教育研究，2018（1）．

　　[39] 刘成立，娄雪．大数据环境下高校创新创业知识保障体系研究 [J]．情报科学，2019，37（10）．

　　[40] 刘兰剑，项丽琳．创新网络研究的演化规律及热点领域可视化分析 [J]．研究与发展管理，2019，31（3）．

　　[41] 刘巧英．"双一流"高校图书馆服务校园"双创"对策探析 [J]．图书馆工作与研究，2020（5）．

　　[42] 刘文澜，聂风华．MIT 多组织、开放式创业生态系统探析 [J]．清华大学教育研究，2019，40（5）．

　　[43] 刘译阳，边恕．高校创新创业教育存在的问题、原因及对策 [J]．现代教育管理，2019（9）．

　　[44] 刘蕴．社会网络关系嵌入过度与企业资源获取：双中介模型 [J]．企业经济，2018（4）．

　　[45] 卢艳青，李继怀，王力军．工程实践能力指向与创新能力形成机理 [J]．黑龙江高教研究，2014（1）．

　　[46] 罗国锋，林笑宜．创新创业教育生态系统的演化及其动力机制 [J]．学术交流，2015（8）．

　　[47] 马金虎．论高等教育生态位的重叠与矫正 [J]．教育评论，2010（3）．

　　[48] 马世年．新文科视野下中文学科的重构与革新 [J]．西北师大学报（社会科学版），2019（5）．

　　[49] 马涛，郭进利．基于加权超图的产学研合作申请专利超网络——以上海 ICT 产业为例 [J]．系统工程，2018，36（1）．

　　[50] 毛青．对新商科人才培养的创新性探索——评《商科人才培养探索与创新——重庆工商大学商务策划学院实践（2015）》 [J]．中国教育学刊，2018（7）．

　　[51] 宁芳．"互联网+"背景下工业设计人才职业创新能力培养探究

[J]. 学校党建与思想教育, 2018 (15).

[52] 欧丽慧, 颜炳瑾, 许鑫. MBA 领域的研究进展、热点及其前沿 (1988—2017 年) ——基于知识图谱的分析 [J]. 华东师范大学学报 (哲学社会科学版), 2018 (3).

[53] 欧忠辉, 朱祖平, 夏敏, 等. 创新创业教育生态系统共生演化模型及仿真研究 [J]. 科研管理, 2017, 38 (12).

[54] 齐佳音, 张国锋, 吴联仁. 人工智能背景下的商科教育变革 [J]. 中国大学教学, 2019 (Z1).

[55] 祁占勇, 王羽菲. 改革开放 40 年来我国职业教育产教融合政策的变迁与展望 [J]. 中国高教研究, 2018 (5).

[56] 商华, 惠善成, 郑祥成. 基于生态位模型的辽宁省城市人力资源生态系统评价研究 [J]. 科研管理, 2014, 35 (11).

[57] 沈蕾娜. 世界一流大学之间的协同创新——以哈佛大学和麻省理工学院的跨校合作为例 [J]. 中国高教研究, 2019 (2).

[58] 宋砚秋, 王倩, 李慧嘉, 等. 基于系统动力学的企业创新投资决策研究 [J]. 系统工程理论与实践, 2018, 38 (12).

[59] 孙桂生, 刘立国. 创新创业型人才培养的探索与实践——以北京联合大学商务学院为例 [J]. 中国高校科技, 2016 (12).

[60] 涂继亮, 陶秋香. 地方高校创新创业教育资源与科技创新服务功能相关性分析及评价模型构建 [J/OL]. 科技进步与对策, 2020, 37 (8).

[61] 万芳. 新商科高职教师专业素质的解构与重构 [J]. 职教论坛, 2019 (2).

[62] 王国胤, 刘群, 夏英, 等. 大数据与智能化领域新工科创新人才培养模式探索 [J]. 中国大学教学, 2019 (4).

[63] 王海花, 王蒙怡, 孙银建. 社会网络视角下跨区域产学协同创新绩效的影响因素研究 [J]. 科技管理研究, 2019, 39 (3).

[64] 王晓东. 关于我国高等商科教育发展的思考 [J]. 商业经济与管理, 2002 (12).

[65] 王志强. 美国一流大学如何促进创新创业? ——基于威斯康星大

学麦迪逊分校创新创业生态系统的分析 [J]. 苏州大学学报（教育科学版），2020，8（1）.

[66] 王子迎，吴芳芳，檀根甲. 生态位理论及其在植物病虫害研究中的应用前景（综述）[J]. 安徽农业大学学报，2000，27（3）.

[67] 吴绍波，顾新. 战略性新兴产业创新生态系统协同创新的治理模式选择研究 [J]. 研究与发展管理，2014，26（1）.

[68] 武学超，罗志敏. 四重螺旋：芬兰阿尔托大学地域性创新创业生态系统模式及成功经验 [J]. 高教探索，2020（1）.

[69] 谢志远. 高职院校培养新技术应用创业型创新人才的研究 [J]. 教育研究，2016，37（11）.

[70] 熊英，张俊杰. 大学创业生态系统的构成与演化研究——基于麻省理工学院的案例 [J]. 中国地质大学学报（社会科学版），2018，18（6）.

[71] 徐小洲. 创新创业教育评价的 VPR 结构模型 [J]. 教育研究，2019（7）.

[72] 许涛，严骊. 国际高等教育领域创新创业教育的生态系统模型和要素研究——以美国麻省理工学院为例 [J]. 远程教育杂志，2017，35（4）.

[73] 严玉萍. 基于 VPTP 的商科大学生创新创业能力培养模式研究 [J]. 电化教育研究，2014，35（10）.

[74] 杨明，陈少志. 构建数字出版人才创意能力培养新体系——基于创客教育理念 [J]. 中国编辑，2017（11）.

[75] 杨尊伟，李军. 世界一流大学学术创业的成功之道——麻省理工学院和斯坦福大学的经验 [J]. 高教探索，2020（3）.

[76] 姚梅芳，宁宇. 复杂网络视角下的高校创新创业知识保障体系研究 [J]. 情报理论与实践，2019，42（8）.

[77] 叶芬斌，许为民. 技术生态位与技术范式变迁 [J]. 科学学研究，2012，30（3）.

[78] 叶正飞. 基于产教融合的地方高校创新创业教育共同体构建研究 [J]. 高等工程教育研究，2019（3）.

[79] 禹献云，曾德明，陈艳丽，等. 技术创新网络知识增长过程建模

与仿真研究 [J]. 科研管理, 2013, 34 (10).

[80] 袁剑波, 郑健龙. 普通本科院校应用型人才创新能力培养研究 [J]. 高等工程教育研究, 2008 (2).

[81] 原长弘, 张树满. 科研院所高效科技创业生态系统构建研究 [J]. 科技进步与对策, 2019, 36 (5).

[82] 张海燕, 邵云飞, 王冰洁. 考虑内外驱动的企业环境技术创新实证研究 [J]. 系统工程理论与实践, 2017, 37 (6).

[83] 张红娜, 田凌晖. 新加坡国立大学向创业型大学转型之战略 [J]. 复旦教育论坛, 2015, 13 (3).

[84] 张俊宗. 新文科: 四个维度的解读 [J]. 西北师大学报 (社会科学版), 2019 (5).

[85] 张铭慎. 技术联盟给中国汽车产业创新带来了什么? [J]. 经济经纬, 2012 (6).

[86] 张昕蔚. 数字经济条件下的创新模式演化研究 [J]. 经济学家, 2019 (7).

[87] 张振华, 李昂. 社会网络对科技型新创企业绩效的影响 [J]. 当代经济研究, 2019 (4).

[88] 赵纯均. 方兴未艾的中国 MBA 教育 [J]. 中国人才, 1997 (12).

[89] 赵公民, 武跃丽. 商科专业学生创新能力培养体系构建研究 [J]. 教育理论与实践, 2014, 34 (36).

[90] 赵坤, 王方芳, 王振维. 大学跨学科组织建设的有效路径——基于系统生态方法的分析 [J]. 高教探索, 2012 (5).

[91] 赵叶珠, 程海霞. 欧洲新学位制度下"商科"能力标准及课程体系 [J]. 中国大学教学, 2016 (8).

[92] 郑刚, 郭艳婷. 世界一流大学如何打造创业教育生态系统——斯坦福大学的经验与启示 [J]. 比较教育研究, 2014, 36 (9).

[93] 郑娟, 孔钢城. 利益相关者视角下的 MIT 创业生态系统研究 [J]. 高等工程教育研究, 2017 (5).

[94] 周毅, 李卓卓. 新文科建设的理路与设计 [J]. 中国大学教学,

2019 (6).

[95] 周云峰. 复合型创新商业人才的内涵分析 [J]. 商业研究, 2005 (3).

[96] 祝琴, 贾晓菁, 周小刚. 创新研究系统隐性知识生成转化反馈环特性仿真分析 [J]. 系统工程理论与实践, 2015, 35 (7).

[97] 卓泽林, 曹彦杰. 美国高校如何构建创新创业教育生态系统——基于资源投入的视角 [J]. 学术论坛, 2016, 38 (1).

[98] 卓泽林, 赵中建. 高水平大学创新创业教育生态系统建设及启示 [J]. 教育发展研究, 2016, 36 (3).

[99] ABOU-WARDA S. New educational services development: framework for Technology Entrepreneurship Educational Universitiesin Egypt [J]. Ham International Journal of Educational Management, 2016, 30 (5).

[100] AGGARWAL R. Globalization of the world economy: implications for the business school. [J] American journal of business, 2008, 23 (2).

[101] ALCOCK J, COCKCROFT S, Finn F. Quantifying the advantage of secondary mathematics study for accounting and finance undergraduates [J]. Accounting and Finance, 2008, 48 (5).

[102] ALCORN B, CHRISTENSEN G, KAPUR D. Higher education and moocs in India and the global south [J]. Change, 2015, 47 (3).

[103] ANDERSON A, JACK S. The articulation of social capital in entrepreneurial networks: a glue or a lubricant? [J]. Entrepreneurship & Regional Development, 2002, 14 (3).

[104] AUTIO E, YLI-RENKO H. New technology-based firms as agents of technological rejuvenation [J]. Entrepreneurship & Regional Development, 1998, 10 (1).

[105] AVIS J, MORGAN-KLEIN B, CANNING R, et al. Teacher education for vocational education and training: a comparative study of the Scottish and English systems set within a European context [J]. Scottish Educational Review, 2012, 44 (2).

[106] BACKES-GELLNER U, WERNER A. Entrepreneurial Signaling via Education: A Success Factor in Innovative Start-Ups [J]. Small Business Economics, 2007, 29 (1/2).

[107] BAO Y, MIAO Q, LIU Y, et al. Human capital: erceived domestic institutional quality and entrepreneurship among highly skilledchinese returnees [J]. Journal of Developmental Entrepreneurship, 2016, 21 (1).

[108] BHAWE N, ZAHRA S A. Inducing heterogeneity in local entrepreneurial ecosystems: the role of MNEs [J]. Small Business Economics, 2019, 52 (2).

[109] BURRELL D N. Why small private liberal arts colleges need to develop effective marketing cultures [J]. Journal of Strategic Marketing, 2008, 16 (3).

[110] CHANSON H. Introducing originality and innovation in engineering teaching: the hydraulic design of culverts [J]. European Journal of Engineering Education, 2000, 25 (4).

[111] CHEN H S, ZHAO Q Q, JIN Z X. Study on grey evolutionary game of industry-university-institute cooperative innovation [C]. Shanghai: IEEE International Conference on Grey Systems and Intelligent Services, 2009.

[112] CHONKO L B, ROBERTS, WILL M, et al J A. An innovative introduction to business course: marketing the skills that marketing majors (and others) as business majors will need for success [J]. Marketing Education Review, 1996, 6 (3).

[113] COWAN R JONARDN. Networks tructure and the diffusion of knowledge [J]. Journal of Economic Dynamics and Control, 2004, 28 (8).

[114] CROSSAN M M, APAYDIN M. A multi-dimensional framework of organizational innovation: A systematic review of the literature [J]. Journal of Management Studies, 2010, 47 (6).

[115] CROWLEY F, BOURKE J. The influence of human resource managementsystems on innovation: evidence from Irish manufacturing and service firms [J]. International Journal of Innovation Management, 2017, 21 (1).

［116］CURTIS E，WIKAIRE E，JIANG Y N，et al. Open to critique：predictive effects of academic outcomes from a bridging/foundation programme on first-year degree – level study［J］. Assessment & Evaluation in Higher Education，2017，42（1）.

［117］DENNIS A R，DANIELS R M.，R M Nunamaker，Jr. ，Jay F. Organizational Impact of Group Support Systems，Expert Systems，and Executive Information System//Methodology – Driven Use of Automated Support in Business Process Re – Engineering.［J］. Journal of Management Information Systems，1993/1994，10（3）.

［118］DOAN T，KNNEDY M L. Innovation，Creativity，and Meaning：Leading in the information age［J］. Journal of Business & Finance Librarianship，2009，14（4）.

［119］DOBLINGER C，SURANA K，ANADON L D. Governments as partners：The role of alliances in U. S. cleantech startup innovation［J］. Research Policy，2019，48（6）.

［120］ROBERTS E B，MURRAY F，KIM J D. Entrepreneurship and innovation at MIT con–tinuing global growth and impact［R］. Boston：MIT，2019.

［121］ENCALADA W L，SEQUERA，C J L. Model to implement virtual computing labs via cloud computing services［J］. Symmetry，2017，9（7）.

［122］ETZKOWITZ H. Innovation in innovation：the triple helix of university-industry–government relations［J］. Social Science Information（Paris），2003，42（3）.

［123］FENG J Y，FENG Z Social Science Information. Optimal Base Station Density of Dense Network：From the Viewpoint of Interference and Load［J］.Sensors（Basel，Switzerland），2017，17（9）.

［124］FLOYD L A，XU F，ATKINS R，et al. Ethical outcomes and business ethics：toward improving business ethics education［J］. Journal of Business Ethics. 2013，117（4）.

［125］FRIJA A. MApping social networks for performance evaluation of irrigation water managementin dryareas [J]. Environmental Modeling & Assessment, 2017, 22 (2).

[126] GADDE, L. Moving Corporate Boundaries: Consequences for innovativere design [J]. Journal of Supply Chain Management. 2013, 49 (4).

[127] GIELEN F, CLEYN S De, COPPENS, J. Incubators as Enablers for Academic Entrepreneurship [C]. Proceedings of the European Conference on Entrepreneurship and Innovation. 2013.

[128] GRADY R B. Measuring and Managing Software Maintenance [J]. IEEE Software, 1987, 4 (5).

[129] GRIGORENKO E L. Current Trends in Education in Russia: Preliminary Outcomes Indicative of Students' Cognitive Development [J]. International Journal of Psychology, 1999, 34 (3).

[130] HAYTER C. A trajectory of early-stage spinoff success: the role of knowledge intermediaries within an entrepreneurial university ecosystem [J]. Small Business Economics. 2016, 47 (3).

[131] HAYTON J C. Promoting corporate entrepreneurship through human resource management practices: A review of empirical research [J]. Human Resource Management Review. 2005, 15 (1).

[132] HAZENBERG R, BAJWA-PATEL M, ROY M, et al. A comparative overview of social enterprise 'ecosystems' in Scotland and England: an evolutionary perspective [J]. International Review of Sociology. 2016, 26 (2).

[133] JARVIE D. Do Long-time Team-mates Lead to Better Team Performance? A Social Network Analysis of Data from Major League Baseball [J]. Sports Medicine (Auckland, N. Z.), 2018, 48 (11).

[134] JUNG J Y, SEO D Y, LEE J R. Counter-Based Broadcast Scheme Considering Reachability, Network Density, and Energy Efficiency for Wireless Sensor Networks [J]. Sensors (Basel, Switzerland), 2018, 18 (1).

[135] KAENZIG R, HYATT E, ANDERSON S. Gender Differences in College of Business Educational Experiences [J]. Journal of Education for Business,

2007, 83 (2).

[136] KATZ, J A. The chronology and intellectual trajectory of American entrepreneurship education [J]. Journal of Business Venturing, 2003, 18 (2).

[137] KUNTZE R, WU C. Improving financial literacy in college of business students: modernizing delivery tools [J]. International Journal of Bank Marketing. 2019, 37 (4).

[138] LEV-ARI S, SHAO Z S. How social network heterogeneity facilitates lexical access and lexical prediction [J]. Memory & Cognition , 2017 , 45 (3).

[139] LITTUNEN H, STORHAMMAR E, NENONEN T. The survival of firms over the critical first 3 years and the local environment [J].Entrepreneurship & Regional Development, 1998, 10 (3).

[140] LORAS J, VIZCAÍNO J. Is technical training an obstacle to entrepreneurship? [J] Management Decision, 2013, 51 (5).

[141] MACLEOD, I A. The education of innovative engineers [J].Engineering Construction & Architectural Management , 2010, 17 (1).

[142] MCKELVEY, B. Complexity Ingredients Required For Entrepreneurial Success [J]. Entrepreneurship Research Journal, 2015, 6 (1).

[143] MOORE J F. Predators and prey: A new ecology of competition [J]. Harvard Business Review, 1993, 71 (3).

[144] NICULESCU G, HOLT A. Entrepreneurial Approach to economic and environmental models [J]. Annals of the Constantin Brancusi University of Targu Jiu-Letters & Social Sciences Series, 2012, (4).

[145] PATTERSON G. Harmony through diversity: exploring an ecosystem paradigm for higher education [J]. Journal of Higher Education Policy & Management, 2004, 26 (1).

[146] PETKUS M, PERRY J J, Johnson B K. Core requirements for the economics major [J]. Journal of Economic Education. 2014, 45 (1).

[147] PETRUZZELLI A M. The impact of technological relatedness: rior ties, and geographical distance on university-industry collaborations: A joint-pa-

tent analysis [J]. Technovation, 2011, 31 (7).

[148] POLONSKY M J. Incorporating ethics into business students' research projects: a process Approach [J]. Journal of Business Ethics, 1998, 17 (11).

[149] PORTER M. Strategy and the internet [J]. Harvard Business Review, 2001, 79 (3).

[150] PR Newswire. Global Smart Education Market 2017-2021 [N]. PR Newswire US, 2017-06-26.

[151] RANGA M, MROCZKOWSKI T, Araiso T. University-Industry Cooperation and the Transition to Innovation Ecosystems in Japan [J]. Industry and Higher Education, 2017, 31 (6).

[152] TORSTEN R, REIHLEN M, RYDÉN P. The technology-mindset interactions: Leading to incremental, radical or revolutionary innovations [J].Industrial Marketing Management, 2019, 79.

[153] SARMA S, SUN S. The genesis of fabless business model: Institutional entrepreneurs in an adaptive ecosystem [J]. Asia Pacific Journal of Management, 2017, 34 (3).

[154] SCHAEFFER V, Matt M. Development of academic entrepreneurship in a non-mature context: the role of the university as a hub-organisation [J].Entrepreneurship & Regional Development, 2016, 28 (9/10).

[155] SCHÄFER S, HENN S. The evolution of entrepreneurial ecosystems and the critical role of migrants. A Phase-Model based on a Study of IT startups in the Greater Tel Aviv Area [J]. Cambridge Journal of Regions, Economy and Society, 2018, 11 (2).

[156] SCHLEE R P, HARICH, K R. Teaching Creativity to Business Students: How Well Are We Doing? [J]. Journal of Education for Busines, 2014, 89 (3).

[157] SEELYE A L. The role of business schools in a changing environment [J]. The Accounting Review, 1963, 38 (2).

[158] SHARP P A. Meeting global challenges: discovery and innovation

through convergence [J]. Science, 2014, 346 (6216).

[159] WANG S H, WANG H. Design and Delivery of a New Course of Information Technology for Small Business [J]. Journal of Information Systems Education, 2015, 26 (1).

[160] SONG H, XU M. Future education and reconstruction of teacher professionalization under the background of the forth industrial revolution [J]. Teacher Development Research, 2018, 2 (4).

[161] STOLZE A, SAILER K, GILLIG H. Entrepreneurial mindset as a driver for digital transformation – a novel educational Approach from university−industry interactions [C]. Proceedings of the European conference on innovation & entrepreneurship, 2018.

[162] THOMAS, L. Ecosystem emergence: an investigation of the emergence processes of six digital service ecosystems [M]. University of Imperial College London, 2013.

[163] USRY M L, LAW M, LEINBACH W, et al. E−discovery: what future business leaders need to know [J]. Journal of Business & Finance Librarianship, 2010, 15 (2).

[164] VEUGELERS R, CASSIMAN B. R&D cooperation between firms and universities: some empirical evidence from Belgian manufacturing [J].International journal of industrial organization, 2005, 23 (5).

[165] WILSON D, MCKIERNAN P. Global Mimicry: putting strategic choice back on the business school agenda [J]. British Journal of Management, 2011, 22 (3).

[166] WOZNIAK G D. The adoption of interrelated innovations: a humancapital Approach [J]. Review of Economics and Statistics, 1984, 66 (1).

[167] YANG D S, ZHANG Y A. Simulation study on university−industry innovation based on multi−agent method [C]. Wuhan: International Conference on Computer Science and Software Engineering, 2008, 6.

[168] ZHANG C, ZHANG Y G. Research on the Operation Strategy of Inno-

vation and Entrepreneurship Education Ecosystem in Colleges and Universities——Based on Niche Theory [J]. Research & Exploration in Laboratory, 2019, 38 (1).

[169] ZHANG G L, ALLAIRE D, SHANKAR V, et al. A case against the trickle-down effect in technology ecosystems [J]. PLoS ONE, 2019, 14 (6).

[170] ZHANG J J, GUAN J C. The impact of competition strength and density on performance: The technological competition networks in the wind energy industry [J]. Industrial marketing management, 2019 (82).

后　记

　　大数据、人工智能重构传统行业，带来市场对人才需求的变化，这是引发传统商科教育进行变革的重要推动力量。大数据将重构新商科生态系统，为高校传统商科教育带来前所未有的挑战，也为新商科带来无限光明的前景。

　　变革的主要动力来自企业需求的推动。大数据引发的新技术革命并不是停步不前，而是不断推陈出新。传统的教材、传统的教学模式不能满足新模式、新业态、新岗位的需求，将极大地推动高校传统商科改革人才培养的方式与方法。一旦有的高校能率先改革，满足市场需求，则很快就有机会胜出一筹，传统商科的高校实力排名将随着市场的变化而发生洗牌。

　　在变与不变之间，最纠结的一个群体是传统商科教育的高校教师。在国内高校开设商科教育的本科院校有800多所，几万名高校教师同时承受着巨大的变革压力。变与不变的阻力首先来自知识更新的难度。在传统商科教育与新商科教育之间存在的巨大的鸿沟之一是新商科教育的基本分析工具发生了根本性变化，大数据需要运用新的分析工具来分析处理信息，并通过大数据可视化实现精准的分析定位，提出精准的解决方案。大数据的分析工具是用传统方法不能完成的，需要掌握一些新的分析工具与方法，比如，在本科阶段学习中要对 Python 语言进行学习与使用。这些新的语言、新的技术工具为不擅长计算机编程的传统商科教师带来了巨大的挑战，但并不是不可逾越的，掌握易学、模块化的语言分析工具有助于教师胜任新的技术技能要求，比如，我正撰写出版的《大数据可视化技术》就有助于降低新技术的门槛。

　　在本书完稿之际，教育部、工业和信息化部联合发布《现代产业学院建设指南（试行）》，大力推动建设现代产业学院。这一政策的出台，要求实践教学占比大于30%，外部教师（具有中高级技术职称）的数量要不少于高校内部教师。这一系列新的办法，有利于把专业教育前置，让企业能有机会把岗位能力培养前置，进行订单式培养，从而满足企业对大数据人才的强烈需求。

可见，大数据背景下，改革的办法总比困难多。只要破除思想的阻力，传统商科积极推动教师知识结构更新，加快重构商科教育生态系统，大力加强产教融合，总能跟上大数据时代的步伐，并迎来新的希望与生机。

本书是北京市数字教育研究重点课题"基于融合兼交叉的专业数智化升级路径探索"的部分研究成果，并得到北京物资学院配套经费支持。其中本书第六章得到研究生齐美茹、谷巧玲同学的帮助，谷巧玲同学对全书校对提供帮助。鉴于成书的时间有限以及作者水平有限，对于书中的诸多不足之处欢迎批评指正。

2023 年